Mix Ma

최이진의

믹싱과
마스터링

최신
개정판

최이진 지음

Mixing&Mastering
돈이 되는 실무 스킬

Auto-Tune&Melodyne
보컬 튜닝 기법 수록

EDM,R&B,HIP-HOP,ROCK
실습 파일 무료 제공

노하우
도서출판

최이진의

믹싱과 마스터링
Mixing&Mastering

초판 발행 2016년 12월 28일
12판 발행 2024년 3월 27일

지은이 최이진

펴낸곳 도서출판 노하우
기획 현음뮤직
진행 노하우
편집 덕디자인

주소 서울시 관악구 행운동 100-339
전화 02)888-0991
팩스 02)871-0995

등록번호 제320-2008-6호
홈페이지 hyuneum.com

ISBN 978-89-94404-57-8
값 33,000원

인생을 바꾸는 한 권의 책

멀티 출판 부문 1위!
독자 여러분! 고맙습니다.

세상을 살다 보면
차라리 죽고만 싶을 만큼
힘들고, 괴로울 때가 있습니다.

하지만, 누가 봐도
힘들고, 괴로워 보이는 사람들은
오히려 그 속에서 피와 땀을 흘려가며
가슴속 깊이 전해지는 감동을 만들어냅니다.

도서출판 노하우는
힘들게 공부하는 사람들과
함께하는 작은 디딤돌이 되겠습니다.

힘들고, 괴로울 때
내가 세상의 빛이 될 수 있다는
꿈과 희망을 품고 열심히 공부하세요
멈추지 않는다면, 꿈은 반드시 이루어집니다.

그 곁에 도서출판 노하우가 함께 하겠습니다

고맙습니다.

CONTENTS

Mixing & Mastering

실습 practice

PART 2 | 다이내믹 프로세서

실습
practice

PART 3 | 타임 베이스

PART 4 | 마스터링

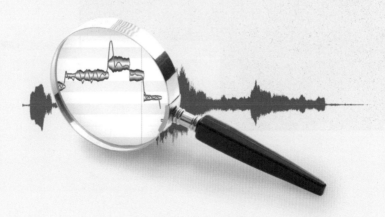

부록 사용법
Mixing & Mastering

실습은 학생 및 인디 뮤지션들의 설문 조사로 EDM, R&B, Hip-Hop, Rock의 4가지 장르를 준비했습니다. 자신이 좋아하는 장르부터 시작해도 좋지만, 반드시 파트별 이론 학습을 충분히 한 다음에 진행합니다. 호스트 프로그램은 국내 사용자가 가장 많은 Cubase를 중심으로 진행하고 있지만, 샘플을 오디오 트랙으로 제공하고 있으므로 Logic, Ableton Live, Pro Tools 등의 사용자도 문제없이 실습할 수 있습니다.

플러그-인은 큐베이스에서 제공하고 있는 장치를 중심으로 진행하지만, 세계 BSET 10(남들 추천 장치)으로 선정되어 있는 제품들도 반영하였습니다. 학습 취지는 남들이 좋다고 하는 장치들을 사용해보자는 의도이므로, 자신이 가지고 있지 않다고 해서 당황할 필요는 없습니다. 실습 전에 설명되고 있는 장치의 사용 원리와 목적을 충분히 이해한다면, 어떤 장치를 사용하든 상관없게 될 것입니다.

실습 파일은 hyuneum.com 자료실에서 다운받을 수 있습니다. 학습 장르의 폴더를 열고, 오디오 파일을 Ctrl+A(Win) 또는 Command+A(Mac)로 전부 선택하여 자신이 사용하고 있는 프로그램의 Empty 프로젝트에 드래그로 가져다 놓으면 됩니다.

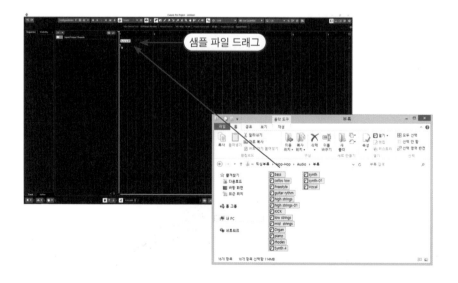

트랙 이름은 오디오 파일명으로 만들어지므로, 실습을 진행하는데 혼동은 없을 것입니다. 트랙 순서는 프로세싱 순서 또는 자신의 평소 습관대로 정렬해도 좋지만, 볼륨과 팬은 조정된 상태로 제작되었으므로 그대로 둬도 상관없습니다.

타임 베이스 실습 편에서 딜레이 타임은 거의 대부분 템포에 맞추게 됩니다. 실습을 진행할 때 템포 값을 제시하기 때문에 빈 프로젝트에 오디오 파일을 가져다 놓고, 그대로 진행해도 상관없지만, Auto 기능을 사용할 때 착오가 발생할 수 있으므로, 프로젝트의 템포를 미리 설정하는 것이 좋습니다.

▷ EDM 실습 곡의 템포는 128 입니다. 프로젝트 템포를 128로 설정합니다.
▷ R&B 실습 곡의 템포는 88 입니다. 프로젝트 템포를 88로 설정합니다.
▷ Hip-Hop 실습 곡의 템포는 75 입니다. 프로젝트 템포를 75로 설정합니다.
▷ Rock 실습 곡의 템포는 72 입니다. 프로젝트 템포를 72로 설정합니다.

템포 설정

실습은 PART1-EQ, PART2-Dynamics, PART3-Time Base, PART4-Mastering 순서로 장치의 사용 원리와 목적을 먼저 설명한 다음에 진행합니다. 이 순서는 서적의 특성 때문에 나눈 것일 뿐이며, 실제 작업은 개인이 편한 대로 진행해도 좋습니다. 단, 이론 학습이 충분히 되어 있어야 다른 모델을 사용하는 경우에도 어려움이 없을 것입니다. 끝으로 샘플 작업에 참여한 학생들에게 감사드립니다.

PART 01
이퀄라이저

이퀄라이저(EQ)

이퀄라이저, 줄여서 EQ라고 부르는 장치는 주파수를 보정하는 역할을 합니다. 사용법은 매우 간단하지만, 사운드의 음역을 주파수로 구분할 수 있는 능력을 갖춰야 하기 때문에 가장 다루기 어려운 장치입니다.

주파수

음악을 하는 사람들은 사운드의 높낮이를 도, 레, 미... 등의 음계로 구분합니다. 하지만, EQ를 다루기 위해서는 사운드의 높낮이를 260, 290, 330... 등의 숫자로 구분해야 합니다. 이를 주파수라고 하며, 단위는 헤르츠(Hz)로 표시합니다.

절대 음감이 있는 사람은 조금만 훈련을 해도 EQ를 능숙하게 다룰 수도 있겠지만, 대다수의 사람들은 오랜 훈련이 필요한 장치입니다. 물론, 큐베이스는 주파수의 변화를 시각적으로 확인할 수 있는 애널라이저(analysis) 기능을 제공하고 있기 때문에 미리 겁먹을 필요는 없지만, 다른 장치에 비해 오랜 시간의 훈련이 필요하다는 각오는 하고, 학습에 임해야 할 것입니다.

큐베이스 Inserts 목록의 Tools 폴더에서 Test Generator를 선택하여 장치를 엽니다.

친구에게 Frequency 슬라이드를 움직이도록 하고, 몇 헤르츠(Hz)인지를 맞춰보는 훈련을 합니다. 사람마다 차이는 있지만, 하루 10분씩 6개월 정도 훈련을 하면, 주파수에 대한 감을 잡을 수 있을 것입니다. (로직 사용자는 Utillity 폴더의 Test Ocsillator를 이용합니다)

다음 페이지의 건반 그림은 EQ 작업을 할 때 참조할 수 있는 악기별 주파수 대역입니다. 실제 음역은 연주자 마다 차이가 있지만, 초보자는 자신이 다루고 있는 악기의 음역대에서 1옥타브 간격으로 훈련을 시작하는 것이 좋습니다.

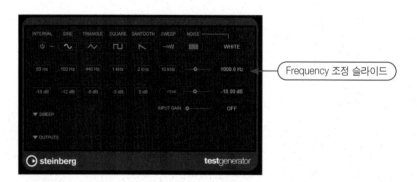

Frequency 조정 슬라이드

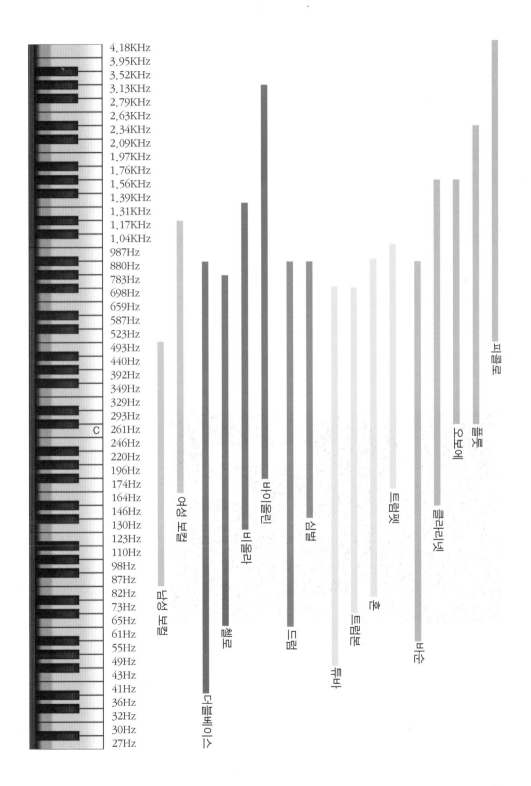

4.18KHz
3.95KHz
3.52KHz
3.13KHz
2.79KHz
2.63KHz
2.34KHz
2.09KHz
1.97KHz
1.76KHz
1.56KHz
1.39KHz
1.31KHz
1.17KHz
1.04KHz
987Hz
880Hz
783Hz
698Hz
659Hz
587Hz
523Hz
493Hz
440Hz
392Hz
349Hz
329Hz
293Hz
261Hz C
246Hz
220Hz
196Hz
174Hz
164Hz
146Hz
130Hz
123Hz
110Hz
98Hz
87Hz
82Hz
73Hz
65Hz
61Hz
55Hz
49Hz
43Hz
41Hz
36Hz
32Hz
30Hz
27Hz

남성 보컬
여성 보컬
더블베이스
첼로
바이올린
피아노
드럼
심벌
튜바
트럼본
혼
트럼펫
비순
클라리넷
오보에
플룻
피콜로

EQ는 볼륨을 조정하듯이 사용자가 원하는 주파수 대역을 올리거나 내리는 간단한 동작으로 조정하는 장치입니다. 하지만, 믹싱을 공부하는 사람들이 가장 어려워하는 장치로 꼽는 이유는 배음 때문입니다.

앞에서 EQ 훈련용으로 사용했던 Test Generator의 사인 톤은 배음을 가지고 있지 않지만, 실제 악기 소리는 연주 음의 2배, 3배... 음을 가지고 있습니다. 이것을 배음이라고 하며, 보통 16배음까지 취급합니다.

믹싱을 할 때는 연주 음의 주파수를 직접 조정할 수도 있지만, 대부분의 실무자들은 배음을 조정합니다. 예를 들어 440Hz로 연주되는 음이 왠지 답답해서 조금 밝게 하고 싶은 경우에는 440Hz를 직접 조정하는 것 보다 4배 음에 해당하는 1.7Khz나 8배 음에 해당하는 3.5KHz 대역을 조정하는 것이 더 효과적일 수 있기 때문입니다.

그림 A)는 440Hz 해당하는 〈라〉음을 피아노로 연주했을 때의 스펙트럼 애널라이저 (Spectrum Analyzer)입니다. 440Hz 외에 2배음의 880Hz, 3배음의 1.32KHz, 4배음의 1.76KHz... 주파수 대역의 레벨이 튀고 있다는 것을 확인할 수 있습니다.

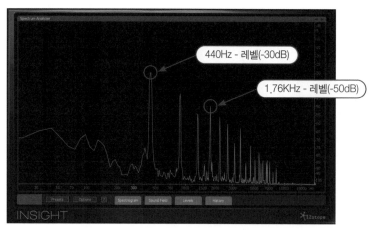

A) 440Hz의 피아노 음

그림 B)는 EQ를 이용해서 440Hz 부근을 6dB 정도 증가시킨 경우입니다.

사운드가 살짝 밝아졌지만, 피아노 트랙의 레벨이 증가되어 전체 볼륨 밸런스를 다시 만져야 할 수도 있습니다.

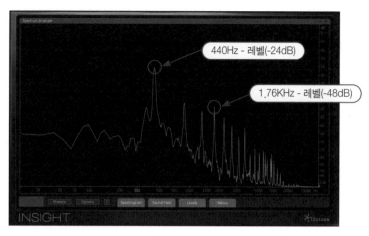

B) 440Hz를 6dB 증가시킨 경우

그림 C)는 4배음 해당하는 1.76KHz 부근을 6dB 증가시킨 경우입니다. 기본음의 레벨 변화는 거의 없지만, 배음이 크게 증가되어 사운드가 밝아지는 효과를 얻을 수 있습니다. 물론, 이것은 하나의 예일뿐이며, 음악 장르나 소스에 따라 결과가 달라질 수 있기 때문에 정말 많은 훈련이 필요합니다. 제발, 한 두 달 안에 마스터하겠다는 무모함은 버리기 바랍니다. 악기 하나를 익히는데도 10년 이상의 연습 시간이 필요한데, 왜, 믹싱과 마스터링 훈련은 한 두 달 만에 끝낼 수 있다고 생각하는지 모르겠습니다.

수 백만 원씩 비용을 지불하면서 작업을 의뢰하는 뮤지션은 바보가 아닙니다.

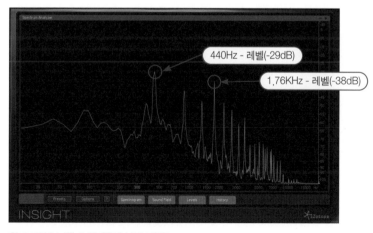

C) 1.76KHz를 6dB 증가시킨 경우

Chapter

02

EQ 타입과 종류

EQ는 동작 형태에 따라 중심 주파수 이상 또는 이하를 증감하는 쉘빙 타입과 중심
주파수를 증감하는 피킹 타입으로 구분합니다.
동작 타입에 따라 구분되는 EQ의 종류를 살펴보겠습니다.

쉘빙 타입

카스테레오의 톤 컨트롤러를 보면 고음(Treble)과 저음(Bass)을 조정할 수 있는 두 개의 노브가
있습니다. 이것이 전형적인 쉘빙 타입 이퀄라이저로 Treble 노브를 돌리면 고음역이 증/감 되고,
Bass 노브를 돌리면 저음역이 같은 모양으로 증/감 됩니다.
그림을 보면 알 수 있듯이 동작 형태가 완만한 비탈길 모양을 하고 있다고 해서 쉘빙(Shelving) 타
입이라고 합니다.

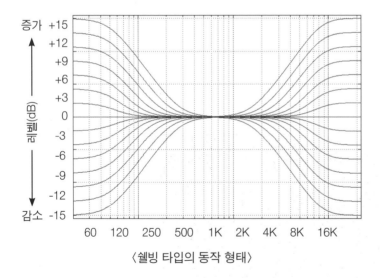

〈쉘빙 타입의 동작 형태〉

톤 컨트롤러와 같은 2밴드 EQ의 기준점은 모델마다 다르지만, 고음역이 1.5KHz이고, 저음역이
500Hz라고 하면, 중음역 500-1.5KHz는 조정할 수 없습니다. 그래서 믹싱 콘솔의 경우에는 중음
역 조정 밴드가 추가된 제품이 주를 이루며, 3밴드 이상의 주파수 대역을 조정할 수 있는 제품을
멀티밴드 EQ라고 합니다.

쉘빙 타입은 지정된 주파수를 기점으로 그 이상 또는 그 이하를 점차적으로 증/감 시키는 방식이기 때문에 대부분의 멀티 밴드 EQ에서는 고음과 저음 컨트롤러에 적용되고, 중음은 지정된 주파수 대역만을 증/감 시키는 피킹 타입으로 구성됩니다.

지정된 주파수 대역만을 증/감 시키는 피킹 타입은 그림과 같은 모양으로 조정되며, 마치 산봉우리 같다고 해서 피킹(Peaking) 또는 벨(Bell) 타입이라고 합니다.

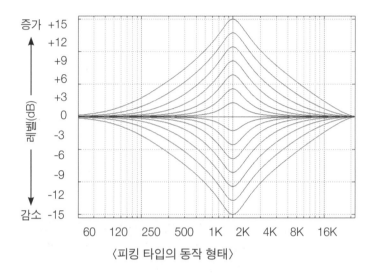

〈피킹 타입의 동작 형태〉

SR 시스템 믹스 콘솔에서 제공하는 멀티 밴드 EQ의 경우에는 대부분 각 컨트롤러의 중심 주파수가 고정되어 있습니다. 이것은 라이브 현장에서 각 주파수 대역을 빠르게 컨트롤러 할 수 있다는 장점이 있지만, 세밀한 음색 조정이 필요한 믹싱 작업에는 적합하지 않습니다. 그래서 스튜디오 믹스 콘솔의 경우에는 중심 주파수를 지정할 수 있는 제품이 주류를 이루는데, 이러한 타입을 스위퍼블(Sweepable) EQ라고 합니다.

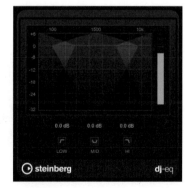

▲ DJ EQ

큐베이스는 중심 주파수가 고정되어 있는 전형적인 DJ 믹서와 유사한 3밴드 EQ를 제공합니다. Low와 Hi는 쉘빙 타입으로 동작하고, Mid는 피킹 타입으로 동작하며, 오토메이션 기능을 이용하여 라이브 현장에서의 디제잉 사운드를 연출할 수 있습니다.

중심 주파수를 지정할 수 있는 스위퍼블 타입만으로도 큰 혁신이었지만, 대역폭이 고정되어 있다는 아쉬움이 있습니다. 대역폭은 피킹 타입에서 중심 주파수를 기점으로 영향을 받는 좌/우 폭을 말합니다. 예를 들어 앞의 피킹 타입의 동작 형태를 나타낸 그림을 보면, 1K를 증가시켰을 때 1K 주변 주파수가 함께 증가되며, 레벨이 커질수록 영향을 받는 범위가 넓어진다는 것을 알 수 있습니다. 그래서 이 대역폭을 조정할 수 있는 EQ가 개발되었으며, 이것이 현재 보편적으로 사용되고 있는 파라메트릭(Parametric) EQ 입니다.

파라메트릭 EQ의 대역폭 조정 파라미터는 Q로 나타내며, 0.1, 2.0, 3.0 등의 숫자로 표시됩니다. 이 숫자는 FREQ에서 설정한 값을 나눈다는 의미입니다. 예를 들어 중심 주파수가 1K이고, Q 값이 2.0이면, 1K를 2로 나누는 것이므로 대역폭은 500이 됩니다. 악기 음색 조정을 위하여 주파수 범위를 넓게 조정할 필요가 있을 때는 Q값을 줄이고, 불필요한 공진음 및 잡음 등을 제거하기 위해 주파수 범위를 최소한으로 줄이고 싶을 때는 Q 값을 올리는 것입니다. 대역폭을 넓힐 때 Q 값을 줄이고, 좁힐 때 올린다는 것에 주의하기 바랍니다. 입문자들이 가장 혼동하는 부분입니다.

믹싱 작업에서 사용하는 대부분의 EQ가 파라메트릭 타입이기 때문에 현재 출시되고 있는 VST EQ들도 파라메트릭 타입이 많습니다. 큐베이스에서 제공하는 Studio EQ와 Frequency, 그리고 Channle 창의 EQ 역시 파라메트릭 타입 EQ 입니다.

※ Frequency는 컴프레서 기능이 결합된 장치로 다이내믹 EQ로 구분하기도 합니다.

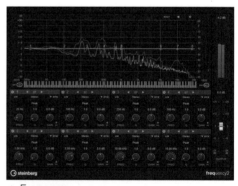

▲ Frequency

▲ Channel EQ

▲ Studio EQ

그래픽 EQ

주파수 대역별로 수직 슬라이더가 있어서 해당 주파수 대역을 빠르게 컨트롤할 수 있도록 해놓은 것이 그래픽 EQ 입니다. 그림을 보듯이 전체적인 조정 상태를 확인할 수 있다고 해서 그래픽 EQ 라고 합니다.

슬라이더는 국제 표준 기구 ISO에서 규정하는 1 옥타브 또는 1/3 옥타브 간격으로 되어 있지만, 2/3옥타브, 1/12 옥타브, 1/16 옥타브로 되어 있는 제품도 있습니다.

그래픽 EQ는 컨트롤 가능한 주파수가 고정되어 있기 때문에 믹싱을 할 때는 잘 사용하지 않지만, 공간에 따른 위상 변화, 피드백 등 여러가지 예기치 못한 상황에 빠른 대처가 필요한 라이브 현장 에서는 필수입니다. 마스터링 작업이나 스튜디오 모니터 음향을 보정하는 용도로도 사용됩니다.

VST EQ는 믹싱과 마스터링을 목적으로 출시되는 것들이 대부분이기 때문에 그래픽 타입은 많지 않지만, 큐베이스에서는 슬라이더가 10개 있는 GEQ-10과 30개 있는 GEQ-30을 제공합니다. 마스 터링 작업에서 주파수를 보정할 때 유용합니다.

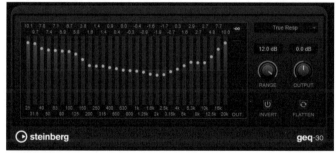

▲ GEQ-30

참고로 그래픽 EQ 중에도 중심 주파수를 조정 할 수 있는 제품들이 있는데 이것을 파라그래픽 (Paragraphic) EQ라고 하며, 대역폭을 조정할 수 있는 Q 파라미터를 제공하는 제품도 있습니다.

큐베이스는 위상 변이 없이 주파수를 조정할 수 있는 Linear 방식의 Curve EQ를 제공합니다.

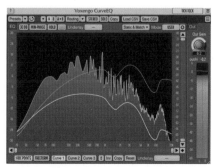

▲ Curve EQ

Chapter

03

필터 타입

EQ의 또다른 이름, 필터에 관해서 살펴보겠습니다. High Pass 또는 Low Pass Filter라고 부르거나 Low Cut 또는 High Cut Filter라고 부르는데, High Pass와 Low Cut 그리고 Low Pass와 High Cut은 같은 역할입니다.

하이패스 필터

정수기의 필터는 물속의 이물질을 차단하고, 공기 청정기의 필터는 공기중의 먼지를 차단합니다. 믹싱 작업에서 사용하는 필터 역시 뭔가를 차단하는 장치이며, 짐작대로 주파수를 차단하는 EQ 계열의 장치입니다.

하이 패스 필터(High Pass Filter)는 설정 주파수 이상의 고음역을 통과시킨다는 의미이고, 로우 컷 필터(Low Cut Filter)는 설정 주파수 이하의 저음역을 차단한다는 의미로 같은 말입니다. 여기 서 설정 주파수는 차단 주파수 또는 롤 오프(Roll Off) 주파수라고 부릅니다. 표준 차단점은 출력 레벨이 -3dB 감소하는 주파수로 규정하며, 필터 기울기는 옥타브 당 6dB/Oct, 12dB/Oct, 18dB/ Oct 등의 감소 비율로 표시합니다.

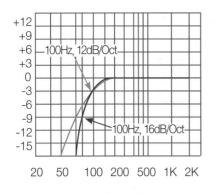

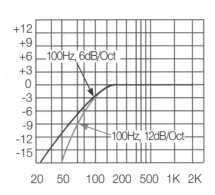

대부분의 콘덴서 마이크는 하이패스 필터 스위치를 제공하고 있어서 녹음 중에 발생할 수 있는 진동음이나 팝핑 등의 저음역 잡음을 차단할 수 있습니다. 그러나 제품에 따라 남성 보컬을 얇게 만들 수 있으므로, 반드시 테스트를 해보고 사용하는 것이 좋습니다. 만일, 남성 보컬에 영향을 준다면, 스위치를 Off로 하고, 믹싱 작업을 할 때 필터를 이용하여 제거하면 됩니다.

로우패스 필터

로우 패스 필터(Low Pass Filter) 또는 하이 컷 필터(High Cut Filter)라고 부르는 장치는 하이 패스 필터와 반대로 설정 주파수 이상의 고음역을 차단합니다. 자주 사용하지는 않지만, 불필요한 고음역이나 히스 잡음을 제거하는데 효과적입니다.

큐베이스는 Position 값을 마이너스로 설정하면 로우 패스 필터로 동작하고, 플러스로 설정하면 하이 패스 필터로 동작하는 Dual Filter를 제공합니다.

▲ Dual Filter

밴드패스 필터

밴드 패스 필터(Band Pass Filter)는 설정 주파수 대역만 통과시키고, 나머지 로우와 하이를 차단합니다. 설정 음역만을 재생시키는 것입니다. 동작 방식은 로우 및 하이 패스 필터와 동일합니다.

큐베이스에는 로우 패스, 하이 패스, 밴드 패스 필터가 결합되어 있는 Morph Filter를 제공합니다.

▲ Morph Filter

너치 필터

너치 필터(Notch Filter)는 밴드 패스 필터와 반대로 설정 주파수 대역만을 차단합니다. 다만, 대역폭이 매우 좁게 동작되는 특수 필터이기 때문에 AC 험 잡음이나 공연중 발생하는 피드백을 제거하는데 효과적입니다. 일명 피드백 제거기라고 부르는 장치들이 너치 필터가 적용된 제품입니다.

▲ 피드백 제거기

큐베이스 제공 EQ

큐베이스는 Curve EQ, Dj-EQ, EQ-P1A, EQ-M5, Frequency, GEQ10/GEQ30, Studio EQ의 8가지 EQ와 Dual Filter, Morh Filter, Step Filter, ToneBooster, WahWah의 5가지 필터를 제공합니다.

간혹 큐베이스나 로직에서 기본으로 제공하는 VST Effects를 공짜라는 이유 하나만으로 성능을 의심하는 경우가 있습니다. 이것은 정말 잘못된 생각입니다. 오히려 해당 프로그램에 최적화되어 있기 때문에 음의 손실을 최소화한 믹싱과 마스터링 작업이 가능합니다. 물론, 제품마다 결과의 차이는 있지만, 그것은 성능의 차이가 아니라 사용자의 취향 차이입니다.

실제로 믹싱 작업을 할 때는 몇 가지 VST Effects 준비해 놓고, 음악 장르나 소스에 적합한 것을 선택하여 사용하는 것이 일반적입니다. 하지만, 그전까지는 어떤 음악 프로그램을 사용하든 기본적으로 제공되는 VST Effects를 충분히 활용해보고 연습하면서 자신의 실력을 키우는 것이 우선입니다.

Studio EQ

주파수 대역, 폭, 타입을 자유롭게 선택할 수 있는 파라메트릭 타입 EQ 입니다.
4 Band를 제공하고 있으며, 왼쪽의 저음역과 오른쪽의 고음역 밴드는 쉘빙(Shelf), 컷(Cut), 피크(Peak) 타입을 선택할 수 있습니다.
각 밴드의 사용 여부는 On/Off 버튼으로 선택합니다.

◀ Studio EQ

● Gain

각 밴드의 주파수 값을 최대 24dB 범위로 증/감 합니다.

Ctrl 키를 누른 상태로 그래프의 포인트를 드래그하여 조정할 수 있습니다.

Inv 버튼을 누르면 Gain 값을 반대로 적용합니다.

● Freq

조정할 주파수 대역을 설정합니다.

Alt 키를 누른 상태로 그래프의 포인트를 드래그하여 조정할 수 있습니다.

● Q-Factor

각 밴드의 주파수 대역폭을 조정합니다.

Shift 키를 누른 상태로 그래프의 포인트를 드래그하여 조정할 수 있습니다.

저음역과 고음역은 오른쪽 그래프를 선택하면 Shelf, Cut, Peak 타입을 선택할 수 있는 메뉴가 열립니다.

● Output

Studio EQ에서 조정한 사운드의 최종 출력 레벨을 조정합니다.

Auto Gain 버튼을 On으로 하면, 출력 레벨이 자동으로 조정됩니다.

Spectrum 버튼을 On으로 하면, 주파수를 실시간으로 분석하여 보여줍니다.

Reset 버튼을 Ctrl 키를 누른 상태로 클릭하면 모든 값을 초기화 합니다.

● Channel EQ

채널 창에서 제공하는 EQ는 Gain, Freq, Q 파라미터가 그래프 아래쪽에 배치되어 있다는 것 외에는 Studio EQ와 동일합니다. 채널 EQ는 믹스 콘솔의 채널을 구현하고 있는 것이므로, 입력 사운드를 보정하는 용도로 사용하는 것이 일반적입니다.

채널 EQ

GEQ-10는 10밴드, GEQ-30는 30밴드 그래픽 EQ 입니다.

그래픽 타입은 각 주파수 대역의 슬라이드를 위/아래로 드래그하여 주파수를 증/감 시킬 수 있기 때문에 입문자가 쉽게 접근할 수 있다는 장점이 있습니다.

믹싱 작업보다는 마스터링 작업에서 전체 사운드의 밸런스를 보정하는 용도로 유용하며, 스튜디오의 음향을 보정하는데 응용할 수 있습니다.

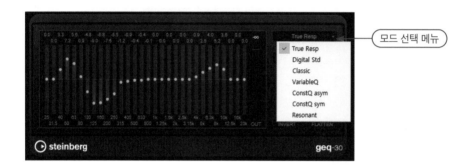

● Ouput

최종 출력 사운드의 레벨을 조정합니다.

● Flattern

모든 조정 값을 0dB로 초기화 합니다.

● Range

주파수의 조정 범위를 0-12dB 범위로 설정합니다.

● Invert

각 슬라이드의 조정 곡선을 반대로 적용합니다.

● Mode

True Response, Digi Standard, Classic 등의 7가지 모드를 제공합니다.

7가지 모델을 사용하는 것과 같은 효과입니다.

DJ-EQ는 전형적인 DJ 믹서의 3 밴드 EQ를 재현한 장치입니다.

각 주파수 대역의 곡선을 위/아래로 드래그하여 게인을 조정할 수 있습니다.

Shift 키를 누른 상태로 드래그하면 미세한 조정이 가능하며, Ctrl 키를 누른 상태로 클릭하면 초기 값으로 설정됩니다.

● Gain

100Hz, 1.5KHz, 10KHz로 구성되어 있으며, 각 주파수 대역의 조정 값을 표시합니다.

더블 클릭으로 값을 입력할 수 있습니다.

● Kill

해당 주파수 대역을 차단합니다. 필터로 동작하는 것입니다.

※ 큐베이스에서 제공하는 장치들은 사용자가 원하는 파라미터를 Quick Controls 슬롯에 등록하여 외부 미디 컨트롤러로 동작 시킬 수 있습니다. 특히, DJ-EQ는 이 기능을 이용하면, 라이브 현장에서 디제잉을 하는 듯한 현실감을 느낄 수 있습니다.

방법은 컨트롤하고자 하는 파라미터를 마우스 오른쪽 버튼으로 클릭하여 단축 메뉴를 열고, Add Quick Controls을 선택하면 됩니다. 미디 컨트롤러를 사용하고 있다면 Remote Devices로 등록해서 사용하는 방법이 편리합니다. 자세한 내용은 큐베이스 서적을 참조하기 바랍니다.

Chapter

05

음역대별 밸런스

EQ를 이용하여 불필요한 잡음을 제거하는 것이 기술적인 작업이라면, 저, 중, 고 음역대별 밸런스를 조정하는 것이 실질적인 믹싱 작업입니다. 여기에 필요한 기초 이론을 살펴보겠습니다.

주파수 대역

인간이 들을 수 있는 가청 주파수는 20Hz에서 20KHz라고 하지만, 실제로 60Hz 이하는 귀로 듣는 다기 보다는 진동을 몸으로 느끼는 경우이며, 고음역도 30세가 넘으면 17KHz 이상을 듣기 어렵고, 클럽를 좋아하는 사람이라면 그 시기가 좀 더 빨라질 수 있습니다. 그래서 1KHz를 중심 주파수로 취급합니다.

1KHz를 중심으로 배의 수는 2K, 4K, 8K, 16K가 되고, 약수는 500Hz, 250Hz, 125Hz, 62.5Hz 가 됩니다. 이것을 1KHz를 중심으로 양쪽으로 2개씩 묶으면, 다음과 같이 로우(Low), 로우 미드 (Low-Mid), 미드(Mid), 하이 미드(High-Mid), 하이(High)의 5구간으로 나눌 수 있습니다. 물론, 장치에 따라 로우와 하이의 2구간으로 나뉘어 있는 것에서부터 서브우퍼와 초고음역까지 좀 더 세분화 되어 있는 경우도 있지만, 본서에서는 5구간으로 나누어 진행하겠습니다.

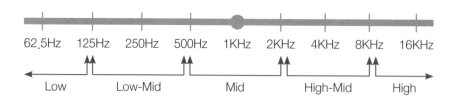

저음(125Hz 이하) : 킥과 베이스 등, 음악의 중심이 되는 저음 악기가 배치되는 음역으로, 댄스 곡을 믹싱할 때 가장 공을 들이는 구간입니다. 조금 많으면 전체 사운드가 둔해질 수 있고, 적으면 얇아질 수 있기 때문에 주의해야 합니다.
참고로 62.5Hz 이하는 일반적인 시스템에서 재생되지 않는 경우가 많기 때문에 별도의 우퍼 시스템을 갖추어야 합니다. 그래서 이 구간을 초저음역 또는 서브우퍼(Subwoofer) 음역대로 구분하기도 합니다.

중저음(125-500Hz) : 악기의 기본음들이 배치되는 음역으로 전체 음악 색깔을 결정하는 구간이
도 합니다. 조금 많으면 사운드가 왜곡될 수 있고, 적으면 빈 소리가 날 수 있기 때문에 주의해야
합니다.

중음(500-2KHz) : 보컬 음이 배치되는 음역으로 노래가 있는 팝에서는 가장 핵심적인 구간입니
다. 조금 많으면 사운드가 전화 톤처럼 변질될 수 있고, 적으면 선명도가 떨어질 수 있기 때문에
주의해야 합니다.

중고음(2-8KHz) : 악기 및 보컬의 존재감을 결정짓는 음역으로 EQ 조작을 가장 많이 하게 되는
구간입니다. 조금 많으면 시끄러울 수 있고, 적으면 답답해질 수 있으므로 주의해야 합니다.
참고로 인간은 동일한 레벨에서 2-4KHz 음역을 다른 주파수 대역보다 크게 듣기 때문에 좀 더 세
심한 주의가 필요하며, 실제 작업에서 2-4KHz와 4-8KHz 음역대로 세분화하기도 합니다.

고음(8KHz 이상) : 사운드의 선명도를 결정짓는 음역입니다. 조금 많으면 잡음이 커질 수 있고, 적
으면 밸런스가 무너질 수 있기 때문에 주의해야 합니다.
16KHz 이상은 잘 들리지 않기 때문에 초고음역대로 구분하기도 합니다.

주파수 대역을 저음, 중저음, 중음, 중고음, 고음의 5구간으로 나누고 각 음역대별 특징을 살펴보았
지만, 보편적인 이야기일 뿐입니다. 실제로는 음악 장르와 가수, 악기 등에 따라 수많은 변수가 발
생할 수 있기 때문에 EQ의 가이드 라인을 정한다는 것은 불가능 합니다. 그리고 프로 엔지니어들
마저 EQ를 사용하는 순서도 다르고, 접근 방식도 다르기 때문에 가능성은 수 없이 많습니다. 다
만, EQ를 다루는 모든 사용자는 좀 더 선명하고, 강한 사운드를 만든다는 공통된 목표를 가지고
있으므로, 어떤 방식이든 자신만의 노하우가 생길 때까지 다양한 시도를 해보는 것이 최선입니다.

한가지 조언이라면 믹싱 작업이 잘되었다고 소문난 CD를 구입하여 자신의 가이드 라인이 될 수
있을 때까지 반복해서 듣는 훈련을 합니다. 실제로 해외 유명 엔지니어들은 아이러니하게도 일반
인에 비해서 청력이 많이 떨어진다는 조사 결과가 있습니다. 이유는 이어폰을 너무 오랜 시간 사
용했기 때문이라고 합니다. EQ를 잘 다루기 위해서 얼마나 오랜 시간의 노력이 필요한지를 알 수
있습니다. 물론, 이어폰 사용은 자제하고, 틈틈이 휴식을 취하는 것이 좋습니다.

사운드의 레벨은 데시벨(dB)로 표시하며, 악기를 한 사람이 연주할 때와 두 사람이 연주할 때의 데시벨 차이는 3dB입니다. 어떤 사운드가 3dB 차이가 난다면 실제로 두 배의 차이가 나는 것이 므로, 주파수를 증감하는 EQ의 게인(Gain)을 조정할 때는 아주 조금씩 움직여야 합니다.

믹싱에서 EQ를 사용하는 이유는 첫번째로 불필요한 잡음을 제거하는 것이며, 두번째는 저음에서 고음까지의 주파수 대역을 고르게 만들어 각 음역대의 밸런스를 유지하는 것입니다. 물론, 음악 장르나 취향에 따라 저음을 더하거나 고음을 더할 수 있는 있겠지만, 기본에 충실하는 것이 우선 입니다.

문제는 인간의 귀가 각 주파수 마다 레벨을 다르게 인식한다는 것입니다. 실험으로 큐베이스 Inserts 파라미터에서 Tools 폴더의 Test Generator 선택하여 열고, 440Hz와 1000Hz(1KHz)를 선 택하여 재생합니다. 볼륨을 만지지 않았는데도 440Hz보다 1KHz의 사인파(Sine)가 더 크게 들린 다는 것을 느낄 수 있을 것입니다.

앞의 실험은 모니터 레벨에 따라 차이가 있고, 레벨에 따라 주파수를 다르게 인식하는 인간의 청 감 능력을 조사하여 발표한 사람이 음향학자 플레처와 먼슨이며, 이들이 만들어낸 등청감 곡선 (Equal-loudness contour)을 플레처 먼슨(Fletcher Munson) 그래프라고 합니다.

그림을 보면 인간은 중음역에 좀 더 민감하다는 것을 알 수 있습니다. 그래서 모든 주파수 대역을 동일한 레벨로 듣기 위해서는 중음을 줄이거나 저음과 고음을 증가시켜야 하며, 작은 소리로 들 을 때는 좀 더 편차가 큽니다.

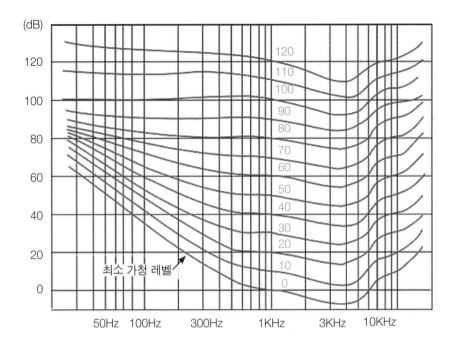

예를 들어 그림의 빨간색 라인을 보면, 1KHz의 레벨을 10dB로 재생했을 때 100Hz를 같은 레벨로 듣기 위해서는 30dB 정도를 증가시켜야 하지만, 1KHz를 100dB로 재생했을 때에는 100Hz를 3dB 정도만 증가시키면 된다는 것입니다.

믹싱을 할 때는 이러한 인간의 청감 능력을 이해하고 있어야 합니다. 0dB은 인간이 들을 수 있는 최소 가청 레벨을 의미하며, 일상적인 대화의 레벨은 60dB 정도입니다. 그래서 보통 믹싱을 할 때는 이보다 큰 70-80dB 정도의 레벨을 선호하는데, 재생 레벨에 따라 주파수를 인식하는 것이 다르다는 것을 감안하여 좀 더 작게 50-60dB로도 확인을 하고, 좀 더 크게 80-90dB로도 확인을 하는 습관을 가져야 합니다. 특히, 재생 장치에 따라 그 편차는 더욱 커질 수 있으므로, 1차 믹싱 작업이 완료된 음악은 여건이 되는대로 휴대폰, 컴퓨터, 카스테레오, 가정용 오디오, PA 및 SR 시스템 등의 다양한 환경에서 모니터를 해보고, 부족하거나 많은 부분을 2차 작업에서 보정하는 식으로 진행해야 할 것입니다. 훈련이 반복되고, 자신의 모니터 환경에 기준이 생기면 이러한 과정없이 믹싱을 완료할 수 있겠지만, 가장 대중적인 휴대폰만은 체크를 해보는 것이 좋습니다.
참고로 1차 믹싱은 작업이 덜 되었다는 의미로 러프(Rough) 믹싱 또는 가(假) 믹싱이라고도 부릅니다.

스펙트럼 애널라이저

EQ은 물론이고, 믹싱과 마스터링의 전반적인 작업을 진행할 때 항상 주시해야 할 것이 주파수 레벨을 눈으로 확인할 수 있는 스펙트럼 애널라이저 (Spectrum analyzer) 입니다.

Super Vision

EQ 작업에 대한 경험이 부족한 입문자는 물론이고, 전문가들도 오랜 시간 작업을 하게 되면 감각이 무뎌 지기 때문에 실수가 발생할 수 있습니다. 그래서 믹싱과 마스터링 작업을 할 때는 주파수 밸런스를 시각적으로 확인할 수 있는 스펙트럼 애널라이저(Spectrum analyzer)를 열어놓고 진행합니다.

스펙트럼 애널라이저는 객관적인 믹싱과 마스터링을 하는데 있어서 꼭 필요한 장치이므로, 반드시 사용법을 익혀 둬야 합니다. 큐베이스에서 제공하는 Super Vision과 마스터링 플러그인 제작사로 유명한 iZotope 사의 Insight 두 제품을 모두 살펴보겠습니다.

스펙트럼 애널라이저는 음악 작업을 진행하는 동안에 최종 출력되는 시그널을 확인하는 것이 목적이므로 마스터 트랙에서 사용합니다. 큐베이스에서는 프로젝트의 Input/Output Channels 또는 F3 키를 누르면 열리는 믹서 창의 마스터 트랙(Stereo Out)에서 E로 표시되어 있는 Edit Channel Settings 버튼을 클릭합니다.

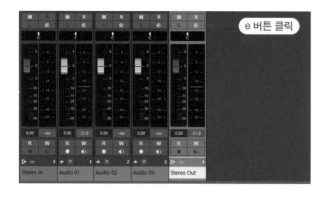

채널 세팅 창이 열립니다. Inserts 14번 슬롯을 클릭하여 목록을 열고, Tools 폴더의 Super Vision 를 선택합니다. 참고로 큐베이스 Equailzer는 스펙트럼 애널라이저 기능을 제공하고 있기 때문에 Super Vision를 인서트하지 않아도 주파수 밸런스를 채널 창에서 직접 확인할 수 있습니다.

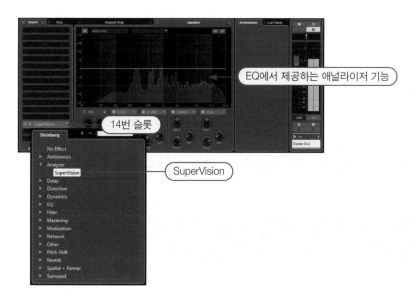

큐베이스의 오디오 신호 경로는 ① Insert(1-14) → ② Equalizer → ③ 볼륨 페이더 → ④ Insert (15-16) 입니다. 보통 마스터 트랙의 볼륨이나 EQ는 그대로 두고, Insert 15, 16번 슬롯에 맥시마이 저(Maximizer)와 디더링(Dithering-UV22HR)를 걸기 때문에 Super Vision를 Insert 마지막에 해 당하는 14번 슬롯에 사용합니다. 만일, 마스터 트랙의 EQ와 볼륨 페이더를 지난 최종 출력 상태 를 모니터 하고 싶은 경우에는 15-16번 슬롯에 인서트 합니다. 큐베이스는 슬롯의 녹색 라인을 드 래그하여 볼륨 페이더 전/후에 적용하는 인서트를 결정할 수 있기 때문에 사용자마다 다를 수 있 습니다.

▶ Level

Super Vision을 로드라면 가장 먼저 레벨 미터가 열립니다. 믹싱과 마스터링에서 레벨 체크가 그
만큼 중요하다는 의미입니다. 레벨은 가장 큰 레벨을 의미하는 Peak, 평균 레벨을 의미하는 RMS,
전체 프로그램 레벨을 의미하는 Loudness의 3가지가 있으며, 처음 열리는 레벨 미터는 Peak와
RMS를 모니터할 수 있는 모듈입니다.

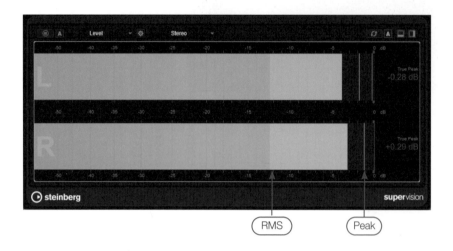

▶ Loudness

일반적으로 녹음을 할 때는 단 한 순간이라도 클리핑이 발생하면 안 되기 때문에 Peak 레벨을 모
니터하며, 믹싱을 할 때는 RMS 레벨을 모니터합니다. 그리고 마스터링을 할 때는 Loudness 레벨
을 모니터합니다. 모듈 선택 메뉴에서 Measurement 카테고리의 Loudness를 선택하면 초기 화면
에서 보이던 Peak 및 RMS 레벨 미터를 Loudness 레벨 미터로 변경할 수 있습니다.

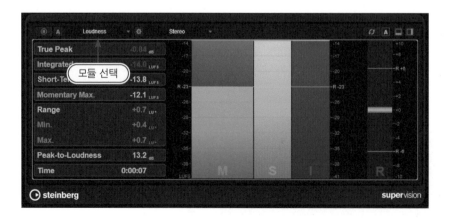

▶ Spectrum Curve

믹싱과 마스터링을 할 때 레벨만큼이나 중요한 것이 전체 주파수 밸런스입니다. 이를 모니터할 수 있는 모듈은 Spectral Domain 카테고리에서 선택합니다. 스테레오로 표시되는 것이 어색한 입문자라면 채널 항목에서 Mixdown을 선택하여 좌우 채널이 믹스된 레벨로 모니터합니다. 평소에 좋아하는 음악을 재생시켜 놓고, 스펙트럼 곡선이 어떻게 만들어지고 있는지 사진처럼 각인될 때까지 충분히 모니터하길 바랍니다.

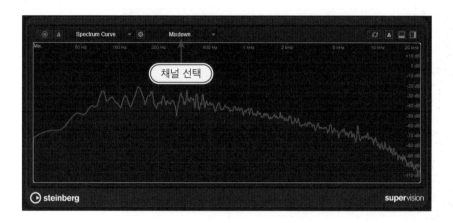

▶ Layout

Super Vision은 이 외에도 좌우 밸런스를 모니터 할 수 있는 Phase, 서라운드 레벨을 모니터할 수 있는 Spatial Domain, 파형을 모니터할 수 있는 Waveform 등의 카테고리별로 다양한 형태의 모듈을 제공하고 있으며, Split 버튼을 이용하여 화면을 나누고 최대 9개의 모듈을 동시에 열어놓을 수 있습니다.

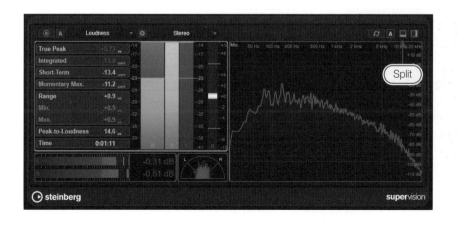

큐베이스 이외의 DAW에서도 각각의 애널라이저를 제공하지만, 모두 다룰 수는 없으며, 그럴 필요도 없습니다. 사실 대부분의 실무 현장에서는 iZotope사의 Insight를 가장 많이 사용하고 있기 때문입니다. 별도 구매가 필요하다는 부담은 있지만, 전세계 표준으로 취급할 만큼 유명합니다. 데모 버전은 izotope.com에서 다운 받을 수 있습니다.

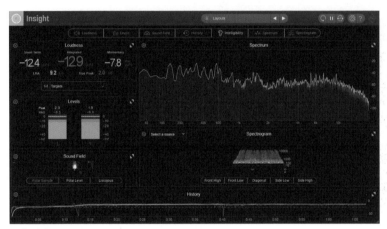

▲ Insight

▶ Preset Manager

Insight을 로딩하면 Default 외에 다양한 구성의 프리셋을 선택할 수 있는 Preset Manager 창이 열립니다. 매번 이 창이 열리지 않게 하려면 Show at Start Up 옵션을 해제하고 Close 버튼을 클릭하여 닫습니다.

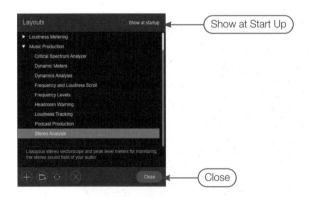

▶ 화면 구성

Insight는 Loudness, Levels, Sound Field, History, Intelligibility, Spectrum, Spectrogram의 7가지 모듈을 제공하며, 각 모듈은 탭 이름을 클릭하여 열거나 닫을 수 있고, 오른쪽 상단에는 해당 모듈을 한 화면에 표시하는 확대 버튼을 제공합니다.

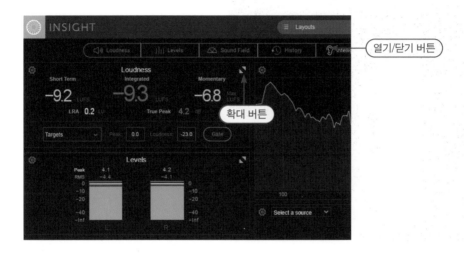

각 창의 크기는 경계선을 드래그하여 조정할 수 있으며, 사용자가 구성한 창들은 Layouts 버튼을 클릭하여 창을 열고, Create 버튼을 클릭하여 저장할 수 있습니다. 그 외, Folder 버튼은 폴더를 만들고, Change 버튼은 선택한 프리셋을 변경한 프리셋으로 변경하고, Delete 버튼은 선택한 프리셋을 삭제합니다.

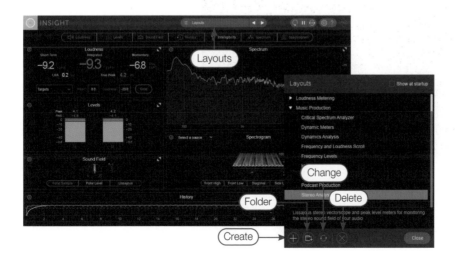

▶ Level Meters

레벨 미터는 피크 레벨(Peak Levels)과 평균 레벨(RMS Levels)을 표시합니다. Dolby Atmos 7.1.2 채널을 지원하여 최대 10개 채널(L, R, C, LEF, Lss, Rss, Lsr, Rsr, Lts, Rts)을 모니터 할 수 있습니다.

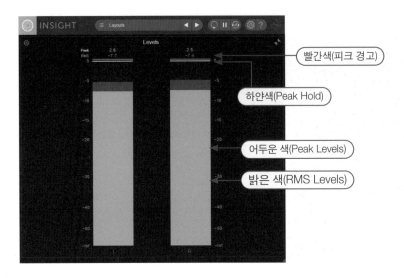

● 왼쪽 상단의 톱니 바퀴 모양으로 표시되어 있는 Options 버튼을 클릭하면 레벨 미터의 유형을 변경할 수 있는 창이 열립니다.

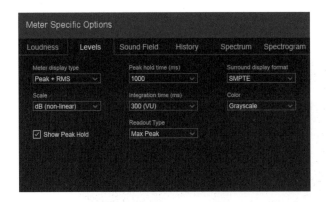

Meter display type : 레벨 미터 유형을 Peak+RMS 및 K-System 중에서 선택할 수 있습니다. K-System은 라우드니스 모니터링으로 사용되는 미터입니다.

Scale : 레벨 미터 표시 범위를 선택하는 것으로 Meter display type에 따라 달라집니다. Peak+RMS에서는 dB(non-linear)와 dB(linear) 중에서 선택할 수 있고, K-System에서는 K-12, K-14, K-20 중에서 선택할 수 있습니다. K-12, K-14, K-20은 Peak+RMS의 최대 레벨(0dB)을 각각 -12dB, -14dB, -20dB로 표시합니다.

Show Peak Hold : 피크 홀드 라인 표시 여부를 선택합니다.

Peak hold time : 피크 홀드 라인 표시 타임을 선택합니다. Infinite로 선택하면 레벨 미터를 더블 클릭 할 때까지 홀드 라인이 유지됩니다.

Intergration time : 레벨 미터가 RMS를 표시하는 경우에 적용되며, RMS 측정 타임을 선택합니다. 기본 타임은 가장 많이 사용하는 300(VU)입니다.

Readout Type : 레벨 미터 위에 표시되는 값의 유형을 선택합니다.

Surround display format : 서라운드 레벨 미터의 표시 순서를 선택합니다.

Color : 레벨 미터 표시 색상을 선택합니다.

● 툴바의 리셋, 포즈, 홀드 버튼의 역할은 다음과 같습니다.
리셋 : 모니터 값을 초기화 합니다. 값을 표시하는 항목을 클릭해도 됩니다.
포즈 : 모니터를 일시 정지하거나 다시 클릭하여 진행합니다.
홀드 : 버튼을 On으로 하면, 모니터 값을 유지시킬 수 있습니다.

프로그램 레벨을 의미하는 라우드니스를 모니터할 수 있습니다. 프로그램은 한 곡 또는 영화 한 편 등, 중간 광고를 포함한 미디어 전체 러닝 타임을 의미합니다.

창이 작을 때는 숫자만 표시되며, 창이 클 때는 레벨 미터를 함께 표시합니다.

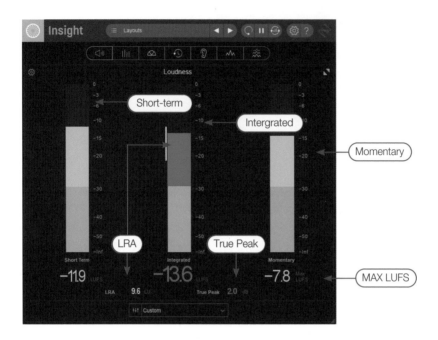

● 각 레벨 미터는 다음과 같은 측정 값을 표시합니다.

Short-term : 3초 동안 측정된 레벨을 표시합니다.

Integrated : 프로그램 전체 레벨을 표시합니다.

Momentary : 레벨 미터가 표시되어 있는 경우에만 확인할 수 있으며, 400ms의 순간적인 레벨을 표시합니다.

MAX LUFS : Momentary의 최대 값을 표시합니다.

LRA : 측정 시간 동안의 다이내믹 레인지를 표시합니다. Intergrated 레벨 미터 왼쪽에 흰색 라인 으로도 표시됩니다.

True Peak : 프로그램의 최대 레벨을 표시합니다.

● Preset

방송 및 영화 등의 라우드니스는 국제전기통신연합 전파통신부문 ITU-R BS.1770-3에서 제시한 기준 레벨이 있기 때문에 반드시 지켜야 합니다. 국가마다 채택하고 있는 기준이 다르며, 프리셋 목록에서 선택할 수 있습니다. 국내는 미국과 동일한 ATSC A/85 기준을 적용하고 있습니다.

Preset	Intergrated	Tolerance	Gate	True Peak	Notes
AES AGOTTVS TD1006.1.17-10	-16 LUFS	± 2.0 LU	On	-1 dBTP	AES 권장 스트리밍
AGCOM 219/09/CSP	-24 LUFS	± 0.5 LU	On	-2 dBTP	Italy
ARIB TR-B32 A/85	-24 LKFS	± 2.0 LU	On	-1 dBTP	Japan
ATSC A/85	-24 LKFS	± 2.0 LU	On	-2 dBTP	USA, Canada, Puerto Rico
BS.1770-1	-24 LKFS	± 2.0 LU	Off	-2 dBTP	International
BS.1770-2/3/4	-24 LKFS	± 2.0 LU	On	-2 dBTP	International
EBU R128	-23 LUFS	± 0.5 LU	On	-1 dBTP	Europe
EBU R128 DPP	-23 LUFS	± 0.5 LU	On	-3 dBTP	Europe
EBU R128 (South Africa)	-23 LUFS	±1.0 LU	On	-2 dBTP	South Africa
OP-59	-24 LKFS	±1.0 LU	On	-2 dBTP	Australia/ New Zealand
Portaria 354	-23 LUFS	± 0.5 LU	On	-2 dBTP	Brazil

● Custom

레벨 전쟁을 하고 있는 국내 음원 시장에서는 LUFS 경고가 별 의미가 없지만, 유튜브 및 아이튠즈 등의 해외 온라인 스트리밍 사이트의 경우에는 각 서비스 업체마다 기준이 있으므로, 주의해야 합니다. 대부분 -14dB이지만, 그 외의 기준이 필요하다면, Targets 버튼을 클릭하여 Peak 및 Loudness 값을 직접 수정합니다. Gate는 음량을 측정할 때 -10LU(relative) 임계 값을 적용합니다.

▶ History

레벨 변화를 그래프로 기록합니다. 회색 라인은 Momentary, 흰색 라인은 Short Term, 녹색 라인은 Integrated, 빨간색은 초과 레벨을 나타내며, 초과 레벨의 기준은 가운데 빨간색 점선입니다.

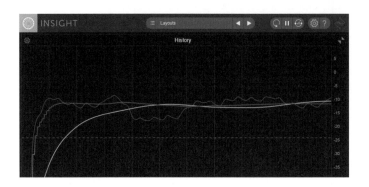

▶ Sound Field

채널 간의 밸런스를 모니터 합니다. 아래쪽에는 표시 타입을 선택할 수 있는 Polar Sample, Polar Level, Lissajous 버튼을 제공하며, 오른쪽에는 위상을 모니터할 수 있는 Correlation 미터를 제공합니다.

● Polar Sample

Polar Sample은 점의 형태로 표시되며, 채널 간의 비율을 모니터할 때 유리합니다.
45도 실선은 좌우 채널 위상차를 나타내므로, 가급적 실선 안쪽으로 믹싱을 합니다.

● Polar Level

Polar Level은 라인 형태로 표시되며, 채널 간의 레벨을 모니터할 때 유리합니다.

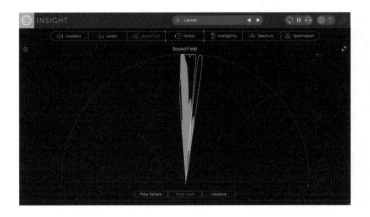

● Lissajous

Lissajous는 좌우 채널을 교차시켜 두 신호의 위상차를 모니터할 때 유리합니다.
좌우 밸런스가 일치하면 세로로 표시되고, 위상차가 발생하면 가로로 표시됩니다.
가급적 가로로 벌어지지 않게 믹싱합니다.

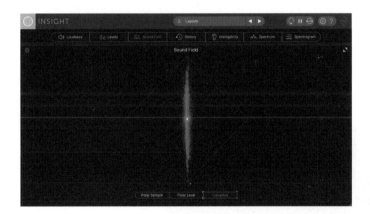

벡터스코프 아래쪽의 녹색 점은 좌우 밸런스를 모니터 할 수 있는 Balance Meter 이며, 오른쪽에는 위상차를 모니터 할 수 있는 Correlation Meter가 있습니다.

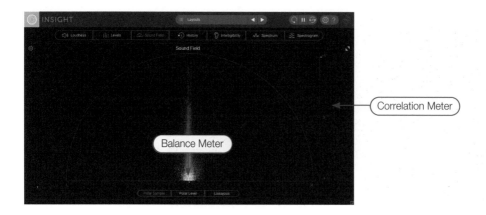

Balance Meter : 좌우 채널의 밸런스를 모니터 합니다. 목적은 완전한 밸런스를 만드는 것이 아니라 신호의 흐름을 관찰하는 용도 입니다.

Correlation Meter : 좌우 채널의 위상차를 모니터 합니다. +1 쪽이 일치되는 것을 의미하지만, 0 이하로만 떨어지지 않으면 됩니다.

● Surround Meter

Meter 옵션은 Stereo 외에 서라운드 채널의 공간감을 모니터할 수 있는 Surround 미터를 제공합니다. 중앙의 흰색 점이 위치를 나타내며, 녹색 그래프는 레벨을 나타냅니다. 그리고 외각의 빨간색은 인접 채널과의 위상차를 표시합니다.

▶ Spectrogram

마스터링 작업을 할 때 채널별 주파수 비율을 모니터할 수 있습니다.

Mode는 옵션 창을 열어 2D와 3D를 선택할 수 있으며, 3D는 방향을 선택할 수 있는 Front High, Front Low, Diagonal, Side High, Side Low 버튼을 제공합니다.

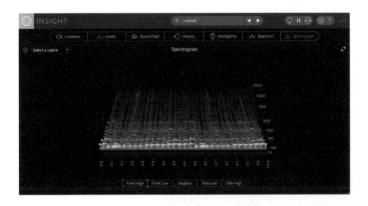

● Mutliple

Spectrogram은 사용자가 원하는 트랙을 동시에 분석할 수 있는 Relay 기능을 제공합니다. 이 기능을 사용하기 위해서는 Insight와 함께 설치된 Relay를 모니터하고자 하는 트랙의 Insert 슬롯에 로딩하고, 왼쪽의 Multiple 목록에서 선택합니다. Color 항목을 클릭하면 각 채널의 색상을 사용자가 설정할 수 있는 팔레트가 열립니다.

▶ Spectrum

주파수의 레벨을 모니터할 수 있는 Spectrum은 EQ 작업을 할 때 반드시 참조해야 합니다. 이것은 입문자와 전문가 모두에게 해당되는 권고 사항입니다.

필자도 초보 시절에는 플레처 먼슨 그래프를 컴퓨터 모니터에 그려 놓고, EQ 작업을 했던 기억이 납니다. 물론, 인간에게 가장 민감한 2-5K 대역만 주의를 한다면, 이렇게 무식한 방법은 쓰지 않아도 됩니다. 하지만, 자신이 좋아하는 음악의 스펙트럼을 이미지로 기억할 수 있을 정도의 노력은 해야 할 것입니다.

스펙트럼 라인에 마우스를 가져가면 해당 위치의 주파수와 레벨을 확인할 수 있는 정보가 표시되며, 주파수와 레벨 값이 표시되는 바에서 마우스 휠을 돌려 디스플레이를 확대/축소할 수 있고, 더블 클릭하면 초기값으로 복구됩니다.

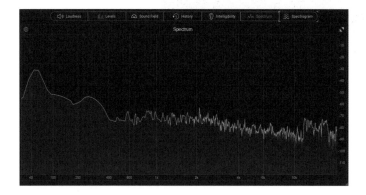

스펙트럼은 라인 타입(Linear) 외에 Options 창의 Spectrum Type에서 Octave 및 critical 등, 자신이 보기 편한 타입으로 변경할 수 있습니다.

이퀄라이징의 기본

EQ는 원래 전화에서 손실되는 음성 신호를 균등한 레벨로 증폭시키기 위해서 개발되었지만, 믹싱에서는 불필요한 사운드나 간섭음을 제거하는 것이 기본입니다.

"원판 불변의 법칙"이라는 말이 있습니다. 음악에서도 마찬가지입니다.

좋은 믹싱의 첫번째 조건은 잘된 편곡과 녹음입니다. 사실 편곡과 녹음이 잘 되면, 특별히 손을 보지 않아도 사운드는 좋습니다. 하지만, VST 시대가 되면서 녹음이 차지하는 비중은 예전보다 현저하게 줄었습니다. 결국, 가장 중요한 것은 악기의 특성을 충분히 살리면서도 다른 악기를 방해하지 않는 편곡입니다.

대충 찍어다 붙이고, 나중에 믹싱만 잘하면 된다는 생각은 버리고, 꾸준히 이론 공부를 병행하면서 EQ 실습을 진행하기 바랍니다.

잡음 제거

지금 학습하고 있는 EQ나 필터 외에도 잡음 제거용으로 출시되어 있는 장치들은 많이 있습니다. 하지만, 이러한 이펙트를 사용해야 할 상황이라면, 녹음할 때 주의하지 못한 스스로를 탓해야 합니다. 항상 녹음을 할 때 가수가 발을 구르고 있지는 않은지, 보면대의 반사음이 녹음되고 있지는 않은지 등, 세심한 주의를 기울여 최상의 사운드를 담을 수 있도록 모니터 하는 것이 좋은 사운드를 만드는 기본 자세입니다. 그리고 녹음할 때 미처 발견하지 못한 공진음이나 다른 악기의 연주를 방해하는 간섭음을 제거하는 것이 EQ와 필터의 첫 번째 사용 목적입니다.

참고로 공진음은 공기 진동음을 의미합니다. 모든 소리는 공기의 진동으로 전달되며, 그 진동음은 스튜디오 또는 방안의 가구나 벽에 부딪쳐 반사되는 현상을 반복합니다. 결국, 원래 소리를 낸 악기의 진동과 공기중에 반사된 소리가 부딪칠 수밖에 없습니다. 이때 동일한 파형으로 부딪치면 소리가 증가하고, 반대로 부딪치면 소리가 감소하는 현상이 일어납니다. 단, 자동차 바퀴 회전과 같이 일정하게 반복되는 경우에는 웅~ 하는 공진음을 들을 수 있지만, 음악 녹음 중에는 경험하기는 어렵습니다.

하지만, 녹음을 하고 보면, 왠지 소리가 "웅~, 웅~" 걸리거나 사운드가 다소 감소하는 듯한 느낌이 드는 경우가 있는데, 이것이 악기의 진동음과 공기 중의 진동음이 부딪쳐서 일어나는 현상이며, 이것을 공진음이라고 합니다. 원치 않은 울림이라고 생각해도 좋습니다.

EQ 작업을 할 때 공진음을 먼저 찾는 이유는 실제 녹음을 할 때 인간의 귀로는 감별하기 어렵지만, 마이크는 악기의 직접음과 반사음을 구별하지 않고 수음하기 때문입니다. 물론, 공진음은 대부분 저음역 악기에서 나타나며, 주로 Kick 드럼에 해당하기 때문에 VST나 샘플을 이용하는 유저에게는 해당 사항이 없겠지만, 밴드를 하는 친구들은 흡음 장치도 잘 되어 있지 않은 공간에서 드럼을 녹음을 할 때 마이크 위치에서부터 세심한 체크가 필요한 사항입니다.

▶ EQ를 이용하여 공진음을 비롯한 각종 잡음을 감소시킬 때 해당 주파수 대역을 찾는 방법은 어떤 종류의 EQ를 사용하든 다음과 같은 과정으로 진행합니다.
① 대역폭(Q)을 좁게 조정합니다.
② Gain을 사운드가 찌그러지지 않을 만큼 최대로 올립니다.
③ Freq를 조금씩 움직여 공진음 또는 잡음을 찾습니다.
④ Gain를 마이너스 값으로 조정하여 제거합니다.
⑤ 대역폭을 공진음 및 잡음이 차지하고 있는 범위로 조금씩 넓힙니다.

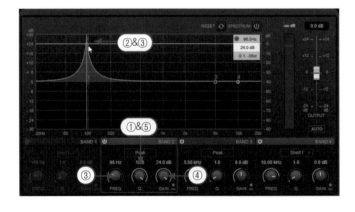

이때 장치의 기능을 숙지하고 있으면 보다 효율적인 작업이 가능합니다. 예를 들어 Studio EQ는 마우스로 포인트를 움직일 때 Shift 키를 누르면 Q 값, Ctrl 키를 누르면 Gain 값, Alt 키를 누르면 Freq 값을 개별적으로 조정할 수 있습니다. 그리고 공진음이나 잡음을 제거할 때는 -1 값으로 조금씩 줄이며, 음질 변화에 영향을 주지 않는 한도 내에서 커트해야 합니다.

간섭음 제거

EQ의 기본 사용법은 불필요한 사운드를 제거하는 것이라고 했습니다. 공진음이나 잡음을 제거한 다음에는 다른 악기를 침범하는 주파수 대역을 커트하는 것입니다.

입문자들이 가장 크게 실수하는 부분이 Kick 소리를 확 튀어나오게 하기 위해서 저음을 무작정 증가시키는 것입니다. 특히, EDM이나 Hip-Hop 등, 강한 비트의 음악을 하는 뮤지션들에게서 자주 나타나는 오류입니다. 하지만, 음악은 점점 답답해지고, Kick의 댐핑감은 오히려 감소하게 되는 결과를 가져옵니다.

EQ를 조작하기 전에 저음이 부족한 원인이 고음이 많아서 그런 것은 아닌지, 아니면 저음역을 간섭하는 악기가 있는 것은 아닌지를 먼저 찾아봐야 합니다. 반대의 경우도 마찬가지입니다.

다음 그림은 드럼 연주의 스펙트럼을 캡처한 화면인데, Kick 드럼과 나머지 파트가 겹치고 있습니다. 서로의 음역을 간섭하고 있다는 것에 집중합니다.

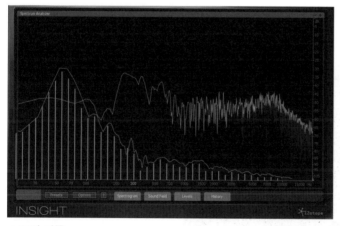

▲ 드럼 연주

다음 그림은 Kick 드럼을 욕심껏 증가시킨 경우입니다. 아마추어 엔지니어들이 가장 많이 하는 실수 있습니다. 심지어는 이 상태로 2-3개의 Kick 드럼을 더빙하는 경우도 있습니다. 그래프를 보면 알 수 있듯이 Kick 드럼이 증가됨으로써 중, 고음역에 간섭하고 있던 주파수대역까지 증가되어 전체 사운드가 답답해지는 현상이 발생합니다. 더욱 큰 문제는 음악을 오랜 시간 듣고 있기 때문에 저음 증가로 인한 고음의 손실을 놓치는 경우가 있다는 것입니다.

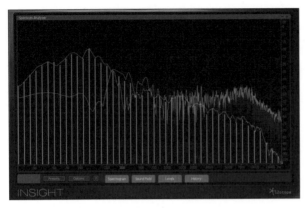

▲ Kick 드럼 증가로 인한 혼탁

Kick 트랙에 MorphFilter를 장착하고, 로우 패스로 걸어 하이를 차단하고, 나머지 파트에는 하이 패스를 걸어 로우를 차단합니다. 이처럼 서로의 간섭을 최소화 시키면, 다음 그림과 같이 중, 고음역을 간섭하지 않고, Kick 레벨을 확보할 수 있다는 것을 알 수 있습니다. 물론, 이것은 간섭음을 차단했을 때의 예를 보이는 것이며, 실제 드럼 파트를 믹싱할 때 이렇게 극단적인 필터링은 하지 않습니다.

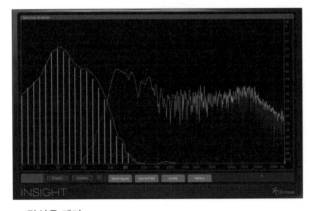

▲ 간섭음 제거

EQ와 Filter는 불필요한 사운드를 찾아 제거하는 것이 기본이며, 아쉬운 대역을 보충하는 작업은 그 후의 일입니다. EQ를 만지기 전에 사운드를 충분히 모니터해보고 실제로 저음이 적어서 아쉬운 것인지, 고음이 많아서 저음이 아쉽게 들리는 것인지를 판단할 수 있도록 합니다.

믹싱 작업의 시작은 볼륨과 팬입니다.

볼륨은 스펙트럼 애널라이저를 통해 각 악기가 연주되고 있는 주파수 대역을 분석하고, 플레처 먼슨 그래프에 기초한 밸런스를 만드는 것이 기본입니다.

팬은 동일한 음역에서 연주되고 있는 악기들을 좌우로 갈라서 POP의 핵심인 보컬을 방해하지 않으면서 꽉 찬 스테레오 음장을 만드는 것이 기본입니다.

간혹, 트랙이 적은 Rock이나 Jazz 음악을 믹싱할 때 스테레오 음장을 확산시키기 위해 트랙을 복사하거나 패드로 채우는 경우가 있는데, 볼륨과 팬 밸런스가 모두 무너지기 때문에 절대 피해야 할 테크닉입니다. 트랙 복사는 특정 악기를 강조하거나 스테레오 확산이 필요한 경우로 제한해서 사용합니다.

믹싱은 위 아래 높이, 좌우 폭, 앞뒤 깊이의 3차원 공간의 밸런스를 유지시키는 작업이며, 가장 큰 영향을 주는 것이 볼륨과 팬입니다.

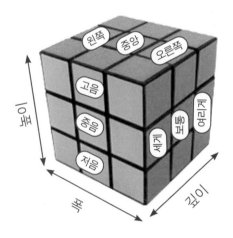

높이 : 고음역의 사운드는 위에서 들리고, 저음역의 사운드는 아래쪽에서 들리며, 이 밸런스가 무너지면 청취자는 본능적으로 거부감을 갖게 됩니다. 그러므로, 각 음역대에서 연주되는 악기의 레벨을 적절히 조정하는 것이 우선되어야 하며, EQ는 각 음역대의 선명도를 보충하는 용도로 사용합니다.

깊이 : 소리가 작으면 멀리 들리고, 크면 가깝게 들립니다. 이것을 조정하는 것 역시 볼륨이며, 다이내믹 장치는 입체감을 보충하는 용도로 사용합니다.

폭 : 좌우 정위를 조정하는 것이 팬 입니다. 하지만, 팬은 좌우를 채우는 목적으로 사용하는 것이 아니라 중앙의 리드 보컬을 위해서 비우는 역할을 한다는 것에 주의해야 합니다. 그리고 타임 장치를 이용해서 전체 공간감을 보충하는 것입니다.

오케스트라 악기 구성과 배치 그림을 보면 레벨이 작은 악기를 앞에 배치하고, 큰 악기를 뒤에 배치하여 전체 밸런스를 유지하고, 좌우로 레벨이 작은 스트링을 추가하여 공간감까지 완벽하게 연출하고 있다는 것을 알 수 있습니다. 물론, 음향 시절이 발달한 현대에는 별 의미 없어 보이는 클래식 시절의 구성이지만, 이미 수 백 년 전부터 악기간의 음량 밸런스와 공간감을 고려했다는 사실은 정말 놀라운 일입니다.

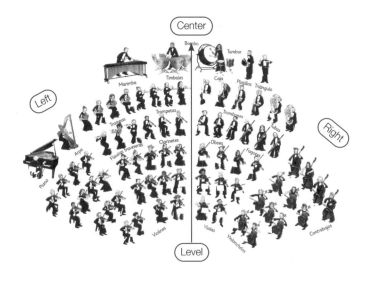

아무튼 음악을 믹싱할 때 오케스트라 구성을 상상하면서 볼륨과 팬을 컨트롤 한다면 보다 쉽게 밸런스에 대한 감각을 키울 수 있을 것입니다.

볼륨은 0dB에서부터 장르에 따라 3-6dB 간격의 5-6 단계로 나누어 악기간의 깊이를 조정합니다. 물론, 다음의 예시는 보편적인 것일 뿐, 개인 스타일마다 달라질 수 있습니다. 그러나 최종 마스터링 작업에서 볼륨을 최대로 끌어올리기 위해서는 악기간의 밸런스를 반드시 유지해야 안정된 사운드를 얻을 수 있습니다. 음악을 잘 만들어 놓고도 믹싱과 마스터링 과정에서 망치는 이유의 대부분이 여기 있습니다.

〈레벨〉

● Level 1 : 피크 레벨입니다. 마스터링 과정에서 음압을 확보할 수 있는 헤드룸을 두는 것이 필요하기 때문에 믹싱에서 레벨 1로 악기를 배치하지는 않습니다. 다만, 살짝 찌그러져도 지장이 없는 폭발음이나 효과음 등은 좋습니다.

● Level 2 : 보컬 중심의 팝이나 헤비메탈에서 보컬, 드럼, 솔로 등의 리드 파트가 배치됩니다. 다만, 각 악기가 연주되고 있는 음역대를 고려해야 할 것입니다.

● Level 3 : 록, 블루스, 재즈 등, 악기 수가 적은 음악은 팝보다 한 단계 낮은 레벨로 믹싱하는 것이 일반적입니다. 팝 음악의 경우에는 키보드, 베이스, 기타 등, 리듬 파트의 악기들이 여기에 속합니다.

● Level 4 : 팝 음악에서 백그라운드 보컬과 스트링 등이 배치되고, 록, 블루스, 재즈 등에서는 피아노 및 기타 리듬 등이 여기에 속합니다.

● Level 5 : 재즈의 백그라운드 및 잔향이 채워지는 레벨입니다.

팝에서는 6-15dB 다이내믹 범위를 3-4 단계로 나누어 조정하는 것이 일반적입니다.

〈팬〉

팬은 스테레오 음장과 공간감을 확산시키는데 매우 중요한 요소입니다. 실제 믹싱 작업을 할 때는 좌/우 스피커 외에 중앙에 가상의 스피커가 존재한다고 이미지화 시켜 놓고, 진행하는 것이 좋습니다.

통상적으로 Kick이나 Bass와 같은 저음 악기, 그리고 메인 보컬과 리드 악기는 중앙에 배치합니다. 간혹, 댄스 곡의 Kick이나 트로트 보컬과 같은 경우에는 두 개의 트랙을 완전히 좌/우로 갈라 놓은 기법을 사용하는 경우가 있습니다. 이것은 같은 파형을 좌/우로 배치했을 때 중앙에서 소리가 들리기 때문인데, 믹싱을 하면서 특정 트랙을 강조하고 싶을 때 응용할 수 있는 테크닉입니다. 그 외는 평풍과 같은 특수 효과를 연출할 때를 제외하고, 완전히 왼쪽이나 오른쪽으로 돌리는 일은 드뭅니다.

나머지 백그라운드 보컬이나 피아노, 스트링 등은 오케스트라 구성을 참조하여 배치하면 큰 무리가 없습니다. 다만, 신디사이저나 VST 악기의 경우에는 저음이 왼쪽으로, 고음이 오른쪽으로 배치되어 있는 경우가 많기 때문에 라이브 녹음이 아니라면 주의해야 합니다. 그리고 같은 음역 대에서 연주되는 악기는 좌/우로 나누는 것이 일반적이지만, 간섭이 생길 수 있으므로, 옥타브를 변경하거나 편곡을 다시 해야 하는 경우도 발생합니다.

EDM 이퀄라이징

EDM은 클럽 DJ의 리믹스 음악에서 시작되었기 때문에 강한 Kick 사운드가 특징입니다. 하지만, 일반적인 모니터 시스템에서 믹싱을 할 때는 50-60Hz 이하의 사운드가 재생되지 않는 다는 것을 의식해야 합니다.

모니터 체크

테크노(Techno), 앰비언트(Ambient), 하우스(House), 트랜스(Trance), 트립 합(Trip-Hop), 덥 스텝 (Dub-Step), EDM(Electronic Dance Music) 등의 전자 음악은 그 배경이 클럽 DJ 리믹스에서 시작되었기 때문에 Kick 드럼의 댐핑감이 특징입니다.

댐핑(Damping)은 진동을 흡수해서 감소시키는 것을 말합니다. 클럽 음악은 엄청난 레벨로 재생되기 때문에 저음역의 진동이 클 수밖에 없습니다. 클럽을 좋아하는 사람이라면 출입문 계단에서부터 울림을 느껴 보았을 것입니다. 하지만, 저음역의 진동이 크면 고음역을 잡아먹기 때문에 저음만 붕붕거리는 지저분한 사운드가 될 수 있습니다. 그렇다고 레벨을 줄일 수는 없기 때문에 수많은 DJ들은 이 문제를 해결하기 위해 다양한 시도를 해왔으며, Kick의 저음을 깎고 배음을 증가시켰을 때 오히려 깔끔하고 강한 사운드를 얻을 수 있다는 것을 알게 되었습니다.

Kick의 진동이 감소되면 같은 레벨에서도 타격음이 선명하게 들리기 때문에 펀치감이 좋다 또는 가슴을 때리는 사운드라고 표현하는 이들도 있지만, 뮤지션들 사이에서는 댐핑감이 좋다고 표현합니다. 물론, 딱딱거리는 Kick 사운드를 듣기 싫어하는 뮤지션들도 많고, 시대에 따라 변하는 것이 팝 음악이기 때문에 정답은 있을 수 없지만, 학습자는 지금 유행하는 스타일을 따라해보는 것이 최선입니다.

이미 짐작했겠지만, EDM 음악 믹싱의 키 포인트는 저음역의 Kick과 베이스를 어떻게 이퀄라이징하여 댐핑감있는 사운드를 만들 것인가 입니다. 하지만, 초보자는 일반적인 모니터 시스템에서 50-60Hz 이하의 사운드를 재생하지 못한다는 것을 의식하지 못하고, 무작정 저음을 강조시켜 붕붕거리는 사운드를 만드는 실수를 합니다.

다음은 스튜디오에서 모니터 스피커로 많이 사용하는 G사의 스펙 광고 화면입니다. Frequency Response로 표기되는 주파수 응답 대역폭을 보면 58Hz-20KHz 로 되어 있습니다. 58Hz 이하의 저음은 재생되지 않는다는 의미입니다. 독자가 사용하는 모니터도 이와 비슷할 것이므로, 58Hz 이하의 사운드를 모니터 하려면 별도의 Subwoofer 시스템을 갖춰야 합니다.

물론, 큰 규모의 스튜디오를 보유하고 있는 경우라면 SR 시스템을 함께 갖춰 현장과 동일한 환경의 모니터를 할 수 있겠지만, 개인 작업자는 모니터용 스피커만 갖추고 있는 경우가 대부분일 것입니다. 그런데도 불구하고 클럽 음악을 믹싱하는 아마추어들은 Kick 소리가 빵빵해야 된다는 단순한 생각으로 50Hz 이하의 저음역을 무작정 증가시킵니다. 하지만, 일반적인 모니터 시스템에서 50Hz 이하를 증가시켜 듣는 사운드는 배음에 해당합니다. 결국, 미들 음역이 감소하는 답답한 사운드가 됩니다.

작업을 하면서 미들 음역이 감소하는 현상을 놓치는 이유는 오랜 시간 믹싱을 하면서 익숙해져 버리기 때문입니다. 그러므로, 믹싱을 할 때는 너무 오랜 시간 작업하는 것을 피하고, 가급적 스펙트럼 애널라이저를 띄워 놓고 진행하는 것이 좋습니다.

특히, 모니터 레벨을 너무 크게 하는 것도 좋지 않습니다. 보통은 보컬이 있는 음악을 작업하기 때문에 조금 큰 사운드로 믹싱하는 것이 일반적이지만, 큰 레벨에서는 저음과 고음이 더 강조된다는 사실을 감안하여 악기 음색과 전체 밸런스를 체크할 때는 TV 시청 수준의 작은 레벨로도 모니터 해보는 것이 좋습니다. 그리고 가장 보편적인 휴대폰으로 모니터 해보는 것도 잊어서는 안 됩니다.

음악 장르에 상관없이 킥 드럼의 이퀄라이징은 공진음을 찾아 제거하는 것에서부터 시작합니다. 특히, 공진음은 사운드를 늘어지게 만드는 원인이 되기 때문에 EDM과 같은 댄스 음악에서는 조금 과하다 싶을 정도로 제거하는 편입니다.

실습은 FabFilter사의 EQ를 이용하겠습니다. (큐베이스의 Studio EQ를 사용해도 좋습니다.) 본서의 모든 실습은 입문자도 쉽게 따라할 수 있게 큐베이스 플러그인을 중심으로 진행합니다. 다만, 음악 장르나 목적에 따라 서드 파티 제품을 경험할 수 있는 부분을 마련한 것입니다. 데모 버전은 제작사 홈페이지에서 다운 받을 수 있으며, 다양한 제품을 사용해 보면서 자신의 취향을 찾아보는 것도 중요합니다.
서드 파티 제품은 Chapter 9. 남들이 추천하는 EQ 편에서 자세히 소개합니다.

킥 드럼의 공진음은 녹음 공간에 따라 차이가 있지만, 대부분 50Hz-130Hz 범위에서 발생합니다. 저음역 포인트를 10dB 정도로 올리고, 마우스 휠을 돌려 Q 값을 최대로 설정합니다. 그리고 포인트를 좌/우로 움직여 공진음이 있는 주파수를 찾습니다.
입문자는 사운드가 커지는 부분으로 착각하는 경우가 많은데, 사운드가 길어지는 부분을 찾아야 합니다.

※ 이후 진행되는 R&B, Hip Hop, Rock 실습에서 공진음을 찾는 과정은 생략합니다. 이번 실습에서 확실에게 연습하기 바랍니다.

실습 샘플은 60-70Hz 부근의 주 음역에서 발견되고 있습니다. Gain 노브 위에서 마우스 휠을 돌려 사운드가 왜곡되지 않는 최대 값으로 줄입니다. 실습에서는 -8dB 정도로 줄이고 있습니다. Kick의 주 음역을 줄였기 때문에 사운드가 살짝 얇아졌지만, 늘어지는 느낌이 사라졌습니다. EQ를 조정한 후에는 Bypass로 조정 전의 사운드와 비교해보는 습관을 갖길 바랍니다.

공진음 제거로 얇아진 사운드는 저음(70-100Hz)을 보강하는 것이 일반적이지만, EDM에서는 익숙한 사운드입니다. 2KHz 대역을 Q:4로 3dB 정도 증가시켜 어택을 강조하고, 6KHz 대역을 Q:8로 3dB 정도 증가시켜 밝게 만듭니다.

※ EQ 작업 후 모든 트랙의 Comp 작업은 다이내믹 프로세스 편에서 진행합니다.

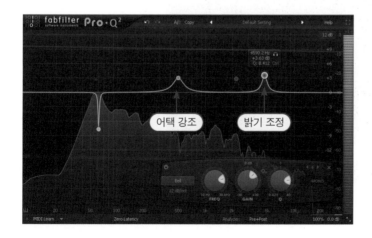

스네어 드럼에서도 200-400Hz 부근의 공진음을 찾아서 제거합니다. 실습에서는 250Hz 부근을 Q:7의 대역폭으로 -6dB 정도 줄이고 있습니다.

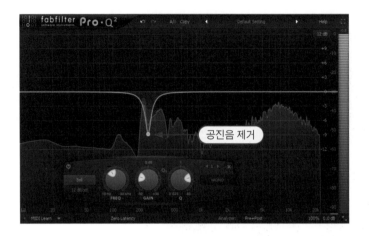

EDM에서는 Kick 사운드가 핵심이기 때문에 베이스를 제외한 모든 트랙의 저음을 차단하는 것이 일반적입니다. 60Hz 부근을 더블 클릭하여 포인트를 만들고, Shape는 Low Cut, Slope는 -18dB/ Oct를 선택하여 차단합니다.

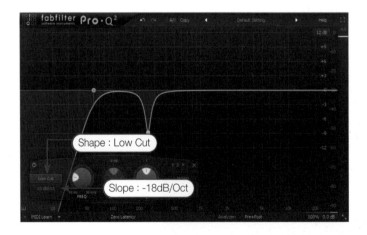

보통은 100-200Hz(Low-Q) 부근을 증가시켜 저음을 보충하고, 2-3KHz 대역을 올려 어택을 강조하지만, 실습 곡에서는 20KHz 대역을 High Shelf로 4dB 정도 증가시키는 것으로 마무리합니다. 16KHz 이상의 에어 밴드(Air Band) 음역을 강조하는 Baxandall Type을 재현하고 있는 것입니다.

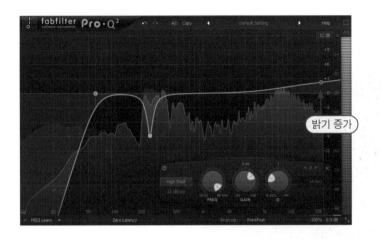

Hi-Hat

큐베이스에서 제공하는 Studio EQ를 Insert 합니다.
(독자가 선호하는 제품을 사용해도 좋습니다.)
하이햇은 스네어를 방해하지 않도록 300Hz 이하의 저음역을 차단하는 것이 일반적입니다. 실습은 여성 보컬이 노래를 하고 있으므로, 좀 더 과감하게 1.5KHz 이하를 컷 합니다. 사운드가 살짝 가벼워졌지만, EDM이나 Hip Hop과 같이 저음역이 강조되는 음악에서는 일반적입니다. 물론, 취향에 따라 2KHz 대역을 증가시켜 어택을 강조하거나 10KHz 대역을 증가시켜 사운드의 밝게 만드는 경우도 있습니다.

크래쉬 심벌도 하이햇과 마찬가지로 저음역을 차단합니다.

1 밴드를 Cut 모드로 선택하고, Freq 노브에서 마우스 휠을 조금씩 돌려가며, 음질이 변하지 않는 한도까지 주파수를 높입니다. 실습에서는 300Hz 정도로 설정하고 있습니다. 크래쉬 심벌은 보컬을 크게 간섭하는 연주가 아니므로, 차단 주파수를 Hi-Hat과 같이 높일 필요는 없습니다.

취향마다 다르겠지만, 조금 시끄럽게 들리는 8KHz 대역을 거슬리지 않을 정도로 조금씩 감소시킵니다. 실습에서는 Q:2로 -9dB 정도 감소시키고 있습니다.

고음역 감소로 둔해진 사운드는 16KHz 대역을 3dB 정도 증가시켜 보충합니다.

※ 스네어 이퀄라이징과 같이 Baxandall 타입으로 20KHz를 증가시켜 에어 밴드 음역을 강조하면 좀 더 밝아지겠지만, 마스터링 작업에서 자칫 시끄러워질 수 있기 때문에 믹싱 작업에서는 약간 아쉬움이 남는 정도가 좋습니다.

베이스나 보컬과 같이 레벨 변화가 큰 트랙은 오토메이션 또는 컴프레서로 레벨을 다듬어 놓고, EQ를 적용하는 경우가 많습니다. 하지만, 실습 곡의 베이스 트랙은 변화폭이 크지 않은 상태이므로, EQ부터 처리해도 좋습니다.

베이스는 Kick의 위/아래 음역에서 샌드위치처럼 연주되기 때문에 Kick을 감싸 안듯이 EQ를 처리하는 것이 원칙입니다. 입문자에게는 다소 어려운 이야기가 될 수 있으므로, Kick 포인트를 찾아 제거한다는 느낌으로 진행합니다.

많은 포인트를 사용할 것이므로 FabFilter EQ를 사용하겠습니다. (큐베이스의 Studio EQ를 더블로 걸어서 사용해도 좋고, 버전 7 이상 사용자는 Curve EQ를 추천합니다.)

포인트 찾기는 킥 드럼의 공진음을 찾는 방법과 비슷합니다.
저음역 포인트를 -10dB 정도로 내리고, 마우스 휠을 돌려 Q 값을 7정도로 설정합니다. 그리고 포인트를 좌/우로 움직여 Kick 드럼이 크게 들리는 주파수를 찾습니다.
공진음 찾는 방법과 마찬가지로 게인을 올려서 Kick 드럼이 작게 들리는 주파수를 찾아도 됩니다.
이때는 모니터 볼륨을 조금 크게 해야 쉽게 찾을 수 있습니다.

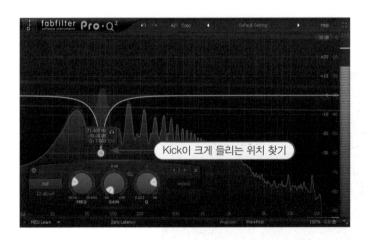

※ 이후 진행되는 R&B, Hip Hop, Rock 실습에서 Kick 포인트를 찾는 과정은 생략합니다. 이번 실습에서 확실하게 연습하기 바랍니다.

Kick 소리가 커지는 포인트를 찾았다면, 마우스 휠로 Gain을 조금씩 올리면서 베이스가 너무 얇게 들리지 않는 값을 찾습니다. 실습에서는 100Hz 부근을 -6dB 정도로 조정하고 Q:2로 대역을 넓히고 있습니다. 배음 200Hz도 -6dB 정도 줄입니다.

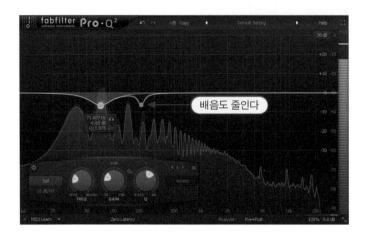

보컬 음역의 300Hz와 600Hz 대역을 Q:3으로 -6dB 정도 줄입니다.
이처럼 베이스는 과한 음역을 줄여서 평탄하게 만드는 것이 기본입니다. 불필요한 30Hz 이하의 저음역도 18dB/Oct 대역으로 차단합니다.
많이 부족해진 에너지는 160Hz 부근을 Q:2로 3dB 증가시켜 보강합니다.
사운드가 뒤로 밀렸지만, 볼륨이나 리미터를 이용해서 커버할 수 있습니다.

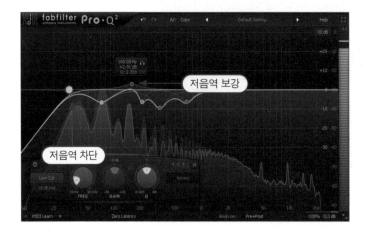

배킹 기타, 피아노 반주, 코드 신스와 같이 리듬을 연주하는 악기는 보컬 음역에서 계속 연주되기 때문에 좌/우로 벌리거나 리버브 등의 타임 베이스 장치를 이용해서 뒤로 보내는 등, 최대한 보컬을 방해하지 않게 하는 것이 원칙입니다. 하지만 리듬을 이끌어가는 파트이기 때문에 명확하게 들려야 합니다. 특히, 샘플 음악과 같이 리듬을 연주하는 트랙이 하나뿐이라면 더욱 세심한 EQ 작업이 필요합니다.

필터 타입은 Low Cut, 기울기는 18dB/Oct의 포인트를 만들고, Freq를 조금씩 올리면서 저음역의 울림을 차단합니다. 음색이 변하지 않는 최대값을 찾는 것이 포인트이며, 실습은 250Hz로 설정하고 있습니다.

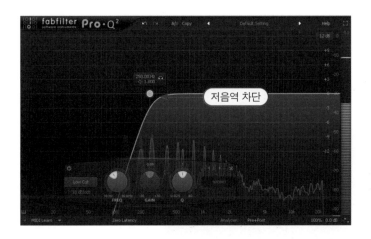

보컬 배음의 2-8K 대역을 제외한 나머지 대역을 모두 감소시킬 것입니다. 다만, 보컬 실음이 존재하는 200Hz-1KHz을 넓게 감소시키면 사운드에 힘이 없어지기 때문에 대역폭을 적게 나누어 진행할 필요가 있습니다. 250Hz 이하는 차단을 했으므로 300Hz 부근을 Q:2로 사운드가 얇아지지 않는 한도로 조금씩 낮춥니다. 실습에서는 -4dB 정도로 감소시키고 있습니다.

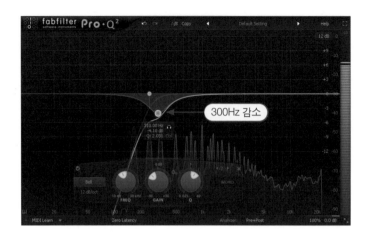

300Hz 감소

같은 방법으로 500Hz, 700Hz, 900Hz를 조금씩 감소시킵니다. 실습에서 500Hz는 Q:4로 -6dB, 700Hz는 Q:1.5로 -6dB, 900Hz는 Q:8로 -4dB 정도를 감소시키고 있습니다. 반드시 사운드를 모니 터하면서 사운드가 얇아지지 않는 한도를 찾아보는 연습이 필요합니다. 10KHz 이상은 High Cut 필터로 차단합니다.

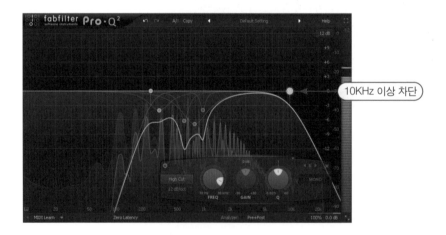

10KHz 이상 차단

※ 트랙이 많지 않은 음악에서는 10KHz 이상을 High-Shelf로 증가시켜 리듬을 밝게 표현하는 경우 도 많습니다. 자칫 올드한 사운드가 될 수도 있지만, 음악 장르나 취향에 따라 달라지는 것이므로, 믹 싱을 공부하는 학생은 반드시 테스트를 해보고 사운드의 차이를 기억해두기 바랍니다.

Lead Synth

일반적으로 리드 기타나 신스 같은 경우에는 보컬과 같이 취급하기 때문에 저음역을 차단하고, 고음역을 강조하는 것만으로도 충분합니다. 하지만, 샘플의 경우에는 보컬과 함께 연주되는 부분이 있기 때문에 그 음역을 조금 줄여줘야 할 것입니다.

실습곡의 Lead Synth는 Keyboard 연주와 음역대 및 음색이 비슷하기 때문에 EQ 설정도 비슷합니다. 필터 타입은 Low Cut, 기울기는 18dB/Oct의 포인트를 만들고, Freq를 조금씩 올리면서 저음의 울림을 최대한 차단합니다. 음색이 변하지 않는 최대값을 찾는 것이 포인트이며, 실습은 250Hz로 설정하고 있습니다.

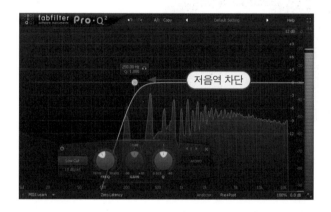

포인트를 추가하여 강조하고 싶은 부분을 찾습니다. 실습에서는 5K 대역을 6dB 정도 증가시켜 어택을 강조하고 있습니다.

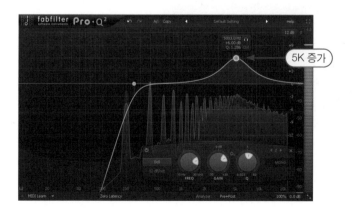

보컬 트랙과 겹치는 부분을 모니터하면서 보컬의 간섭음을 줄입니다. 효과적인 방법은 배음역을 줄이는 것이지만, 리드 신스의 메인이 되기 때문에 오히려 강조 시켜 놓았습니다. 결국 실음역을 찾아 줄이는 것이 현명합니다. 간섭음을 찾는 방법은 베이스 이퀄라이징과 동일합니다. 실습에서는 400Hz와 700Hz 부근을 4-5dB 정도 줄이고 있습니다. 바로 해당 음역을 줄여서 차이점을 경험하는 것 보다는 직접 보컬이 겹치는 부분을 모니터하면서 찾는 실습이 더 중요합니다.

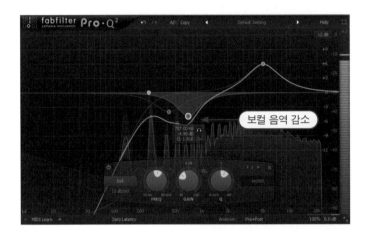

13K 대역을 High Cut으로 차단하면서 리드 신스 이퀄라이징을 마무리합니다.

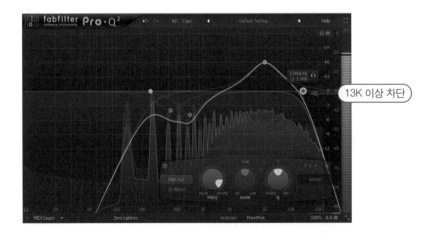

EDM 패드는 사운드의 빈 부분을 채워주는 역할을 합니다. 그래서 이를 전면에 내세우는 일은 없기 때문에 어택이나 고음을 강조하기 보다는 베이스 및 보컬의 간섭음을 제거해주는 정도의 EQ 작업이면 충분합니다.

18dB/Oct 커브의 Low Cut 타입 포인트를 만들고, 저음역의 두꺼운 사운드가 제거될 만큼 주파수를 올립니다. 실습에서는 200Hz 정도로 조정하고 있습니다.

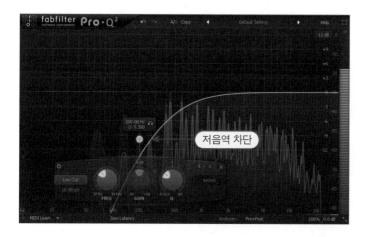

베이스 트랙과 함께 모니터 하면서 간섭되고 있는 500Hz 부근을 추가로 줄입니다. 실습에서는 -6dB 정도로 줄이고 있습니다.

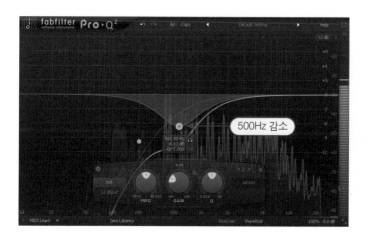

보컬은 녹음에 문제가 없다면 필요 없는 저음역을 차단하고, 배음역을 살짝 강조하는 정도의 EQ 작업만으로도 충분합니다. 특히, 여성 보컬의 경우에는 간섭음이 적기 때문에 비교적 간단합니다. 하지만, EDM의 경우에는 반주가 강렬하기 때문에 자칫 음악과 따로 노는 보컬이 될 수 있습니다. 그래서 EDM에서는 보컬도 하나의 리드 악기를 다루듯이 주파수를 평탄하게 만들어 주는 것이 일반적입니다.

Low Cut 타입의 18dB/Oct 포인트를 만들고, Verse 부분을 모니터하면서 필요 없는 저음역을 차단합니다. 실습에서는 70Hz 부근까지 차단하고 있습니다.

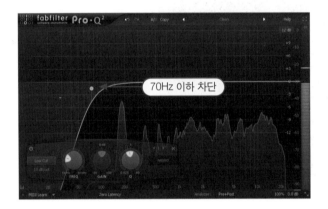

150Hz는 -3dB 정도, 300Hz는 Q:2.5로 -3dB 정도 감소시킵니다. 스펙트럼을 보면서 저음역에서 튀는 부분을 조금씩 줄이는 것입니다.

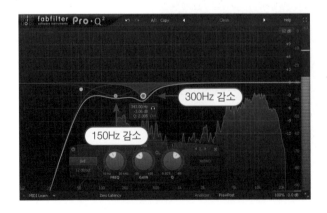

코러스 구간을 모니터하면서 중, 고음역을 컨트롤 합니다.

실습에서는 500Hz 부근을 Q:1.5로 -2dB 정도, 1KHz 부근을 Q:1로 -4dB 정도, 2KHz 부근을 Q:2.5로 -3dB 정도, 4KHz 부근을 Q:4로 -2dB 정도 감소시키고 있습니다. 전반적인 레벨 평준화로 보컬이 다소 작아졌지만, 볼륨 및 리미터로 보충할 수 있는 부분이기 때문에 문제되지 않습니다.

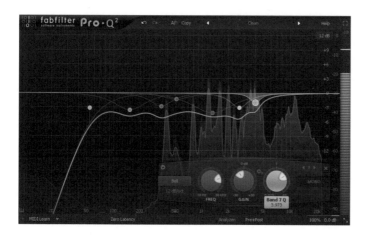

Chorus

백그라운드 보컬은 패턴에 따라 다양한 처리 방법이 존재합니다. 실습곡은 허밍으로 노래하고 있으므로, 배음역을 증가시켜 메인 보컬을 감싸 안는 느낌이면 충분합니다.

큐베이스 Studio EQ를 인서트하고, 1밴드는 Low Cut으로 250Hz 이하를 차단합니다. 그리고 4밴드는 Peak 타입으로 20KHz를 13dB 정도로 크게 증가시킵니다.

R&B 이퀄라이징

R&B는 킥 드럼과 베이스 기타와 같은 저음역 악기를 하나로 취급하여 이퀄라이징하는 것이 포인트입니다. 흔히 무겁게 떨어지는 저음이라고 표현하는데, 두 악기가 하나처럼 믹스되어야 가능한 사운드입니다.

Kick

Kick과 Bass를 하나로 연결하는 방법은 Kick과 Bass가 겹치는 주파수를 감소시키는 것입니다. Bass의 저음역은 Kick 아래쪽에서 연주되고, 고음역은 Kick 위에서 연주됩니다. 즉, Bass, Kick, Bass의 3 구역으로 밸런스를 유지시키는 것이 포인트입니다.

겹치는 대역을 찾는 방법은 EDM 실습에서 포인트를 찾는 방법과 마찬가지로 프리퀀시를 충분히 내려서 Bass 소리가 커지는 부분을 찾으면 됩니다. 공진음을 찾는 방법으로 프리퀀시를 올려서 Bass 소리가 작아지는 부분을 찾아도 좋습니다.

실습에서는 130Hz 부근을 Q:12 폭으로 -13dB 줄이고 있습니다. 조금 과한 느낌은 있지만, 해당 음역은 베이스 간섭 외에 공진음을 포함하고 있기 때문입니다.

저음역은 40Hz 이하를 Slope 18dB/Oct로 Low Cut 하고, Kick 드럼이 좀 더 가라앉게 14KHz 부근을 Q:5 폭으로 2dB 정도 줄입니다.

Kick 드럼을 솔로로 모니터 해보면 살짝 타이트 해졌지만, 베이스와 함께 모니터하면, 자연스럽게 연결되는 것을 느낄 수 있습니다.

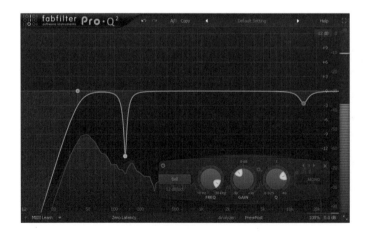

R&B에서 스네어는 Kick과 Bass의 저음이 무겁게 떨어지는 것에 반해서 어택과 밝기를 강조하여 리듬을 이끌어갈 수 있게 만드는 것이 포인트입니다. 특정 음역을 강조할 때 효과적인 Pultec 계열의 EQ를 사용하겠습니다.

Low Frequency를 60Hz로 선택하고, Boost를 3-4dB 올립니다. 스네어의 울림을 증가시키는 것입니다. High Frequency를 4KHz로 선택하고, Boost를 3-4dB 올립니다. 스네어의 어택을 강조하는 것입니다. 사용 모델은 Waves Puigtec EQP1A입니다.

자세한 설명은 "Chapter 12. 남들이 추천하는 EQ" 편을 참조합니다.

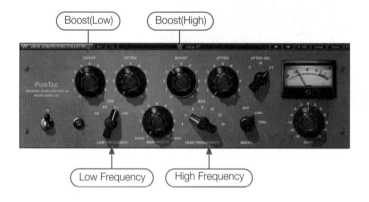

저음역 간섭을 줄이기 위해서 EQ를 하나 더 로딩하여 50-60Hz 이하를 차단합니다. 하나의 EQ로 처리해도 좋지만, 서로 다른 제품을 더블로 사용할 때 미묘한 차이가 있으므로, 테스트 해보기 바랍니다.

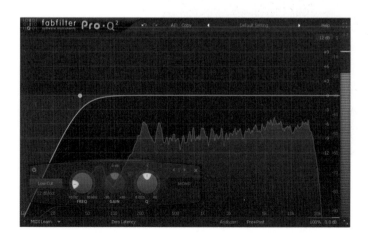

Hi-Hat

Snare와의 간섭을 피하기 위해서 1밴드 타입을 Cut으로 놓고, 사운드가 왜곡되지 않는 한도로 포인트를 천천히 오른쪽으로 이동시킵니다. 실습에서는 300Hz 정도로 설정하고 있습니다. 날카로운 고음역은 3밴드를 on으로 하고, 14KHz 부근을 Q:2.5로 2.5dB 정도 감소시킵니다.

Crash

샘플곡의 심벌은 프레이즈를 구분하는 용도로 가볍게 연주를 하고 있기 때문에 그대로 둬도 무관하지만, 130Hz 이하를 Cut으로 차단하여 좀 더 깔끔한 사운드가 될 수 있게 합니다.

Tambourine

탬버린은 하이-햇 리듬을 보조하는 역할을 하지만, 하이-햇 보다는 가볍게 찰랑거릴 수 있게 저음
과 미들 음역을 모두 차단하는 편입니다. 실습에서는 4KHz 이하를 모두 차단하고 있습니다.

Piano

그랜드 피아노를 녹음할 때는 마이크를 악기 내부에 배치하기 때문에 공진음이 발생하거나 음색
이 둔해질 수 있습니다. 그래서 EQ 작업을 할 때는 이를 먼저 체크하고 제거하는 것이 우선되지
만, 샘플의 경우에는 일렉 피아노이므로, 저음 간섭음을 피하기 위한 100Hz 이하만 차단해도 좋
습니다. 다만, 전체 사운드가 너무 어두우므로, 4KHz 대역을 18dB로 과감하게 증가시키고 있습
니다. 과한 이퀄라이징으로 잡음이 발생하는 경우라면 Pitch Shift와 같은 플러그-인을 이용해서
배음을 만드는 것도 요령입니다.

※ Pitch Shift에 관한 내용은 PART3. 타임 베이스 편을 참조합니다.

실습 곡과 같은 미디엄 템포의 컨템퍼러리 알앤비(Contemporary R&B) 장르의 베이스는 하이를 강조하여 라인을 부각시키는 것이 일반적입니다. 다만, EQ 작업을 할 때 어떤 음역을 증가시키는 것 보다는 반대쪽을 감소시키는 것이 효과적인 경우가 많습니다.

특정 포인트를 증/감 시킬 때 편리한 Waves Puigtec EQP1A를 사용하겠습니다.
High Frequency를 3KHz로 선택하고, Boost를 4dB 정도 증가시킵니다.
Bandwidth는 4정도로 조정하고 있습니다.

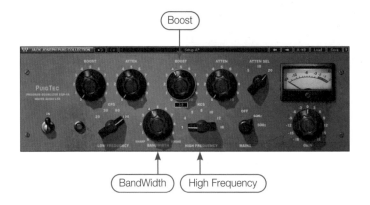

Low Frequency를 60Hz로 선택하고, Attend을 4dB 정도로 조정합니다. 이때 Boost를 2dB 정도로 조정하면, 조정폭이 좁아져 사운드가 얇아지는 현상을 피할 수 있습니다. 다른 EQ를 사용할 때는 60Hz 위/아래로 포인트를 만들어 감소시키면 됩니다.

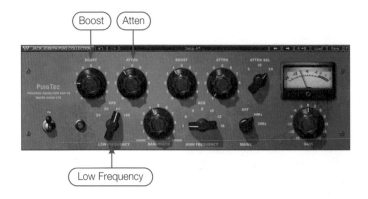

VST 음원은 아무래도 직접음이 강하기 때문에 음색이 날카롭고 빈약합니다. 이를 커버하기 위해서 타임 장치를 사용할 수밖에 없는데, EQ를 이용해서 불필요한 고음역을 감소시켜 놓으면, 훨씬 풍성한 사운드를 연출할 수 있습니다. 즉, 부족한 음역을 보강하는 것 보다는 날카로운 음역을 감소시키는 것이 스트링스 이퀄라이징의 포인트입니다. 이것은 정도의 차이는 있지만 실제 마이킹 녹음에서도 마찬가지입니다.

Waves Puigtec EQP1A를 사용하겠습니다.
High Frequency를 6KHz로 선택하고, Atten을 4dB 정도 증가시킵니다.
Bandwidth는 4정도로 조정하고 있습니다.
가장 거슬리는 포인트를 감소시키는 것입니다. 스트링스의 경우에는 조정 범위가 넓으면 음색이 얇아질 수 있기 때문에 한 두 포인트만 컨트롤하는 것이 좋습니다.

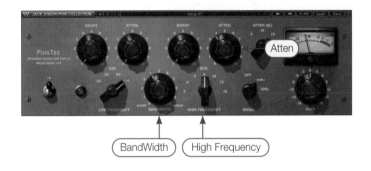

큐베이스 Studio EQ를 인서트하여 10KHz를 피크 타입으로 3dB 정도 증가시킵니다.

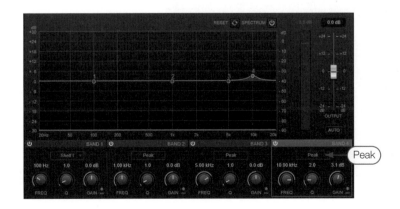

실습 곡은 미디로 작업한 것이지만, 실제 일렉 기타의 앰프는 고음역을 충분히 재생하는 경우가 드뭅니다. 바로 이점을 고려하여 기타의 포인트 음역을 살리고, 고음역을 줄이면, 리얼 녹음에 가까운 사운드를 시뮬레이션 할 수 있습니다.

Kick의 공진음을 찾는 방법으로 어택이 강한 주파수를 찾아 증가시킵니다. 실습에서는 60Hz와 2.7KHz 부근을 Q:3 대역으로 2dB 정도 증가시키고 있습니다.

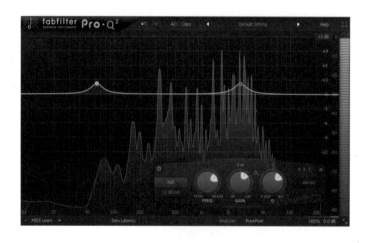

조금 날카롭게 들리는 200Hz 부근을 Q:2 대역으로 -1.5 dB 정도 감소시키고, 리얼 악기를 시뮬레이션 하기 위해 10KHz 이상을 차단합니다.

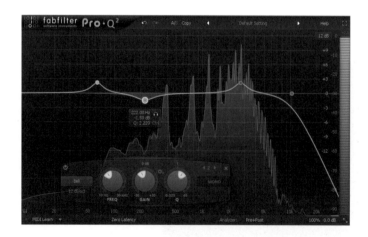

Vocal

여성 보컬의 경우에는 배음역을 증가시키는 것만으로도 충분합니다. 이때 주음역을 조금 줄여주면 보다 큰 효과를 볼 수 있습니다. 실습에서는 5KHz 대역을 Q:2.5 폭으로 3dB 정도 증가시키고, 500Hz 대역을 Q:2 대역으로 -3dB 정도로 줄이고 있습니다.

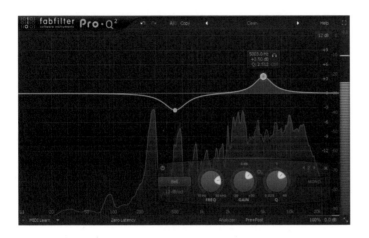

Chorus

샘플 곡의 코러스는 리드 보컬을 복사하여 큐베이스의 VariAudio로 하모니를 만든 것입니다. 그러므로, 리드 보컬을 방해하지 않도록 주 음역을 줄여줘야 합니다. 실습에서는 500Hz 부근을 Q:1.5 폭으로 넓게 -7dB 정도 줄이고 있습니다.

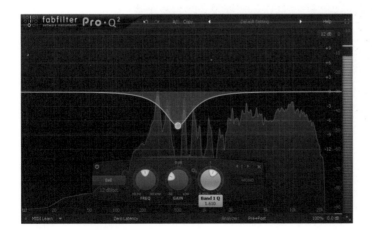

Chapter

10

Hip Hop 이퀄라이징

힙합은 미국 문화 전반에 걸친 흐름을 가리키는 말이기 때문에 하나의 음악 장르
로 구분하기는 어렵습니다. 다만, 힙합의 주요 요소로 랩, 디제잉, 그라피티, 브레
이크댄스가 거론되므로, 음악에서의 포인트는 랩입니다.

Kick

힙합의 주요 요소인 랩은 대화 음성과 같은 주파수로 남성은 110Hz, 여성은 220Hz 정도의 낮은
음역에서 노래를 하기 때문에 같은 음역에서 연주되는 Kick과 Bass 등의 저음역 악기를 믹싱할 때
는 좀 더 세심함이 필요합니다.

보컬(Rap)이 커지는 포인트를 찾아 감소시킵니다. 실습에서는 120Hz를 -12dB 정도 감소시키고 있
습니다. 이것 만으로 보컬이 명확하게 들린다면 50Hz 이하의 저음역을 차단하고 EQ 작업을 마무
리해도 좋습니다. 하지만, 실습 곡의 보컬은 콘덴서 마이크로 녹음을 해서 파워가 살짝 부족합니
다. 이것은 보컬 트랙에서도 보충을 하겠지만, 미리 비워 두는 것이 효과적입니다. 보컬 배음역에
해당하는 400Hz 부근을 Q:3으로 조금 넓게 -6dB 정도를 감소시킵니다. 전체적으로 어두어진 사
운드는 5KHz 대역을 3dB 정도 증가시켜 보충합니다. 물론, 다크한 사운드를 좋아하는 경우라면
하이 음역은 컨트롤하지 않습니다.

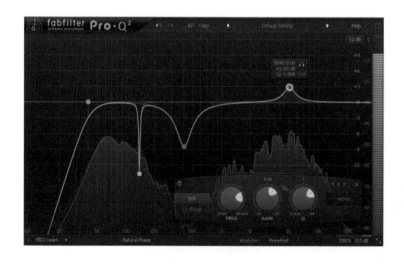

스네어 역시 보컬을 간섭하는 음역대만 줄여주면 됩니다. 보컬 배음이 커지는 포인트를 찾아 줄입니다. 실습에서는 2KHz 대역을 Q:4 범위로 6dB 정도 줄이고 있습니다. 저음역은 60Hz 이하를 18dB/Oct로 차단합니다.

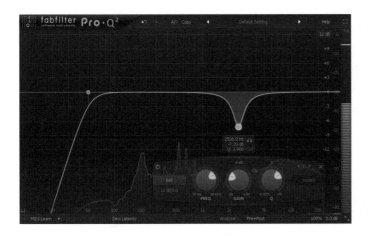

Hi-Hat+Crash

하이-햇은 800Hz, 크래쉬는 700Hz 이하를 차단하는 것으로 마무리합니다.

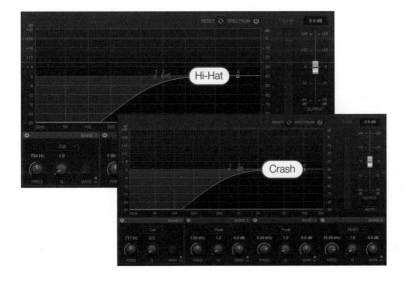

81

Bass

Bass의 조정 포인트도 Kick과 크게 다르지 않습니다. 70Hz를 Q:40 폭으로 -6dB, 400Hz를 Q:2 폭으로 4dB 정도 감소시키고, 50Hz 이하를 차단하고 있습니다. 반드시 사운드를 모니터하면서 변화를 느껴야 자신의 곡을 믹싱할 때 응용할 수 있습니다.

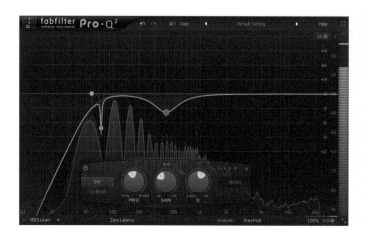

Synth

170Hz 이하의 저음역을 차단하고, 보컬을 간섭하는 400Hz 대역을 Q:2 폭으로 -5dB 정도 감소시킵니다. 전체적으로 어두워진 사운드는 5KHz 대역을 High Shelf 타입으로 증가시키며 밝기를 조정합니다.

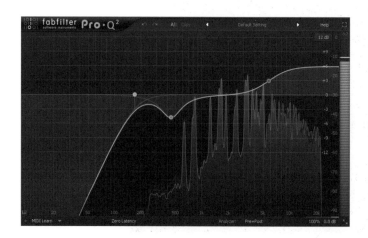

콘덴서 마이크를 이용한 랩 녹음은 아무래도 저음이 많이 수음 됩니다. EQ 작업을 포인트를 이러한 저음을 차단하여 조금 샤프한 톤을 만들어주는 것입니다. 단, 남성 랩은 주 음역에 해당하기 때문에 음색 변조에 주의해야 합니다.

저음역 포인트를 드래그하여 음색이 변하지 않는 한도로 차단합니다.
실습에서는 100Hz 이하를 차단하고, 배음역에 해당하는 220Hz 부근을 Q:2 폭으로 -5dB, 600Hz 부근을 Q:2 폭으로 -3dB 정도 줄이고 있습니다.

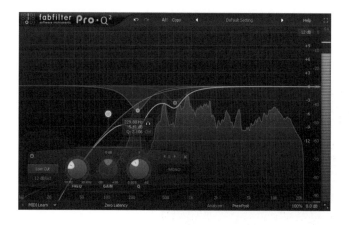

2KHz 대역을 2dB 정도 증가시켜 어택을 보충하고, 저음 감소로 어두워진 사운드는 5KHz 대역을 2dB 정도 증가시켜 보정합니다.

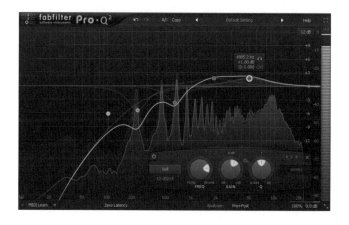

Rock 이퀄라이징

록은 리얼 녹음을 추구하기 때문에 미디로 작업한 실습 곡과는 차이가 있겠지만,
믹싱의 포인트는 크게 다르지 않습니다. 컨트롤을 움직일 때마다 전후 사운드를
비교해보면서 자신의 곡에 응용할 수 있기를 바랍니다.

Kick

킥 드럼의 공진음을 제거하고 40Hz 이하를 차단합니다. 실습에서는 110Hz 부근을 조금 넓게 차
단하고 있지만, 리얼 녹음의 경우에는 마이크 모델 및 위치에 따라 큰 차이가 있으므로, 반드시 모
니터 합니다.

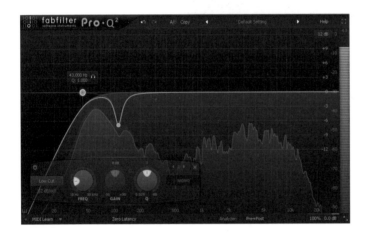

참고로 리얼 녹음의 경우에는 마이크를 최대한 가까이 댈 수밖에 없기 때문에 On, Off 마이크에
서로 다른 공진음이 수음 되고, 공간이 적다면 보컬과 기타 사운드를 방해하는 간섭음까지 발생
하는 경우가 많습니다. 만일 그런 현상이 발생한다면 200-300Hz 부근을 조금 줄여주는 것이 좋
습니다. 이로 인해 감소된 어택은 1KHz를 부근을 증가시켜 보충합니다. 물론, 이것은 일반적인 이
퀄라이징을 말하는 것이기 때문에 개개인마다 다른 환경을 모두 커버할 수 없습니다. 반드시 각각
의 포인트를 조정했을 때의 결과를 모니터해보면서 자신의 음악에 응용할 수 있기를 바랍니다.

스네어 드럼도 녹음 환경에 따라 공진음이 발생합니다. 하지만, 스네어의 기본음에 해당하는 200Hz 부근에서 발생하는 경우가 대부분이기 때문에 크게 거슬리지 않는다면, 풍부한 경험이 생기기 전까지는 건드리지 않는 것이 좋습니다. 특히, Rock에서는 모든 사운드가 해당 음역에 집중되어 있기 때문에 스네어의 공진음이 귀에 거슬리는 경우는 거의 없습니다. 물론, 공부를 하는 학생 입장에서는 반드시 공진음을 찾아 제거하는 연습을 하기 바랍니다.

실습에서는 13KHz 이상의 고음역을 차단하는 것으로 이퀄라이징을 마무리하겠습니다. 다른 장르의 믹싱과 다르게 Kick 드럼의 저음역을 차단하고, 스네어의 저음역을 그대로 두어 Kick과 연결되는 느낌을 만들고 있는 것입니다.

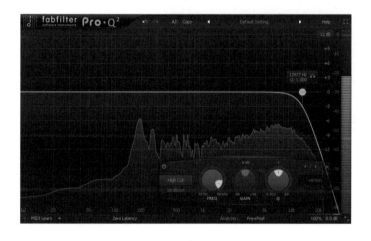

참고로 리얼 녹음에서의 스네어 드럼은 Top과 Bottom의 두 트랙을 사용하는 경우가 많고, 이들 간의 위상 간섭과 Kick이나 Hi-Hat과 같은 악기들의 간섭음을 완벽하게 제거해야 된다고 생각하는 학생들이 있습니다. 하지만, 이러한 목적으로 여러 포인트를 컨트롤하다 보면, 사운드가 변하게 되는 것은 물론이고, 자칫 다른 악기들과 완전히 분리되어 따로 노는 사운드가 될 수 있으므로 주의해야 합니다.
실제로 프로 엔지니어들은 Bottom 트랙의 위상만 Reverse 시켜주고, 필요한 경우에 공진음을 제거하는 간단한 이퀄라이징으로 마무리하는 경우가 더 많습니다.

Hi-Hat

리얼 녹음을 하게 되면 Kick과 Snare 등의 간섭음이 가장 많이 유입되는 것이 하이-햇 입니다. 하지만, 다른 파트와 마찬가지로 너무 세밀하게 제거할 필요는 없고, 조금 깔끔한 사운드를 만든다는 느낌으로 컨트롤하면 좋습니다.

실습에서는 500Hz 이하와 16KHz 이상을 차단하고, 이로 인해 감소된 어택은 5KHz 대역을 4dB 정도 증가시켜 보충하고 있습니다.

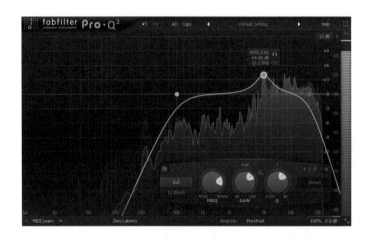

Crash

크래쉬 심벌 역시 하이-햇과 크게 다르지 않습니다. 650Hz 이하의 저음역을 차단한 간섭음을 제거하는 것으로 마무리합니다. 음색이 살짝 둔해진다고 느껴지면 10KHz 부근을 증가시켜 밝기를 조정해도 좋습니다.

Overhead

실습 곡은 미디로 작업한 것이기 때문에 오버헤드 트랙이 없습니다. 하지만, 드럼 트랙을 그룹으로 묶고, 이것을 복사하여 오버헤드 트랙을 시뮬레이션 하면 실제 녹음을 한 듯한 현장감 있는 사운드를 만들 수 있습니다.

오버헤드는 심벌 위쪽으로 드럼 전체 또는 심벌 및 탐탐을 녹음하기 위해서 사용됩니다. 오버헤드 마이킹의 목적이 심벌이라면 10cm 이내로 가까이 위치시켜 저음 왜곡이 발생하지 않게 하는 것이 좋으나 대부분 2-3m 거리에서 전체 사운드와 앰비언스를 확보하는 것이 목적입니다. 실제로 오버헤드 녹음이 잘되면, 하이-햇과 심벌을 생략하고, Kick과 Snare를 더하는 정도로 믹스합니다.

EQ는 300Hz 이하를 차단하는 것만으로도 충분합니다.
명료도를 높이기 위해서 6KHz 부근을 3-6dB 정도 증가시켜도 좋습니다.

베이스 연주는 밸런스를 유지시켜야 하기 때문에 EQ에 손이 많이 가는 트랙입니다. 하지만, 너무 많은 포인트의 조정은 위상 왜곡을 피할 수 없기 때문에 50:1 이상의 하이퍼 컴프레션이나 리미터로 처리하는 경우도 많습니다.

Rock 음악 실습은 하이퍼 컴프레션으로 밸런스를 잡을 것이므로, EQ는 과한 압축으로 왜곡될 수 있는 40Hz 이하의 저음역을 차단하는 것으로 마무리합니다.

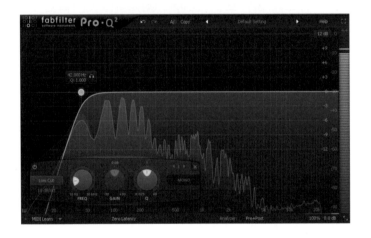

하이퍼 컴프레션(Hyper Compression)은 50:1 이상의 높은 비율로 압축하는 기법을 말하며, EDM이나 HIp-Hop과 같은 장르에서 강력한 댐핑감을 얻고 싶을 때 주로 사용합니다. 클럽용의 경우에는 100:1로 압축하는 경우도 많습니다.

보통 하이퍼 컴프레션을 지원하는 디지털 장치나 서로 다른 아날로그 모델링 장치를 두 세 개 연결해서 사용하는데, 압축 비율이 높기 때문에 어떤 방법이든 결과물에는 큰 차이가 없습니다. 다만, 높은 압축으로 인해서 사운드의 왜곡이 발생할 수밖에 없기 때문에 Kick 드럼을 제외한 아날로그 음색에는 거의 사용하지 않습니다.

실습 곡의 베이스 연주는 음 폭이 넓지 않기 때문에 EQ로 밸런스를 잡는 것보다 수월하고, 하이퍼 컴프레션 기법을 적용할 수 있는 경우이기 때문에 학습 차원에서 시도해보는 것입니다. 자신의 곡에 응용할 때는 주의하기 바랍니다. 특히, 음역이 넓고, 다양한 테크닉으로 연주한 베이스는 피하는 것이 좋습니다.

록의 백킹 기타는 3음을 생략한 파워 코드로 연주를 합니다. 파워 코드의 장점은 사운드의 왜곡이 발생을 하더라도 하모니가 무너지지 않기 때문에 과하게 일그러지는 디스토션이나 긴 딜레이 타임을 무리 없이 적용할 수 있다는 것입니다.

이것은 믹싱에서도 마찬가지이기 때문에 대충 만져도 다른 파트에 비해서 잘 들립니다. 하지만, 잘 들린다는 것은 다른 트랙을 간섭할 수 있다는 의미이며, 특히 보컬을 방해하는 요소가 되기도 하기 때문에 신중한 이퀄라이징이 필요합니다.

실제로 연주를 잘하고, 녹음이 잘되었다면 30-40Hz 이하의 과도한 저음을 차단하는 정도로 이퀄라이징을 마무리하는 경우도 많습니다. 다만, 이 경우는 보컬에 힘이 있고, 음역이 높은 경우에만 가능하므로, 실습에서는 마스터링 과정에서 증폭될 수 있는 음역을 차단하고, 이로인해 감소된 무게감을 보충하는 방향으로 진행하겠습니다.

저음역과 고음역에 12dB/Oct 곡선의 Cut 포인트를 만들고, 톤이 변하지 않는 한도까지 천천히 움직이면서 차단합니다.
실습에서는 110Hz 이하와 8KHz 이상을 차단하고 있습니다.
기타의 무게감은 모델마다 차이가 있지만, 대체로 200-300Hz에서 만들어집니다.
저음 차단으로 감소된 무게감을 보충합니다.
실습에서는 250Hz를 Q:3으로 3.5dB 정도 증가시키고 있습니다.
비트가 만들어지는 1-3KHz 범위를 증가시켜 강조합니다.
실습에서는 1.2KHz를 Q:2로 4dB 정도 증가시키고 있습니다.

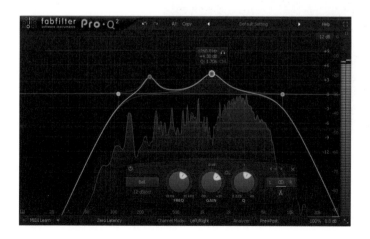

록의 솔로 기타는 보컬과 같은 취급을 받는 트랙입니다. 실제로 겹치는 부분이 없으면, 보컬과 같은 위치에 배치하는 것이 일반적입니다. EMD과 같은 댄스 음악에서는 Kick이 핵심이고, Hip-Hop 에서는 베이스가 이와 같은 위치를 차지하듯이 음악 장르마다 중요하게 여기는 트랙들이 있습니다. 그리고 편곡의 포인트는 전체 색깔을 결정하는 리드 악기이므로, 믹싱에서는 보컬, 리드 악기, 장르별 핵심 트랙만 신경을 쓰면, 나머지는 볼륨과 팬 밸런스만 조정해도 큰 무리가 없습니다.

록의 솔로 기타는 전체 색깔을 결정하는 리드 악기이면서 보컬 취급을 받는 핵심 트랙입니다. 다만, 리얼 녹음을 할 때는 밴드가 직접 음악을 만들고, 연주를 하기 때문에 톤 컨트롤이 완료된 상태에서 녹음을 하는 경우가 많습니다. 즉, 믹싱 보다 녹음이 더 중요합니다. 이것은 혼자서 음악을 만들고, 녹음을 할 때도 마찬가지 이므로, 평소에 녹음에 관한 다양한 실험을 해보기 바랍니다.

리얼 녹음이라면 마스터링 과정에서 증폭될 수 있는 저음역 70-80Hz 이하만 차단하는 것으로 마무리해도 좋지만. 실습 음악은 미디 음색이므로, 몇 군데 포인트를 보정하겠습니다. 일단, 80Hz 이하를 차단하고, 250Hz 부근을 Q:2 폭으로 6dB 정도 증가시켜 무게감을 주고, 6KHz 부근을 Q:2 폭으로 7dB 정도 증가시켜 미디 음역에서 아쉬운 밝기를 줍니다. 조금 과한 증가로 보컬을 방해하는 500Hz 부근과 2.5KHz 부근은 Q:2.5 폭으로 각각 -5dB 정도 감소시킵니다.

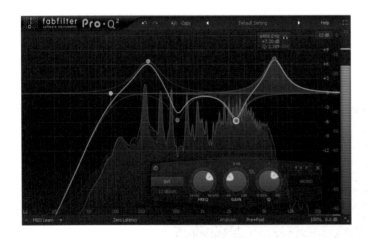

믹싱 이퀄라이징에서 보컬 트랙은 가장 어려울 수도 있고, 반대로 가장 쉬울 수도 있습니다. 어렵게 생각되는 이유는 약간의 조정만으로도 음색이 왜곡될 수 있기 때문에 사운드 컨트롤이 제한적이라는 것이며, 쉽게 생각되는 이유는 가수가 노래만 잘해주면, 오히려 주요 포인트 외에 만질 것이 없기 때문입니다.

남성 록 보컬의 경우에는 배킹 기타와 음역대가 같기 때문에 둘 중 하나를 감소시키는 실수를 할수 있는데, 록 음악의 대부분은 트랙을 많이 쓰지 않기 때문에 어떤 트랙이든 크게 감소시키는 것은 피하는 것이 좋습니다. 다만, 보컬에 따라서 천차만별이기 때문에 한 곡의 실습만으로는 감각을 익히는 것이 어려울 수 있습니다. 믹싱을 공부하는 학생이라면 노래를 잘하든 못하든 친구들의 목소리를 녹음해서 많은 실습을 해보기 바랍니다.
실습에서는 60Hz 이하의 저음역을 차단하고, 배음에 해당하는 2K 부근을 Q:1.5 폭으로 3dB 정도 증가시키는 것으로 마무리하겠습니다.

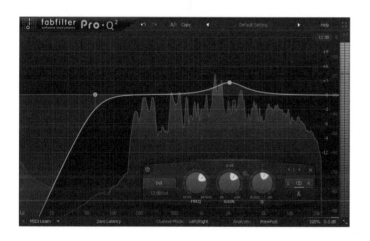

EMD, R&B, Hip-Hop, Rock의 4가지 장르별로 이퀄라이징 실습을 진행해보았습니다. 각 장르는 학생들의 설문 조사로 결정한 것이지만, 하나의 장르도 수 십가지로 구분되고, 특정 장르로 구분하기 어려운 경우도 있기 때문에 모든 독자를 만족시킬 수는 없을 것입니다. 그러나 어떤 장르의 음악이든 EQ 컨트롤의 기초 지식을 쌓는 데는 충분할 것이므로, 꾸준한 연습으로 자신만의 노하우를 가질 수 있기를 바랍니다.

남들이 추천하는 EQ

개개인마다 취향이 다르기 때문에 남들이 추천하는 EQ라고 해서 무조건 내 음악에 어울린다는 보장은 없습니다. 그러나 한 번쯤 테스트해볼 가치는 있습니다. 늘 상위권을 차지하고 있는 제품들을 살펴보겠습니다.

휴대폰을 구매할 때 원래 사용 목적인 통화 품질 보다는 디자인이나 카메라 성능 등의 부가적인 기능에 더욱 관심이 많습니다. 그 이유는 어떤 제품이든 통화 품질은 차이가 없기 때문입니다. EQ 역시 마찬가지입니다. 현재 출시되어 있는 서드파티(Third Party) EQ의 원래 사용 목적인 주파수 보정 기능은 차이가 없습니다. 특히, 무료로 제공되는 것들도 수 십 만 원하는 제품과 비슷합니다. 그러므로 남들이 추천하는 제품이라고 해서 내 음악이 확 바뀔 것이라는 기대는 하지 않는 것이 좋습니다. 다만, 제품에 따라 다루기 편하거나 내게 필요한 기능이 있을 수 있고, 내 음악 색깔과 어울리는 결과를 만드는 제품이 있을 수 있으므로, 한 번쯤 테스트를 해보는 것이 좋습니다. 참고로 서드파티는 큐베이스에서 사용할 수 있도록 출시된 타사 제품을 의미합니다.

Waves

어떤 제품을 선택하는데 있어서 가장 우선시되는 것은 회사의 신뢰도일 것입니다.
Waves사의 VST Effects는 가전 제품의 삼성이나 LG라고 할 정도로 유명하며, 출시되는 제품의 수도 헤아릴 수 없이 많습니다. EQ 계열은 20여가지 정도 되는데, 많은 이들이 선호하는 모델은 PuigTec, Renaissance, API 550/560 등이 있습니다.

● PuigTec EQs
Pulse Techniques사의 EQP-1A와 MEQ-5 모델을 시뮬레이션한 장치입니다.
보통 Pultec이라고 부르며, 실제 하드웨어 가격이 수 백만원을 호가하는데도 불구하고 스튜디오 필수 장비로 인식되고 있을 만큼 유명하기 때문에 대부분의 플러그-인 회사에서는 이 장치를 시뮬레이션한 제품이 꼭 있습니다.
Waves사도 EQP-1A와 MEQ-5를 시뮬레이션한 PuigTec EQs 제품이 있습니다.
참고로 큐베이스에서도 버전 13부터 이를 시뮬레이션한 EQ-P1A와 EQ-M5를 제공하고 있습니다.

① Waves PuigTec EQP-1A

Pultec EQP-1A 모델을 시뮬레이션한 제품 중에서 실제 하드웨어 음질을 가장 잘 구현하고 있다는 평가를 듣고 있습니다.

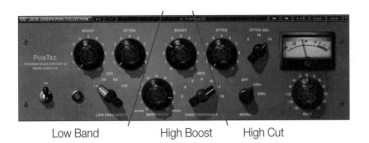

Low Band   High Boost   High Cut

Low Band

Low Frequency에서 주파수(20, 30, 60, 100Hz)를 선택하고, Boost에서 증가 레벨, Atten에서 감소 레벨을 조정합니다.

High Boost

High Frequency에서 주파수(3, 4, 5, 8, 10, 12, 16KHz)를 선택하고, Bandwidth에서 범위(Q)를 선택합니다. 그리고 Boost에서 증가 레벨을 조정합니다.

High Cut

Atten Sel에서 주파수(5, 10, 20KHz)를 선택하고, Atten에서 감소 레벨을 조정합니다. 셸빙 타입으로 조정됩니다. Mains은 60Hz 또는 50Hz의 험 잡음을 제어합니다.

Toolbar

▣▣ 작업을 취소/복구합니다.
▣ A 또는 B 설정을 선택합니다.
▣▣ 프리셋을 차례로 선택합니다.
▣ 현재 설정을 복사합니다.
▣▣ 프리셋을 열거나 저장합니다.
▣ 도움말을 엽니다.

② Waves PuigTec MEQ-5

EQP-1A와 함께 마스터링 작업에서 많이 사용하는 EQ 입니다. EQP-1A가 저음과 고음에 최적화되어 있기 때문에 미들 음역을 위한 MEQ-5가 필요한 것입니다. 하나의 세트라고 보아도 좋습니다.

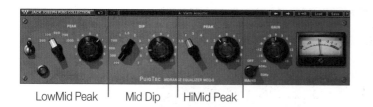

LowMid Peak ｜ Mid Dip ｜ HiMid Peak ｜

LowMid Peak

피킹 타입으로 200 Hz, 300 Hz, 500 Hz, 700 Hz, 1000 Hz 대역을 증가시킵니다.

Mid Dip

피킹 타입으로 200 Hz, 300 Hz, 500 Hz, 700 Hz, 1000 Hz, 1.5 kHz, 2 kHz, 3 kHz, 4 kHz, 5 kHz, 7 kHz 대역을 감소시킵니다.

HiMid Peak

피킹 타입으로 1.5 kHz, 2 kHz, 3 kHz, 4 kHz, 5 kHz 대역을 증가시킵니다.

Mains은 50 및 60Hz의 험 잡음을 제어하며, Gain으로 전체 레벨을 컨트롤할 수 있는 노브로 구성되어 있습니다. 그 밖의 툴 바 역할은 EQP-1A와 동일합니다.

▲ API Console

③ Waves API Collection

60-70년대 방송국에서 사용하는 EQ로 명성을 떨치고, 지금은 API 콘솔에 탑재되어 수많은 스튜
디오에서 사용되고 있는 전설의 명기 API 550과 560을 하드웨어 인터페이스까지 그대로 재현하고
있는 플러그인 입니다.

▲ API 550A   ▲ API 550B   ▲ API 560

● EQ Section

API 550A는 3개, API 550B는 4개의 밴드를 제공하고 있으며, 두
개의 제품을 병합해서 7개의 밴드를 컨트롤할 수 있습니다. 각 밴
드는 Frequency를 선택할 수 있는 파란색 노브와 Gain을 조정할
수 있는 흰색 노브의 2 중 구조로 되어 있으며, 프리퀀시는 좌/우
로 게인은 상/하로 드래그하여 선택합니다.

〈550A〉

MF는 Bell 타입으로 동작하며, LF와 HF는 타입을 Shelf 또는 Bell
중에서 선택할 수 있습니다. FLTR 스위치는 50Hz-15KHz 밴드 패
스 여부를 선택하며, In 버튼으로 EQ 적용 전의 사운드를 모니터
할 수 있습니다.

〈550B〉

550B는 4밴드 이며, HF와 LF는 LF와 Shelf과 Bell 타입을 선택할
수 있는 스위치를 제공합니다.

(타입 선택 스위치)

● Output Section

아웃 섹션은 550A와 B가 동일하며, Pol, Analog, Output, Trim의
4가지 컨트롤러를 제공합니다.

Pol : 위상을 180도로 변경합니다.
Analog : 아날로그 모델을 On/Off 합니다.
Output : 출력 레벨을 조정합니다.
Trim : 피크 레벨(-0.1dB)과 출력 레벨의 차이를 표시합니다. 버튼
을 클릭하여 피크 값으로 조정할 수 있습니다.

● API 560

EQ 섹션은 10밴드의 그래픽 타입입니다. 주파수가 고정되어 있기 때문에 믹싱과 마스터링 작업에
서는 잘 사용하지 않는 모델로 인식되고 있지만, 쉽게 사용할 수 있다는 장점이 있습니다. Load 메
뉴에서 악기 별 프리셋을 제공하고 있으므로, 각각 선택을 해보면서 주파수의 조정 상태를 확인해
보는 것도 큰 도움이 될 것입니다.

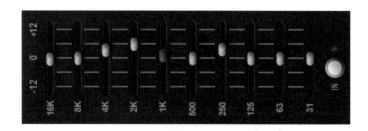

과거 큐베이스와 로직은 개인용이고, Pro Tools는 녹음실용이라는 엉뚱한 소리가 있었습니다. 그 이유는 쉽게 접근하기 어려운 높은 가격 때문이기도 하지만, 프로-툴 전용으로 출시되는 TDM 플러그-인의 영향이 큽니다. 음악 작업을 하는데 있어서 플러그-인의 영향이 얼마나 큰지를 입증하는 부분입니다.

대표적인 회사는 Sonnox, UAD, Bomb 등이 있는데, 현재는 VST와 AU 플러그-인으로 출시되고 있기 때문에 큐베이스나 로직에서도 사용할 수 있습니다. 그 중에서 EQ로 유명한 것이 Sonnox사의 Oxford EQ 입니다.

참고로 스마트폰 앱도 안드로이드와 애플 용으로 구분하듯이 플러그-인도 큐베이스의 VST와 프로툴의 TDM, AAX, RTAS로 구분합니다. 로직은 맥 표준인 AU 입니다.

● Oxford EQ

디지털 믹스 콘솔 Sony OXF-R3의 EQ 섹션을 기반으로 만들어진 장치입니다. 총 7 밴드를 제공하고 있으며, 1번과 7번 밴드는 로우 및 하이 패스 필터로 동작합니다.

Oxford EQ는 자체 잡음이 매우 적고, 이퀄라이징으로 인한 음의 왜곡 없이 사운드를 디자인할 수 있다는 평가를 받고 있으며, 4가지 타입을 제공하고 있기 때문에 음원에 따른 섬세한 작업이 가능합니다.

Sony OXF-R3 ▶

97

▶ Type-1

Gain과 Q의 상호 의존도가 가장 적은 타입으로 작은 게인 값에도 높은 Q를 유지합니다. 따라서 보컬과 같은 섬세한 음원을 조정하려면 게인 변화에 따라 Q를 재조정해야 되기 때문에 많은 시간과 열정이 요구되지만, 정확한 결과를 얻을 수 있습니다.

▶ Type-2

게인을 증가시킬 때는 Type-1과 같지만, 감소시킬 때는 일정한 Q 값을 유지하는 비대칭 응답 커브를 제공합니다. 게인 증감에 따른 커브 특성이 다른 것입니다. 따라서 게인을 조금만 올려도 사운드를 풍부하게 할 수 있으며, 크게 줄여도 불필요한 잡음만 제거할 수 있습니다.

▶ Type-3

Gain과 Q의 상호 의존도가 온건한 타입으로 매우 부드러운 라인을 유지합니다. 낮은 게인에서도 대역폭을 효과적으로 증가시킬 수 있고, 부드러운 Q 커브는 전체적인 느낌을 개선할 필요가 있는 악기와 보컬에 적합합니다.

▶ Type-4

Gain과 Q의 상호 의존도가 과격한 타입으로 서브 믹스 또는 마스터링 작업에 효과적입니다. 그 밖의 파라미터는 이미 익숙할 것이므로 생략합니다.

FabFilter사는 EQ의 Q, 컴프레서의 C, 멀티밴드 컴프레서의 MB, 리미터의 L, 디에서의 DS, 게이트의 G 모델 등, 믹싱과 마스터링 전용 툴을 출시하고 있는 회사입니다.

특히, 회사 이름에 Filter 라는 용어를 사용할 만큼, 뛰어난 성능의 EQ는 믹싱과 마스터링 작업을 할 때 장르 구분없이 가장 먼저 선택한다는 말이 있습니다.

현재 출시되어 있는 버전은 Q3 모델이며, Spectrum analyzer, Full Screen mode, EQ Match, Natural Phase Mode, Zero Latency, Smooth Dynamic EQ, Per-band mid/side Processing, Dolby Atoms 7.1.2 서라운드를 지원 등의 사용자 편의성을 모두 갖춘 장치입니다. 특히, 큐베이스의 Cruve EQ와 동일한 linear phase 방식으로 손실 없는 EQ 작업이 가능하며, 큐베이스 사용자가 손쉽게 접근할 수 있다는 장점이 있습니다. 데모 버전은 fabfilter.com에서 다운 받을 수 있습니다.

● FabFilter Pro-Q3

화려한 인터페이스와 유려한 컨트롤러를 제공하는 Fabfilter Pro-Q3는 음질 저하 없이 손쉽고 빠른 EQ 작업이 가능한 제품으로 소개되고 있습니다.

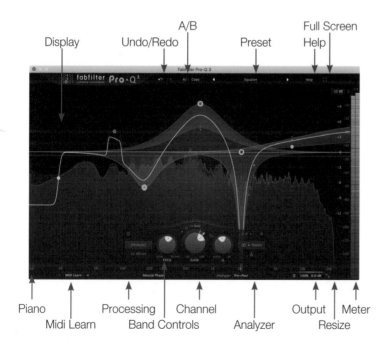

▶ Display

노란색 라인을 클릭하거나 빈 공간을 더블 클릭하여 포인트를 만들고, Shape 메뉴로 타입을 선택
할 수 있습니다. 익숙해지면 가장 아래쪽을 더블 클릭하여 너치(Notch) 타입, 양쪽 공간 끝 부분
을 더블 클릭하여 컷(Cut) 타입, 라인 끝을 드래그하여 쉘빙(Shelf) 타입으로 만들 수 있습니다.

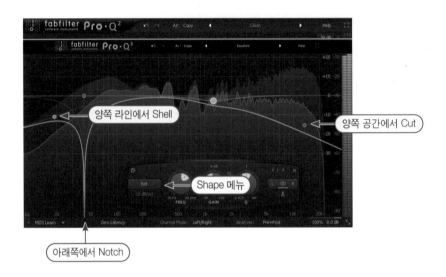

〈포인트 조정 방법〉

* 마우스 드래그로 Frequency와 Gain을 조정할 수 있습니다. 미세한 조정이 필요한 경우에는
Shift 키를 누른 상태로 드래그하며, Q는 마우스 휠로 조정합니다.

* Alt 키를 누른 상태로 수직 또는 수평으로 드래그하면, Frequency와 Gain을 별도로 조정할 수
있습니다.

* Alt 키를 누른 상태로 클릭하여 Disable 시킬 수 있습니다. 해당 대역만 Bypass 시키는 것이며,
다시 클릭하여 On 합니다.

* Ctrl+Alt 키를 누른 상태로 클릭하여 Shape를 차례로 변경할 수 있습니다.

* Shift+Alt 키를 누른 상태로 클릭하여 Slope를 차례로 변경할 수 있습니다.

* 더블 클릭하여 Frequency, Gain, Q 값을 직접 입력할 수 있습니다. 선택은 Tab 키를 이용하며,
헤드폰 모양을 누르고 있으면 해당 대역만 모니터 할 수 있습니다.

* 마우스 오른쪽 버튼으로 클릭하면 앞의 기능들을 메뉴로 선택할 수 있습니다. 그 외, 채널을 나
누는 Split과 포인트를 삭제하는 Delete 메뉴가 있습니다.

* 포인트는 마우스 드래그 및 Ctrl 키를 누른 상태로 다중 선택이 가능합니다.

▶ Band Controls

포인트를 선택하면 Frequency, Gain, Q 값을 조정할 수 있는 밴드 컨트롤 패널이 열립니다. 앞에서 살펴본 포인트 조정 방법에 익숙해지면 군이 컨트롤 패널 이용할 필요는 없겠지만, 간단하게 역할을 정리합니다.

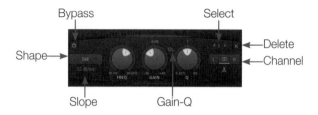

* Bypass : EQ 적용 전/후의 사운드를 비교할 수 있습니다.
* Shape : 밴드 타입을 선택합니다. 다른 제품에서 볼 수 없는 Tilt Shelf 타입은 포인트를 기점으로 상/하 반대로 증/감 합니다.
* Slope : 곡선의 기울기를 선택합니다. 특히, 96dB/Oct 지원으로 거의 완벽한 필터링을 할 수 있으며, FabFilter가 EQ로 명성을 얻은 부분입니다.
* Gain-Q : 게인 조정 폭이 클 때 대역폭을 살짝 줄입니다.
* Select : 이전 또는 다음 포인트를 선택합니다.
* Delete : 포인트를 제거합니다.
* Channel : 조정할 채널을 선택합니다. 창 아래쪽 메뉴의 Channel Mode에서 Mid/Side로 변경하면, 중간 및 사이드 선택이 가능합니다.

▶ Piano display

왼쪽 하단의 피아노 버튼을 On으로 하면, 주파수 표시자를 건반으로 표시합니다. 포인트를 드래그하여 Frequency를 조정할 수 있기 때문에 주파수에 대한 거부감이 있는 사용자에게 매우 유익한 기능이 될 것입니다.

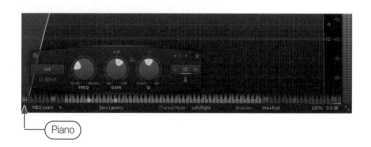

▶ Menu

Midi Learn, Processing Mode 등, 창 아래쪽 메뉴의 기능을 살펴봅니다.

MIDI Learn ▾   Zero Latency   Channel Mode: Left/Right   Analyzer: Pre+Post   100% 0.0 dB

- Midi Learn : FabFilter 파라미터를 외부 미디 컨트롤러로 연결합니다. 버튼을 On으로 하고, 연결하고자 하는 파라미터를 선택한 다음에 컨트롤러의 노브를 움직이면 됩니다. 단, 미디 트랙의 아웃에서 FabFilter Pro Q3 MIDI in을 선택해야 합니다.
- Enable MIDI : 미디 컨트롤러 기능을 해제합니다.
- Clear : 파라미터 연결을 취소합니다.
- Revert : 마지막 연결로 되돌립니다.
- Save : 설정을 저장합니다.

- Processing mode : EQ의 처리 유형을 선택합니다. 대부분 Zero Latency 또는 Natural Phase 로 최적의 결과를 얻을 수 있으며, 선형 위상 처리가 필요한 경우에는 Linear Phase를 선택합니다.
- Zero Latency : 지연 없이 실시간으로 처리합니다. 가장 효율적인 모드입니다.
- Natural Phase : 위상을 동시에 처리하여 사운드 왜곡을 최소화 합니다.
- Linear Phase : 소스 처리를 지연시켜 위상차로 인한 사운드 감소를 피할 수 있습니다. 44.1Khz 를 기준으로 Low는 70ms, Medium은 116ms, High는 209ms, Very High는 395ms, Maximum 은 1509ms 지연됩니다. 다만, 위상차는 큐베이스의 Track Delay로 보정하고, EQ는 Zero Latency로 처리하는 것이 효과적입니다.

- Analyzer : 스펙트럼 애널라이저의 옵션을 설정 할 수 있는 창을 엽니다.
- Pre/Post/Sc : 처리 전의 Pre, 처리 후의 Post, 사이드-체인 트랙의 SC 스펙트럼을 표시 여부를 선택 합니다.
- Range : 디스플레이 오른쪽에 표시되는 레벨 표시자의 범위를 선택합니다.
- Resolution : 주파수 분석의 정밀도를 선택합니다. 값이 높을수록 레이턴시가 발생할 수 있습니다.

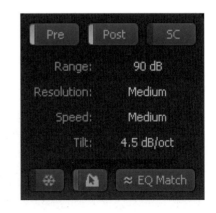

- Speed : 스펙트럼 표시 속도를 선택합니다.

- Tilt : 기울기를 선택합니다. 기본값 4.5dB/Oct는 인간이 인식하는 것과 가장 닮은 값입니다.

- Freeze : 버튼을 On으로 하면 최대 레벨에 고정됩니다.

- Grab : 기본적으로 버튼이 On으로 되어 있습니다. 스펙트럼이 표시되고 있는 창에 마우스를 가져가면 일시적인 고정되고, 라인을 드래그하여 값을 조정할 수 있습니다. FabFilter Pro-Q3에서 가장 자신 있게 어필하고 있는 기능으로, 조정하고 싶은 피크 영역을 정확하게 컨트롤할 수 있다는 장점이 있습니다.

- EQ Match : 평소에 좋아하는 음악의 주파수를 분석하여 작업 중인 사운드의 EQ를 자동으로 보정할 수 있게 하는 기능입니다. 큐베이스에서 제공하는 Curve EQ와 사용법에 차이가 있으므로, 자세히 살펴보겠습니다.

① 매칭 기능을 이용하려면 당연히 작업 중인 트랙(Main)과 비교 트랙(Side)이 필요합니다. FabFilter Pro-Q3를 Main 트랙의 Insert 슬롯에 장착합니다.

② Side-Chain 버튼을 On으로 합니다. 사이드 체인 기능은 VST3 버전에서만 지원하므로, 착오 없길 바랍니다.

③ Side 트랙의 아웃에서 Side-chains -Main ins - FabFilter Pro Q3를 선택합니다.

④ Analyzer 옵션 창의 EQ Match 버튼을 클릭합니다.

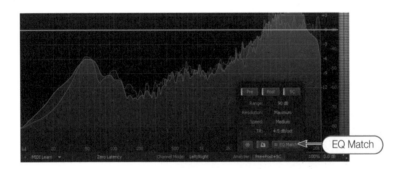

⑤ 메인 소스(Input)와 비교 소스(Side-Chain)의 차이를 흰색 라인으로 표시합니다. 분석이 끝나면 Match 버튼이 활성화되고, 클릭하면 EQ가 조정됩니다.

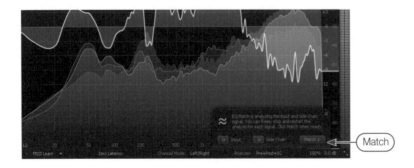

⑥ 생성된 포인트의 수는 슬라이드 바를 드래그하여 조정할 수 있으며, Finish 버튼을 클릭하여 매칭 작업을 완료합니다. Analyzer 버튼은 분석 단계로 되돌아 갑니다.

필요 없는 Side 트랙은 제거합니다. 마스터링 작업에서 유용한 기능이 될 것입니다.

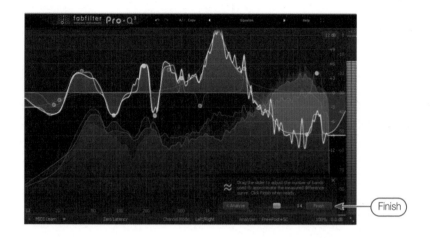

* Output Options : 팬과 볼륨을 조정할 수 있는 노브와 Bypass, Auto Gain 등의 4가지 버튼을 제공하는 아웃 옵션 창이 열립니다.

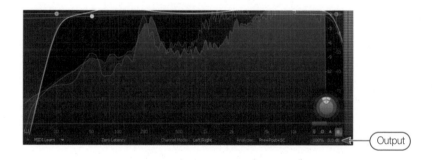

- Level : 안쪽 노브는 레벨, 바깥쪽 노브는 팬을 조정합니다.

- Gain Scale : 노브 아래쪽의 슬라이더는 게인 조정 폭을 조정합니다.

- Global Bypass : EQ 적용을 해제하는 바이패스 기능입니다.

- Phase Invert : 출력 시그널의 위상을 반전시킵니다.

- Auto Gain : 출력 레벨을 자동으로 조정합니다.

- Level Metering : 창 오른쪽의 레벨 미터를 감춥니다.

PART 02
다이내믹 프로세서

컴프레서

컴프레서는 한계 레벨(피크) 초과로 인한 사운드의 일그러짐을 방지하기 위해서 레벨을 줄이는 장치입니다. 하지만, 믹싱 과정에서는 원래의 목적과는 반대로 전체 레벨을 올리기 위해 사용됩니다.

사용 목적

노래방에서 악을 쓰며 노래를 해본 경험이 있다면, 스피커가 찢어질지도 모른다는 걱정을 해봤을지도 모릅니다. 실제로 스피커가 감당할 수 있는 레벨 이상의 소리가 입력되면, 스피커를 포함한 음향 장치들이 망가질 수도 있습니다.

컴프레서의 원래 사용 목적은 과도한 입력 레벨로 인해서 음향 장치가 손상되는 것을 방지하고, 안정된 레벨로 레코딩을 하기 위한 것입니다. 하지만, 믹싱을 할 때는 원래의 목적과는 반대로 레벨을 올리기 위해서 사용합니다. 이유는 이미 레벨이 크게 녹음된 사운드는 더 이상 레벨을 올릴 수 없기 때문입니다.

예를 들어 보컬을 녹음하고, 레벨을 살펴보니 Verse 파트에서는 최고 높은 레벨이 -15dB이고, Chorus 파트에서는 최고 높은 레벨이 -3dB로 확인됩니다. 프로듀서는 Verse 파트의 레벨이 너무 작다며 보컬 트랙의 레벨을 -9dB 정도로 올리길 바랍니다. 6dB를 올려야 하는 것입니다.

〈녹음 결과〉

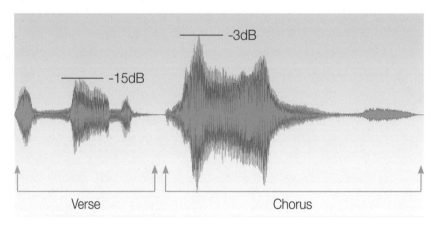

디지털 사운드의 피크 레벨은 0dB입니다. 프로듀서의 요구대로 보컬 트랙의 레벨을 6dB 올리면 Chorus 파트의 레벨이 3dB 초과하게 되어 사운드가 찌그러지거나 렌더링 과정에서 잡음이 발생하는 등의 문제가 발생할 수 있습니다. 이때 도움을 받을 수 있는 장치가 컴프레서입니다.

컴프레서는 사용자가 원하는 비율로 레벨을 줄이는 장치입니다. 여기에 사용자가 설정한 레벨 이상의 사운드만 내릴 수 있다는 특별함이 있습니다. 즉, 녹음된 보컬 트랙에서 -15dB 이상의 사운드만 1/4로 줄이면 Chorus 파트의 최고 레벨이 -12dB로 줄어들기 때문에 여유롭게 6dB을 올릴 수 있게 되는 것입니다. 이것이 믹싱 과정에서 컴프레서를 사용하는 목적입니다.

〈컴프레서로 -15dB 이상의 사운드만 줄인다.〉

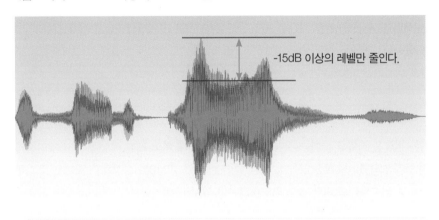

〈전체 레벨을 올릴 수 있는 여유가 생겼다.〉

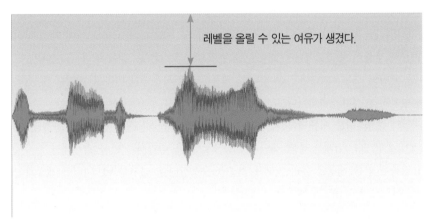

주요 파라미터

컴프레서는 제조사마다 다양한 기능과 파라미터를 제공하고 있지만, 핵심은 트레숄드(Threshold), 레시오(Ratio), 어택(Attack), 릴리즈(Release)의 4가지입니다. 이것들에 관해서 살펴보겠습니다.

현재까지 출시되어 있는 VST Compressor의 종류는 그 수를 헤아릴 수 없을 정도로 많습니다. 하지만, 주요 파라미터는 트레숄드(Threshold), 레시오(Ratio), 어택(Attack), 릴리즈(Release) 입니다. 이를 완전히 이해하고, 충분한 연습 기간을 가진다면, 처음 보는 컴프레서라도 손쉽게 사용할 수 있게 될 것입니다.

트레숄드

컴프레서의 기본 기능은 레벨을 줄이는 것이라고 했습니다. 이때 어느 레벨 이상을 줄일 것인지를 결정하는 것이 트레숄드(Threshold) 입니다. 예를 들어 이 값을 -10dB로 설정하면, 오디오 소스에서 -10dB 이상으로 연주되는 소리만 줄이고, -10dB 이하의 소리에는 아무런 영향을 주지 않습니다. 결과적으로 사용자가 원하는 헤드룸을 얻을 수 있고, 전체 레벨을 올릴 수 있게 되는 것입니다. 헤드룸은 사운드 소스의 피크 레벨에서 디지털 사운드의 한계 레벨인 0dB까지의 범위를 말하는 것으로 사운드 소스의 피크 레벨이 -10dB이라면, 사용자가 욕심 낼 수 있는 헤드룸은 10dB이 되는 것입니다.

트레숄드의 조정 범위는 장치마다 천차만별이며, 같은 값이라도 제조사나 제품 모델에 따라 결과가 달라지기 때문에 남들이 좋다고 하는 것들은 한 번씩 테스트 해보는 것이 좋습니다. 다만, 드라마틱한 차이를 보이는 것은 아니므로, 단 하나의 제품이라도 사운드의 변화를 인지할 수 있을 때까지 연습을 반복하는 것이 중요합니다.

참고로 Urei 계열의 컴프레서를 시뮬레이션한 VST는 트레숄드(Threshold)를 인풋(Input) 또는 게인(Gain)으로 컨트롤합니다. 이때는 출력 레인을 기준으로 값을 증가시킨 만큼 컴프레서가 작동되는 원리이며, 압축된 만큼 레벨을 올리는 앰프 기능을 수행합니다. 대부분 VU 미터를 제공하는 빈티지 스타일로 아날로그 사운드를 재현할 수 있습니다.

큐베이스는 Tube Compressor와 Vintage Compressor를 제공합니다.

레시오

레벨을 얼마만큼의 비율로 줄일 것인지를 결정합니다. 트레숄드(Threshold)에서 설정한 값 이상의 레벨을 레시오(Ratio)에서 설정한 비율로 줄이는 것입니다. 예를 들어 그림에서와 같이 오디오 소스의 레벨이 -60dB에서 -20dB 범위인데, 트레숄드를 -40dB로 설정하고, 레시오를 2.0으로 설정했다면, -40dB 이하의 사운드는 아무런 영향을 받지 않고, 그 이상의 -30dB과 -20dB을 2:1 비율로 줄이는 것입니다. 결과적으로 -30dB은 -40dB에서 10dB 초과된 것이므로, 2:1인 5dB이 줄어들어서 컴프레서를 통과한 레벨은 -35dB이 되고, -20dB은 -40dB에서 20dB 초과된 것이므로, 2:1인 10dB이 줄어들어 컴프레서를 통과한 레벨은 -30dB이 되는 것입니다.

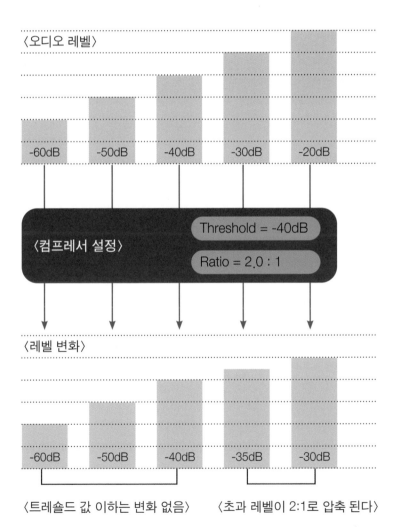

〈오디오 레벨〉

-60dB   -50dB   -40dB   -30dB   -20dB

〈컴프레서 설정〉

Threshold = -40dB

Ratio = 2.0 : 1

〈레벨 변화〉

-60dB   -50dB   -40dB   -35dB   -30dB

〈트레숄드 값 이하는 변화 없음〉   〈초과 레벨이 2:1로 압축 된다〉

111

레시오(Ratio) 설정 값은 제조사 및 제품 모델에 따라 차이가 있지만, 보통 10:1 이하이며, 그 이상의 레벨을 압축할 필요가 있을 때는 리미터(Limiter)를 사용합니다. 리미터는 피크 레벨을 제한하는 장치로 컴프레서보다 높은 압축 비율을 제공합니다.

Focusrite 계열을 시뮬레이션한 VST의 경우에는 컴프레서와 리미터 기능을 동시에 갖추고 있어서 압축 레벨와 피크 레벨을 동시에 조정할 수 있습니다. 컴프레서의 트레숄드 값을 낮게 설정하고, 리미터의 트레숄드 값을 높게 설정하면, 피크 레벨을 줄이면서 평균 레벨을 올릴 수 있는 것입니다. 물론, 같은 효과를 위해서 제조사나 모델이 다른 컴프레서와 리미터를 연결해서 사용하는 경우도 많습니다.

Urei 계열의 컴프레서처럼 입력 레벨이 트레숄드 역할을 하는 경우에는 압축 비율에 따라 트레숄드가 자동으로 변합니다. 높은 비율에서는 트레숄드 값이 높아지고, 낮은 비율에서는 함께 낮아지므로 간단하게 사용할 수 있다는 편리함이 있습니다.
컴프레서를 사용하는데 정해진 규칙은 없지만, 일반적으로 8:1 이하의 비율은 믹싱과 마스터링 과정에서 평균 레벨을 높이는데 사용하고, 그 이상은 피크 레벨을 줄이는데 사용합니다.

최근 Hip-Hop이나 EDM 계열의 곡에서는 파워를 얻기 위해서 50:1 또는 100:1 이상의 비율을 사용하는 경우도 있는데, 이것을 하이퍼 컴프레션(Hyper Compression) 기법이라고 합니다.

어택 타임

컴프레서는 오디오 트랙에 걸었다고 해서 무조건 작동하는 장치가 아닙니다. 오직 트레숄드에서 설정한 레벨 이상의 사운드가 검출되었을 때만 동작합니다. 트레숄드 이하의 사운드가 재생되고 있을 때는 아무런 기능도 수행하지 않고 있다가 트레숄드 이상의 사운드가 재생될 때 레시오에서 설정한 비율로 압축을 시도합니다. 이때 컴프레서가 동작을 시작하고, 레시오에서 설정한 비율로 압축을 하는데 까지 시간이 필요한데, 이 시간을 임의로 조정할 수 있는 것이 어택 타임(Attack Time) 입니다.

어택 타임이 압축을 완료했을 때를 의미하는 것인지, 어느 정도 진행되었을 때를 의미하는 것인지는 장치마다 기준이 다르고, 특별히 명시되어 있는 경우가 없기 때문에 파라미터에서 제공하는 타임은 큰 의미가 없습니다. 그래서 오직 감각과 경험에 의존할 수밖에 없기 때문에 컴프레서를 다루는데 있어서 가장 어렵다고 알려진 파라미터입니다. 어택 타임은 1000분의 1초를 의미하는 ms 단위이지만, 이 미세한 값의 차이는 결과물에 큰 영향을 줍니다. 예를 들어 그림 a)와 같이 어택 타임을 0.1ms로 설정하면 압축을 빠르게 시작할 수 있지만, 시작 위치의 사운드가 댐핑을 결정하는 것이라면, 사운드를 답답하게 만드는 결과를 만듭니다. 그래서 그림 b)와 같이 어택 타임을 1ms로 설정하면, 댐핑은 살릴 수 있지만, 시작 위치의 사운드가 그대로 통과하게 되어 컴프레서의 사용 목적인 헤드룸을 얻기 어렵습니다. 이처럼 어택 타임은 전체 사운드의 질감을 바꿀 수 있는 중요한 파라미터이지만, 정답이 없고 오로지 음악 장르에 따른 사용자 취향과 감각으로 결정되는 요소이기 때문에 많은 시간을 투자하여 연습해야 합니다.

a) 어택 타임 0.1ms - 압축이 바로 시작된다.

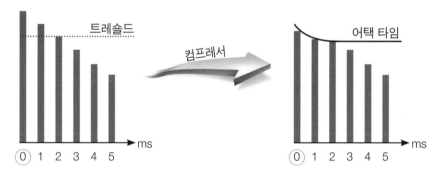

b) 어택 타임 1ms - 0ms 사운드는 압축되지 않는다.

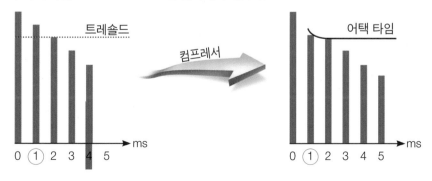

컴프레서의 작동 시작 시간을 조정하는 어택 타임(Attack Time)과 반대로 컴프레서의 작동이 멈추는 시간을 조정하는 파라미터가 릴리즈 타임(Release Time) 입니다.

트레숄드 이상의 레벨이 검출되어 컴프레서가 사운드를 압축하고 있다가 트레숄드 이하의 사운드가 재생되면 작동을 멈추게 되는데, 이 시간을 임의로 조정하는 것입니다. 릴리즈 타임 역시 어택과 마찬가지로 제품이나 모델마다 기준이 다르기 때문에 파라미터에서 제공하는 타임은 큰 의미가 없고, 오랜 훈련으로 감각을 키울 수 밖에 없습니다.

예를 들어 컴프레서가 압축하고 있다가 트레숄드 이하의 사운드가 재생되고 있다고 가정할 때 그림 a)와 같이 릴리즈 타임을 5ms로 설정하면, 트레숄드 이하의 사운드에서 컴프레서가 작동을 멈추는데 까지 5ms가 걸리기 때문에 그 범위 안의 사운드까지 조금씩 압축이 되는 현상이 발생합니다. 이를 방지하고자 그림 b)와 같이 릴리즈 타임을 2ms로 줄이면, 영향을 받는 것은 줄어들지만, 컴프레서 적용 전에는 들리지 않던 보컬의 호흡 소리가 커지는 잡음이 발생할 수 있습니다. 이처럼 잘못된 릴리즈 타임 값으로 보컬에서 나타나는 잡음을 브리딩(Breating)이라고 하며, 악기에서도 패시지가 없는 부분이 커져서 밸런스가 무너지는 현상이 발생할 수 있는데 이것을 펌핑(Pumping)이라고 합니다.

아무튼 릴리즈 타임도 어택과 마찬가지로 정답이 없고, 오로지 음악 소스에 따른 사용자 감각에만 의존을 해야 하는 까다로운 파라미터 중의 하나입니다. 한 가지 다행인 것은 대부분의 VST 컴프레서는 릴리즈 타임이 자동으로 조정되게끔 하는 Auto 기능을 제공하고 있습니다. 경험이 적은 경우라면 컴프레서에 대한 감각이 생기기 전까지는 Auto 기능에 의존하는 것도 좋은 방법입니다.

a) 릴리즈 타임 5ms

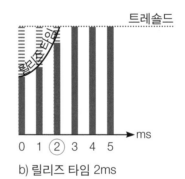

b) 릴리즈 타임 2ms

엔벨로프 라인

어택(Attak), 릴리즈(Release) 등은 사운드의 레벨 변화를 섹션 별로 나누어 놓은 용어입니다. 기타 줄을 팅기면 소리가 크게 재생되었다가 일정한 레벨로 유지되고, 점차 사라지게 됩니다. 이러한 일련의 변화를 그래프로 나타낸 것이 엔벨로프 라인이며, 일반적으로 어택, 디케이, 서스테인, 릴리즈의 4구간으로 구분합니다.

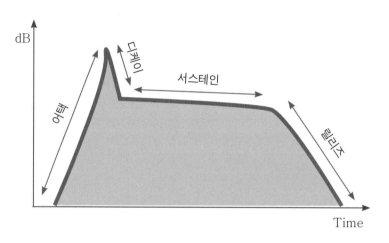

- 어택(Attak) : 레벨이 최대 값으로 상승하는데 까지의 타임
- 디케이(Decay) : 최대 레벨에서 중간 레벨로 감소하는 데까지의 타임
- 서스테인(Sustain) : 중간 레벨이 유지되는 타임
- 릴리즈(Release) : 중간 레벨이 0으로 감소하는데 까지의 타임

엔벨로프는 악기 음색을 결정짓는 중요한 요소이기 때문에 정확하게 특성을 파악한 후에 다이내믹 프로세싱을 적용해야 합니다. 예를 들어 어택이 매우 높고, 상대적으로 디케이와 서스테인 그리고 릴리즈가 매우 낮은 Kick 드럼의 레벨을 무작정 증가시키면, 레벨만 커질 뿐 전체 사운드는 얇게 들립니다. 그래서 레벨을 증가시키기 전에 컴프레서를 적용하게 되는데, 이때 악기마다 가지고 있는 엔벨로프 특성을 정확히 알고 있어야 잘못된 결과를 피할 수 있습니다. 만일, Kick 드럼의 파워를 증가시킬 목적으로 컴프레서를 적용한다고 가정할 때 어택 타임을 짧게 설정하면 사운드의 어택까지 감소되기 때문에 전체적으로 둔탁해지고, 어택 타임을 길게 설정하면 피크를 초과하여 사운드가 일그러질 수 있기 때문입니다. 다만, 이것을 감각으로 컨트롤 해야 하기 때문에 컴프레서 역시 오랜 시간을 연습해야 하는 장치입니다.

115

Chapter 03

사이드-체인

대부분의 컴프레서는 Insert 슬롯에 로딩하여 입력 신호의 다이내믹을 조정하여 출력하는 기본 방식 외에 다른 채널의 출력 신호에 의해서 사운드를 압축하는 사이드-체인(Side-Chain) 기능을 지원합니다.

컴프레서의 사이드 체인 기능은 다양한 기법으로 사용됩니다. 방송에서 DJ가 얘기를 할 때 음악이 자동으로 줄어들게 한다거나 녹음된 드럼 사운드의 간섭 음을 제거한다거나 EDM 음악에서 Kick을 강조 시킨다거나 그 응용 방법은 수 없이 많습니다. 특히, 덥스텝 음악에서 빠질 수 없는 베이스 기타 또는 패드 연주의 출렁거림도 사이드 체인 기능을 이용한 기법입니다.

직접 실습을 해보는 것이 이해하기 쉬울 것입니다.
F5 키를 눌러 Media Bay 창을 열고, 29 Min Jupiter-Bass-Mic-Verse B 샘플을 검색하여 프로젝트 창으로 가져다 놓습니다.

— 베이스 샘플 임포트

같은 방법으로 Kick 샘플을 베이스 파트 길이만큼 박자 단위로 가져다 놓습니다. 샘플은 아무거나 사용해도 좋습니다. 그리고 베이스 트랙의 Inserts 슬롯에서 Dynamics 폴더의 Compressor를 장착합니다.

컴프레서의 Side-Chain 버튼을 On으로 합니다.

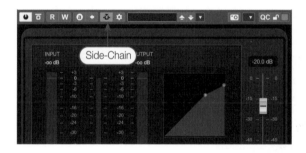

Side-Chain 버튼 오른쪽의 Routing 버튼을 클릭하여 창을 열고, Add Sdie-Chain Source를 클릭하여 Kick 트랙을 선택합니다.

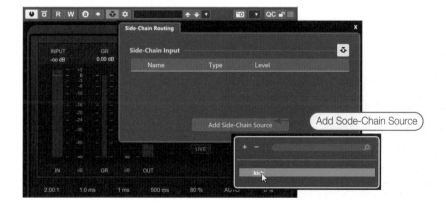

Activate는 On으로 되어 있고, Level 0dB 입니다. 기본 값 그대로 창을 닫습니다.

Gain Reduction 레벨 미터가 바닥까지 내려올 수 있도록 Threshold와 Ratio 값을 조정합니다.

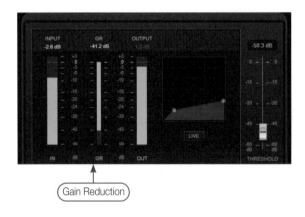

Attack을 가장 빠른 0.1로 조정합니다. Kick이 연주될 때 베이스가 압축되어 출렁이 듯 연주되는 것을 모니터할 수 있습니다. EDM 음악에서 사용하는 테크닉 입니다.

실습에서와 같이 사이드 체인은 소스 트랙(kick) 신호로 컴프레서를 동작시키는 기능입니다. 실제 드럼 연주를 녹음한 경우라면 스네어 드럼 트랙에 사이드 체인을 걸어서 Kick 드럼의 간섭 음을 제거하는데 응용할 수 있고, 소스 트랙을 마이크 입력으로 선택하면, DJ가 말을 할 때 음악 레벨이 줄어드는 보이스 오버 시스템을 연출할 수 있는 것입니다. 특히, EDM과 같은 댄스 음악에서 Kick 사운드를 강조하는 테크닉으로 많이 사용되므로 확실하게 이해하길 바랍니다.

참고로 컴프레서를 사이드 체인으로 이용할 때는 어택과 릴리즈를 빠르게 설정하지만, 인서트로 사용할 때는 사운드의 엔벨로프가 바뀌게 되므로, 매우 주의해서 조정해야 합니다. 프로 엔지니어들은 Gain Reduction 레벨 미터를 모니터 하면서 조정을 하기 때문에 VU 레벨 미터를 선호하지만, 방법은 모두 동일합니다.

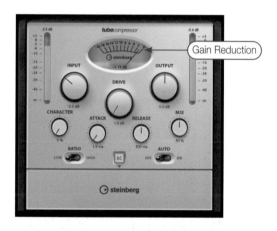

〈어택과 릴리즈 타임의 조정 요령〉
① Ratio 값을 8:1 이상으로 높게 설정하고, Gain Reduction도 -10dB 이상으로 높게 움직이도록 Threshold 값을 조정합니다.
② 어택 타임을 오른쪽으로 돌렸다가 천천히 줄이면서 Gain Reduction의 움직임을 관찰합니다. 청감상 레벨 변화보다 약간 느리게 반응하는 타임으로 조정합니다.
③ 릴리즈 타임을 왼쪽으로 돌렸다가 천천히 늘리면서 Gain Reduction의 회복 속도가 청감상 레벨 변화보다 약간 빠르게 반응하는 타임으로 조정합니다.
④ Ratio 값을 원래 목표로 했던 비율로 설정하고, Gain Reduction 역시 원래 목표로 했던 값이 될 수 있게 Threshold를 재조정합니다. 4-6dB 범위의 압축이 일반적입니다. 처음에는 어렵겠지만, 사운드의 변화를 느낄 수 있을 때까지 연습을 하기 바랍니다.

큐베이스 제공 컴프레서

큐베이스는 Compressor, Multiband Compressor, Urei 계열의 Tube Compressor, Vintage Compressor, Black Valve, 멀티 다이내믹 프로세서인 VST Dynamics, Squasher, 보컬에 최적화되어 있는 VoxDomp 등을 제공합니다.

Compressor

트레숄드 및 레시오 설정 값을 그래프로 표시하는 큐베이스의 전통적인 컴프레서입니다. 버전이 업데이트 되면서도 꾸준히 제공되고 있다는 것은 많은 사용자들이 그 성능을 인정하고 있다는 얘기입니다. 특히, 게인 감소량을 표시하는 GR 레벨 미터가 있기 때문에 입문자도 손쉽게 결과를 확인할 수 있다는 장점이 있습니다.

① Threshold

-60dB에서 0dB 범위로 컴프레서가 적용될 사운드의 레벨을 설정합니다. Threshold 조정 값은 그래프에 표시되며, 포인트를 드래그 하여 조정하는 것도 가능합니다.

② Ratio

Threshold에서 설정한 레벨 이상의 사운드를 얼마나 압축시킬 것인지의 비율을 조정합니다. 조정 범위는 최대 8:1이며, 그래프의 포인트를 드래그 하여 조정하는 것도 가능합니다.

③ Soft Knee

큐베이스 컴프레서는 트레숄드에서 설정한 레벨이 검출되었을 때 레시오에서 설정한 비율로 압축을 시도하며, 이때의 속도를 선택합니다. Hi는 빠른 속도로 압축을 시도하지만, 다이내믹 범위가 넓은 경우에는 음색 변질 현상이 일어날 수 있으며, Soft Knee는 완만한 곡선으로 압축을 시도하여 음색 변질 현상을 최소화할 수 있습니다.

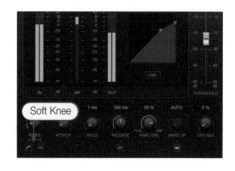

④ Make-up

컴프레서의 기능은 피크 잡음이 발생하지 않게 큰 소리를 줄이는 것이지만, 믹싱에서의 사용 목적은 전체 사운드를 증가시키는 것입니다. Make-up 노브를 이용해서 전체 사운드를 최대 24dB까지 올릴 수 있습니다. 노브 아래쪽의 Auto 버튼을 On으로 하면, 압축 비율에 비례하여 Make-up 레벨이 자동으로 조정됩니다.

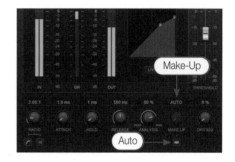

⑤ Attack

컴프레서의 작동 시작 타임을 0.1에서 100ms 범위로 조정합니다. Threshold에서 설정한 레벨 이상의 사운드가 감지되었을 때, 레시오에서 설정한 비율로 압축을 시도하는데 까지의 시간을 Attack 타임으로 조정하는 것입니다. 일반적으로 어택이 짧은 드럼 악기에 컴프레서를 적용할 때는 Attack 타임을 조금 길게 설정하여 드럼의 어택을 그대로 유지할 수 있도록 연습해야 합니다.

⑥ Hold

컴프레서의 작동이 유지되는 시간을 5000ms까지 조정합니다. 사이드-체인(Side-Chain) 기능을 이용한 더킹(Ducking) 작업에서 유용합니다. 사이드 체인은 다른 트랙의 사운드 소스에 의해서 컴프레서가 작동되도록 하는 기법을 말하며, 더킹은 DJ가 말할 때 음악 소리를 줄이는 테크닉입니다. DJ가 말을 할 때 음악 볼륨 슬라이더를 내리는 모습을 본적이 있을 텐데, 컴프레서의 사이드 체인 기능을 이용하여 자동으로 줄어들게 할 수 있습니다.

⑦ Release

컴프레서의 작동이 멈추는 시간을 10에서 1000ms 범위로 조정합니다. 노브 아래 Auto 버튼을 On으로 하면 Release 타임이 자동으로 조정되게 할 수 있습니다.

Release 타임 역시 Attack이나 Hold 타임과 마찬가지로 컴프레서의 사용으로 급격하게 변하는 레벨이 발생하지 않도록 하는 것이 목적입니다. 예를 들어 릴리즈 타임이 긴 바이올린 연주에서 Release 타임을 길게 설정하면, 컴프레서가 계속 작동을 하게 되므로, 바이올린의 릴리즈 레벨이

불규칙해지는 현상이 발생합니다. 이때는 Release 타임을 짧게 하여 바이올린의 릴리즈 레벨를 압축하지 않도록 하는 것이 요령입니다. 이처럼 컴프레서의 Attack과 Release 타임은 악기의 특성이나 연주법에 따라서 적절한 타이밍을 설정할 필요가 있습니다. 다만, 하루 아침에 터득할 수 있는 요령이 아니기 때문에 많은 실습이 필요할 것입니다.

⑧ Analysis

컴프레서는 사운드의 레벨을 검출하여 작동
되는 것인데, Analysis 노브를 이용해서 피크
(Peak) 레벨의 검출 비율을 조정합니다. 만일
Analysis 값을 100으로 설정하면, 전체 평균 레
벨인 RMS 모드로 동작합니다. 일반적으로 컴
프레서는 평균 레벨을 증가시키기 위한 RMS
모드를 사용하지만, 어택이 빠른 악기 연주의
피크 레벨을 감소시키기 위해서 Peak 모드를

사용하는 경우도 많습니다. 결국 Analysis 도 악기의 특성이나 연주법에 따라 적절한 모드를 선택
할 수 있어야 하며, 많은 경험과 실험이 필요한 기능입니다.

⑨ Live

큐베이스 컴프레서는 사운드를 미리 로딩하여
분석을 하는데, Live 버튼을 On으로 하면 이를
실시간으로 처리하여 보다 정확한 결과를 얻을
수 있습니다. 단, 시스템 사양이 낮은 경우에는
약간의 지연 현상이 발생할 수 있으므로 주의
해야 합니다.

⑩ GR Meter

큐베이스 컴프레서는 인풋 레벨을 표시하는 In
레벨 미터와 출력 레벨을 표시하는 Out 레벨
미터 외에 압축 레벨을 표시하는 게인 리덕션
(GR)을 제공합니다. GR 미터는 사운드가 얼만
큼 압축되고 있는지를 확인할 수 있기 때문에
입문자에게는 가장 중요한 기능이 될 것입니다.

주파수 범위를 최대 4개로 분할하여 각각의 주파수 범위에 서로 다른 컴프레서를 적용할 수 있는 멀티 컴프레서입니다. 하나의 트랙으로 녹음한 드럼 사운드라도 베이스 드럼, 스네어 드럼, 하이햇 등, 각각의 주파수 범위에 개별적으로 컴프레서를 적용할 수 있는 유용한 장치이지만, 마스터링 용으로 사용하는 것이 일반적입니다.

화면 구성은 Frequency Band Editor, Compressor Section, Side-Chain Section의 3 섹션으로 구분할 수 있습니다. Side-Chain Section은 SC 버튼으로 엽니다.

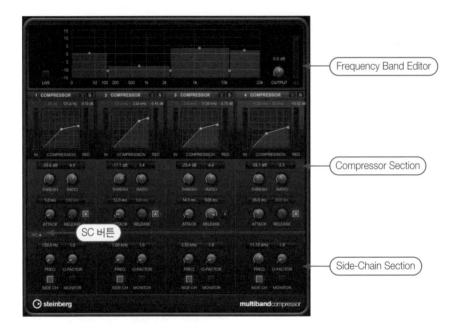

● Frequency Band Editor

주파수 대역과 게인을 조정할 수 있는 그래프를 제공합니다. Live 옵션은 프로세싱을 실시간으로 처리하여 지연 현상 없는 사운드를 재생합니다. 단, 시스템 성능이 좋아야 합니다. 오른쪽의 Output 노브는 최종 출력 레벨을 조정합니다.

● Compressor Section

컴프레서의 주요 파라미터로 구성되어 있으며, 각 대역 마다 바이패스 및 솔로 버튼을 제공합니다.
A 버튼은 릴리즈 타임이 자동으로 조정되게 합니다.

● Side-Chain Section

주파수 대역과 범위는 Side CH 버튼을 On으로 했을 때 설정할 수 있으며, Monitor으로 솔로 모니터가 가능합니다.

┌─ Brickwall Limiter ─────────────────────────────────

컴프레서 보다 높은 압축률로 피크 레벨
이 절대 발생하지 않게 하면서 사용자가
원하는 출력 레벨을 얻을 수 있게 하는
다이내믹 장치가 리미터입니다.
리미터에 관한 실습은 마스터링 편에서
진행하겠습니다.

Tube Compressor

튜브 타입의 컴프레서로 압축 효과가 뛰어나고 따듯한 느낌을 줍니다. 아날로그 감성의 VU 미터와 입력 신호를 필터링 할 수 있는 내부 사이드 체인 기능을 제공합니다.

① Drive : 튜브 시뮬레이션 양을 조정합니다.

② Input : 압축 양을 조정합니다. 값이 클 수록 더 많이 압축됩니다.

③ Ratio : 압축 비율을 선택합니다.

④ Character : 배음을 향상시킵니다.

⑤ Output : 출력 레벨을 조정합니다.

⑥ Attack : 컴프레서가 작동되는 시작 타임을 조정합니다.

⑦ Release : 컴프레서가 작동이 멈추는 타임을 조정합니다.

⑧ Mix : 원본과 컴프레서가 적용된 사운드의 비율을 조정합니다.

⑨ In/Out Meter : 입/출력 레벨을 표시합니다.

⑩ VU Meter : 게인 감소량을 표시합니다.

⑪ Side Chine : 필터의 작동 여부를 On/Off 합니다.

⑫ Filter Type : 필터는 LP, BP, HP를 제공합니다.

⑬ Frequency : 필터의 중심 주파수를 설정합니다.

⑭ Q-Factor : 필터 적용 주파수의 범위를 설정합니다.

⑮ Monitor : 필터링 신호를 모니터 할 수 있습니다.

장치 이름에서도 짐작할 수 있듯이 빈티지 타입의 컴프레서입니다. 인풋으로 작게 녹음된 사운드의 게인을 높이고, 그로 인해서 발생할 수 있는 피크 잡음을 방지하는 목적으로 사용할 수 있습니다.

① Input : 입력 레벨을 조정합니다. 레벨을 높이면 전통적인 컴프레서 방식으로 동작합니다.

② Output : 출력 레벨을 조정합니다. 레벨을 높이면 Maximizer와 같은 효과가 연출됩니다.

③ Attack : 컴프레서가 작동되는 시작 타임을 조정합니다. Punch 버튼을 On으로 하면 짧은 어택에서도 압축이 시도됩니다.

④ Release : 컴프레서가 작동이 멈추는 타임을 조정합니다. Auto 버튼을 On으로 하면 릴리즈 타임이 자동으로 조정됩니다.

⑤ Mix : 입/출력 신호의 비율을 조정합니다.

⑥ Ratio : 압축 비율을 선택합니다.

─ VST Dynamics ─

큐베이스는 컴프레서, 게이트, 리미터의 3가지 다이내믹 장치를 한 대로 연출할 수 있는 VST Dynamics을 제공합니다. 시스템이 가벼운 노트북에서도 최상의 다이내믹를 연출할 수 있습니다.

익스팬더와 노이즈 게이트

05

익스팬더 계열은 컴프레서와 반대로 다이내믹 범위를 넓히는 장치입니다. 일반적으로 작은 소리를 더 작게 만들어 잡음을 제거하는 용도로 많이 사용하며, 대표적인 것이 노이즈 게이트입니다.

사용 목적

큰 소리를 작게 만드는 컴프레서와 반대로 큰 소리를 더 크게 또는 작은 소리를 더 작게 만들어 다이내믹 범위를 넓히는 장치가 익스팬더입니다. 다만, 음악 믹싱 작업에서는 큰 소리를 더 크게 만드는 업워드(Upward) 타입은 잘 사용하지 않고, 작은 소리를 더 작게 만드는 다운워드(Downward) 방식이 주로 사용됩니다.

장치 파라미터는 컴프레서와 비슷한 구성이지만, Threshold 이하의 사운드를 1:2, 1:4, 1:8 비율로 확장 한다는 차이가 있습니다. 작은 소리로 녹음되어 있는 에어컨 소음, 숨소리, 악보 넘기는 소리 등의 잡음을 제거하면서 다이내믹 범위를 넓힐 수 있는 장치인 것입니다. 일반적으로 컴프레서를 적용하면 들리지 않던 잡음이 커지는 경우가 있는데, 이를 제거하기 위해 많이 사용합니다.

예를 들어 보컬을 녹음하고, 전체 사운드를 들을 때는 물론이고, 솔로 모니터를 할 때도 별다르게 거슬리는 부분이 없다고 가정합니다.

〈녹음 결과〉

잡음이 살짝 있지만, 지장은 없다

컴프레서를 작동시켜 전체 레벨을 올린 경우입니다. 원치 않는 잡음이 함께 증가된 것을 확인할 수 있습니다. 이때 노이즈 리덕션을 이용하면 해당 잡음을 깔끔하게 제거하 수 있습니다.

〈컴프레서 적용 결과〉

잡음이 커져서 제거할 필요가 있다

믹싱 작업을 할 때 "EQ를 이용해서 잡음을 제거하고, 컴프레서를 적용하는 것이 옳다"라고 얘기하는 엔지니어와 "컴프레서로 다이내믹을 조정한 후에 EQ로 보정하는 것이 옳다"라고 얘기하는 엔지니어가 있습니다. 독자의 생각은 어떻습니까?

두 가지 모두 맞는 말입니다.

믹싱 작업을 하면서 이펙트를 적용하는 순서는 정해져 있지 않습니다. 소스에 따라 또는 작업 목적에 따라 얼마든지 달라질 수 있으며, 다양한 실습과 경험으로 자신만의 스타일을 만들어 가는 것이 가장 좋은 방법입니다.

예를 들어 레벨은 비교적 일정하지만, 피크가 심한 소스이거나 킥 드럼의 내부 마이킹으로 낮은 레벨의 공진음이 유입되어 있는 경우에는 EQ를 이용해서 피크를 보정하거나 공진음을 제거한 다음에 컴프레서를 적용하는 것이 유리합니다. 컴프레서를 먼저 적용하면 공진음이 부각되면서 음색이 흐려질 수 있기 때문입니다.

반대로 베이스나 보컬과 같이 주파수 밸런스는 전체적으로 일정하지만, 레벨 변화가 심한 소스의 경우에는 컴프레서로 레벨을 일정하게 조정하고, EQ 작업을 하는 것이 유리합니다. EQ를 먼저 적용하면 주파수 레벨이 감소하면서 효과가 떨어질 수 있기 때문입니다. 물론, 이것 역시 하나의 예일 뿐입니다. 적용 순서는 소스 마다 달라질 수 있다는 것을 기억하고, 어떤 틀에 자신을 가두는 일이 없기를 바랍니다.

익스팬더와 노이즈 게이트의 동작 원리는 컴프레서와 비슷합니다. 큐베이스에서 제공하는 Gate를
가지고 각 파라미터의 역할을 살펴보겠지만, 용어와 원리가 동일하기 때문에 제품에 상관없이 적
용할 수 있습니다.

● Threshold

노이즈 게이트가 작동하는 레벨을 결정합니다. 컴프레서는 Threshold에서 설정한 레벨 이상의 사
운드가 입력되었을 때 작동되지만, 노이즈 게이트는 그 이하의 사운드가 입력되었을 때 작동된다
는 차이가 있습니다. 노브의 State는 동작 상태를 불빛으로 표시하는 것으로 게이트가 열릴 때는
녹색, 닫힐 때는 빨간색, 유지되고 있을 때는 노란색입니다.

● Range

컴프레서의 Ratio와 같은 역할입니다. 즉, Threshold에서 설정한 레벨 이하의 사운드를 Range에
서 설정한 비율로 압축하는 것입니다. 기본값은 완전히 제거한다는 의미의 -∞로 되어 있으며, 값
은 레벨 단위로 설정합니다. 참고로 큐베이스에서 제공하는 익스팬더(Expander)는 컴프레서와 동
일하게 Ratio로 비율로 설정합니다.

▲ Expander

● Attack

게이트가 열리는 타임을 설정합니다. 어택 타임은 클릭 잡음이 발생하지 않는 한도내에서 가능한 빠르게 설정하는 것이 좋습니다. 익스팬더에서는 Fall로 표시합니다.

● Hold

게이트가 열려있는 타임을 설정합니다.

● Release

게이트가 닫히는 타임을 설정합니다. 익스팬더에서는 Rise로 표시합니다.

● Anlaysis

사운드 분석 비율을 설정합니다. 값이 100이면 RMS 모드로 동작하고, Live 옵션을 On으로 하면, 실시간으로 분석됩니다.

● Side chain

Side chain 옵션은 게이트를 로우 패스(LP), 밴드 패스(BP), 하이패스(HP)로 적용할 수 있게 합니다. 차단 주파수는 Center, 대역폭은 Q-Factor로 조정하며, Monitor 옵션을 이용하여 게이트가 적용되는 사운드만 모니터할 수 있습니다.

▶ Multiband Expander

큐베이스 8 버전 이상에서는 원하는 주파수 대역의 사운드만 골라서 게이트를 적용할 수 있는 Multiband Expander를 제공합니다. Side Chain 보다 정확한 설정이 가능하기 때문에 Kick 드럼을 간섭하고 있는 Hi-hat 간섭음을 제거하는데 용의 합니다. 감쇄량을 조정하는 노브는 MAX RED로 표시되어 있습니다.

▲ Multiband Expander

노이즈 게이트의 응용

오디오 신호에 동작하는 노이즈 게이트는 녹음을 할 때는 많이 사용하지만, 믹싱 작업에서는 오히려 방해가 되는 경우가 있어서 잘 사용하지 않습니다. 하지만, 사이드 체인 기법을 이용하여 다양한 음향 효과를 얻는데 응용할 수 있습니다.

입문자들은 스펙트럼에 보이는 것처럼 초 저음역이 비어 있는 자신의 음악을 오디오 CD 음원처럼 채울 수 있는 방법을 많이 묻습니다. 다양한 테크닉이 있지만 흔하게 쓰는 수법이 노이즈 게이트를 이용하는 것입니다.

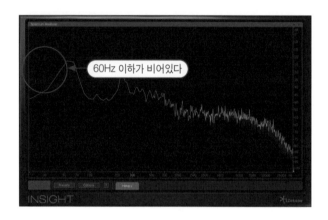

오디오 트랙을 하나 만들고, Insert 슬롯에서 Test Generator를 장착합니다. 주파수는 30Hz-40Hz로 설정합니다.

Test Generator 다음 슬롯에 Gate를 장착합니다.

Attack은 0.1로 가장 빠르게 설정하고, Release는 Auto로 선택합니다.

Threshold를 낮게 설정하고, 사이드체인 기능을 On으로 합니다.

Side-Chain Inputs을 열고, 킥 드럼 또는 베이스 트랙을 Add Side Chain Input으로 추가합니다.

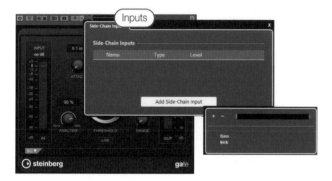

사운드를 모니터 하면서 Test Generator의 레벨과 Gate의 Threshold를 수정합니다. 스펙트럼에서 초 저음역이 보강된 것을 확인할 수 있습니다.

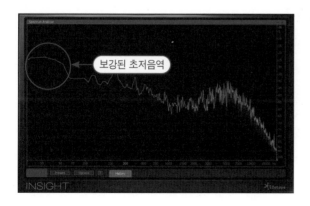

디에서(DeEsser)

익스팬더 계열에는 필터가 장착되어 특정 주파수 대역의 잡음을 제거할 수 있는 디에서(DeEsser)라는 장치가 있습니다. 보컬 트랙에서 거의 필수적인 장치입니다.

보컬 녹음을 하다가 보면, '프' 발음에서 마이크가 튀는 현상인 파열음(Poping)과 '츠' 발음에서의 치찰음(Sibilance)이 발생할 수 있습니다. 녹음을 할 때는 이것을 차단하기 위해서 마이크와 보컬 사이에 팝필터를 설치하지만, 보컬에 따라 그대로 녹음되는 경우가 있습니다.

팝필터

파열음과 치찰음은 녹음을 할 때 주의를 하는 것이 가장 좋지만, 녹음 후에 발견했다면 디에서라는 장치를 이용해서 제거할 수 있습니다.

큐베이스에서 제공하는 디에서는 버전 8에서부터 인터페이스가 완전히 바뀌었으므로, 이전 버전 사용자는 혼동 없길 바랍니다. 참고로 이전 버전의 디에서는 Threshold를 Auto로 설정하면, 4-6KHz에서 흔하게 발생하는 치찰음을 자동으로 감소시킬 수 있기 때문에 입문자들이 사용하기 편하며, 버전 8 이상에서 제공하는 디에서는 디스플레이 창의 라인을 드래그하여 적용 범위를 조정할 수 있기 때문에 보다 정밀한 작업이 가능하다는 차이가 있습니다.

라인을 드래그하여 필터 범위를 조정할 수 있다.

● Filter

주파수 범위를 설정합니다. C4 또는 60과 같은 노트 입력이 가능하기 때문에 입문자도 정확한 주파수 범위를 설정할 수 있습니다.

Solo : 디에서에 의해서 제거되는 사운드를 모니터할 수 있습니다. 원음이 손실되는 것을 최대한 방지할 수 있는 옵션입니다.

Diff : 설정한 주파수 범위의 사운드만 모니터할 수 있습니다. 디에서의 적용 범위를 정밀하게 조정할 수 있는 옵션입니다.

● Dynamics

Threshold에서 설정한 레벨 이상을 Reduction에서 설정한 만큼 압축합니다.
Release는 디에서의 작동이 멈추는 타임을 설정합니다.

Auto : 버튼을 On으로 하면 최적의 Threshold 값이 자동으로 설정됩니다. 단, -30dB 이하에서는 작동되지 않습니다.

● Sidechain

Side Chain 버튼을 On으로 하면 노이즈 게이터와 마찬가지로 특정 주파수 대역에만 적용할 수 있습니다. Freq는 Filter 항목에서와 마찬가지로 노트 값으로 설정할 수 있으며, 대역폭은 Q-Factor로 조정합니다.

Mon : 버튼을 On으로 하면 제거되는 사운드만 모니터할 수 있습니다.
Live : 버튼을 On으로 하면 사운드 분석을 실시간으로 처리할 수 있습니다. 레코딩을 할 때 유용한 옵션입니다.

익스팬더 계열의 노이즈 게이트, 디에서 등의 잡음 제거 능력은 한계가 있습니다. 여기서 한계는 제거할 수 없다는 것이 아니라 과도한 리덕션으로 인한 원음의 손실을 의미하는 것입니다. 성형 수술도 과하면 거부감을 주듯이 믹싱 작업에서 사용되는 모든 장치의 조정 값은 최소화하는 것이 좋습니다. 그러기 위해서는 좋은 편곡, 좋은 녹음, 좋은 소스를 사용하기 위한 노력을 해야 할 것입니다.

Chapter

06

RX De-noise

악기가 연주되지 않고 있을 때만 동작하는 노이즈 게이트의 아쉬움을 보완할 수 있는 izotope 사의 RX De-Noise에 관해서 살펴봅니다. 데모 버전은 izotope.com 에서 다운 받을 수 있습니다.

노이즈 게이트는 보컬이 노래를 하지 않을 때 마이크로 수음 되는 백그라운드 잡음을 제거하는 용도입니다. 즉, 노래를 할 때는 잡음이 그대로 수음 됩니다. 믹싱을 할 때도 마찬가지입니다. 물론, 큰 소리에 의해서 작은 소리가 묻히는 마스킹 효과로 인해서 노래를 할 때는 백그라운드 잡음이 크게 영향을 주지는 않습니다. 하지만, 레벨이 큰 경우에는 매우 신경 쓰이는 잡음이 될 수 있습니다. 그래서 Magix사의 사운드포지(SoundForge)나 Adobe사의 오디션(Audition)과 같은 사운드 편집 프로그램을 이용해서 이를 제거하는 경우가 있습니다. 다만, 이것을 이용하려면 트랙을 익스포팅 해야 한다는 번거로움이 있습니다.

마스터링 실습에서 살펴볼 iZotope사에서도 사운드 편집 프로그램인 RX Audio Editor를 출시하고 있으며, 이것의 장점은 해당 프로그램의 플러그인들을 큐베이스에서 Insert로 사용할 수 있기 때문에 익스포팅이 필요 없다는 것입니다.

그 중에서 백그라운드 잡음 제거에 효과적인 RX Spectral De-noise를 살펴보겠습니다. 데모 버전은 iZotope.com에서 다운 받을 수 있으며, 편집 프로그램을 빼고 플러그인만 모아 놓은 RX Plug-in Pack도 있어서 선택 구매가 가능합니다.

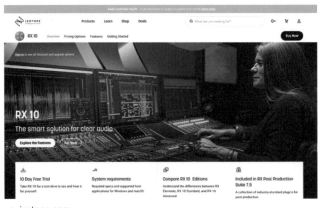

▲ izotope.com

① RX Spectral De-noise는 제거할 잡음을 캡처해서 원음 손실 없이 가장 효율적인 결과를 얻을 수 있는 플러그인입니다. 그러므로 보컬이 노래를 하고 있지 않을 때 유입된 백그라운드 잡음을 캡처하는 작업이 우선됩니다.

키보드 문자열의 숫자 2 키를 눌러 Range Selection 툴을 선택하고, 백그라운드 잡음이 있는 부분을 마우스 드래그로 선택합니다. 그리고 P 키와 / 키를 눌러 선택한 구간이 반복될 수 있게 준비합니다.

캡처 범위 선택

② Insert 슬롯에 RX Spectral De-noise를 장착하고, 패널이 열리면 Learn 버튼을 On으로 합니다. 그리고 트랙을 재생시키면 백그라운드 잡음이 캡처됩니다.

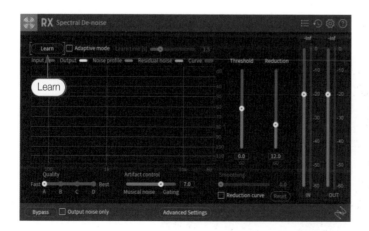

③ 캡처된 잡음은 빨간색 라인으로 표시되고, 감쇠 비율은 노란색으로 표시됩니다. 음악을 모니터 해보면 백그라운드 잡음이 깔끔하게 제거된 것을 확인할 수 있습니다. 하지만, 원음 손실 여부는 체크를 해보는 것이 좋습니다.

/ 키를 눌러 반복 기능을 해제하고, 트랙을 재생합니다. 그리고 Output noise only 옵션을 체크하면, 제거된 사운드만 모니터할 수 있는데, 여기서 원음이 들리지 않는 한도로 Reduction을 조정합니다.

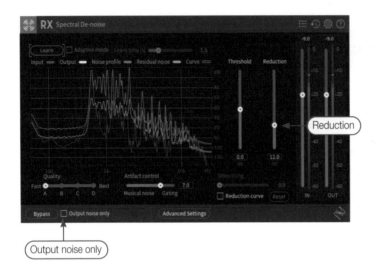

④ Reduction Curve 옵션을 체크하면, 디스플레이 창에 파란색 라인이 표시되며, 이를 클릭하여 포인트를 만들고 사용자가 원하는 주파수 대역의 잡음 제거 비율을 수정할 수 있습니다. 원음 손상을 최소화시키면서 잡음을 제거할 수 있는 기능입니다.

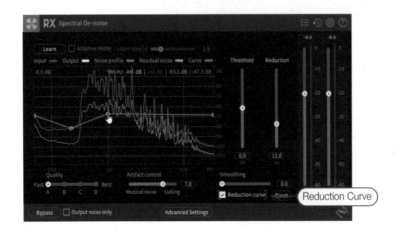

RX Spectral De-noise의 활용은 이것만으로 충분하지만 나머지 옵션도 정리하겠습니다.

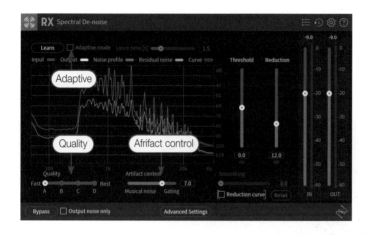

● Adaptive

RX Spectral De-noise는 앞의 실습에서 사용한 Manual 모드 외에 Adaptive 모드를 제공합니다. Manual 모드는 백그라운드 잡음 레벨이 일정하게 지속될 때 유용하며, Adaptive는 백그라운드 잡음 레벨이 변할 때 유용합니다. 즉, 시간이 지남에 따라 변하는 백그라운드 잡음을 자동으로 분석하여 제거하는 Auto 기능입니다.

Adaptive 모드를 선택하면 오른쪽에 Learning time 슬라이더가 활성화되어 분석 타임을 조정할 수 있으며, 타임의 평균 레벨을 실시간으로 분석하여 제거합니다. 단, 원음 손실의 우려가 있으므로, 이 모드를 사용할 때는 반드시 전체 사운드를 모니터하면서 Reduction을 설정해야 합니다. 큐베이스의 오토메이션 기능을 이용하면 보다 효율적인 Reduction 값을 기록할 수 있을 것입니다.

● Quality

이름 그대로 RX Spectral De-noise의 퀄리티를 결정합니다. A에서 D까지 단계가 높아질수록 잡음 분석 능력이 높아져 보다 정확한 처리가 가능하지만, CPU 사용량이 높아져 처리 속도가 늦어질 수 있습니다. 결국, 낮은 시스템 사양에서는 오히려 비효율적이므로, 아무 이유없이 높은 퀄리티를 선호할 필요는 없습니다.

● Artifact control

잡음과 원음의 분리를 얼마나 부드럽게 처리할 것인지를 결정합니다. 잡음 감소를 부드럽게 처리하고 싶다면 이 값을 증가시킵니다.

● Advanced Settings

Rx Spectral De-noise의 환경을 설정하며, 마지막 설정 값은 항상 유지됩니다.

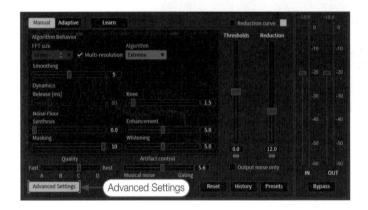

▶ Algorithm Behavior

주파수 분석 사이즈 및 알고리즘을 설정할 수 있는 옵션으로 구성되어 있습니다.

FFT size : 주파수 분석 및 처리 타임을 선택합니다. 시간을 길게 선택할수록 정확한 분석이 가능하지만, 시스템에 따라 지연 현상이 발생할 수 있습니다.

Multi-resolution : 옵션을 체크하면 알고리즘에서 선택한 방법에 따라 분석 사이즈를 실시간으로 처리합니다. Adaptive 모드에서 보다 정확한 처리가 가능하지만, 처리 속도가 늦어질 수 있습니다.

Algorithm : Artifact control이 처리 방법을 선택합니다. Sample은 모든 주파수 대역을 독립적으로 처리하고, Advanced 및 Extreme은 리덕션 사운드와 원음을 분리하거나 함께 처리할 수 있게 합니다.

Smoothing : 알고리즘에서 Advanced 및 Extreme을 선택했을 때 원음과 리덕션 사운드의 경계 처리 단계를 선택합니다.

▶ Dynamics

압축 정도와 해제 타임을 설정합니다.

Release : 알고리즘에서 Simple을 선택했을 때 해제 타임을 설정할 수 있습니다.

Knee : 압축 강도를 설정합니다. 높은 값일 수록 과격한 압축이 시도되므로, 부드러운 압축을 원할 경우에는 값을 낮춥니다.

▶ Noise Floor

노이즈 제거 후의 주파수 영역 처리 방법을 설정합니다.

Synthesis : 잡음이 제거된 영역을 고주파로 얼마나 채울 것인지를 설정합니다. 높은 값은 해당 주파수 대역의 레벨 감소를 최소화 시킬 수 있지만, 사운드 왜곡이 발생할 수 있습니다.

Exhancement : 채워지는 고주파의 음질을 얼마나 향상시킬 것인지를 설정합니다. Synthesis 옵션과 마찬가지로 높은 값은 사운드 왜곡이 발생할 수 있습니다.

Masking : 고주파의 합성 비율을 설정합니다.

Whitening : 검출되는 주파수 대역의 감소량을 결정합니다. 값이 클 수록 고주파수 대역이 부드럽게 처리 됩니다.

▶ 버튼

Reset : 모든 조정 값을 초기화 합니다.
History : 모든 동작 상태를 기록하고 있으며, 선택하여 되돌릴 수 있습니다.
Presets : 모든 설정을 한 번에 처리할 수 있는 프리셋을 제공합니다.
Bypass : 잡음 제거 전후의 사운드를 비교할 수 있습니다.

※ 잡음 제거로 툴로 가장 유명한 iZotope사의 RX는 방송 및 영화 사운드 제작자 뿐만 아니라 정밀한 오디오 편집이 필요한 뮤지션에게도 거의 필수적인 프로그램입니다. 자세한 학습이 필요한 경우에는 〈오디오 콘텐츠 집에서 만들기〉 서적을 참고하기 바랍니다.

음압 전쟁

07

요즘 가요나 팝 음악의 믹싱은 크고, 강한 다이내믹을 만드는 것에 집중되어 있습니다. 이로 인해 발생하는 위상 변위와 사운드의 왜곡을 경멸하는 뮤지션도 있지만, 시대의 흐름은 어쩔 수 없습니다.

미디 음원

다이내믹은 작은 소리와 큰 소리와의 갭을 말합니다. 이 갭이 적으면 적을수록 음악적인 감동은 무너지지만, 컨트롤할 수 있는 레벨의 범위는 넓어지기 때문에 보다 크고, 강한 사운드를 만들 수 있습니다.

요즘 온라인으로 발매되는 음원의 다이내믹은 대부분 6dB-10dB 정도이며, EDM과 같은 댄스 음악의 경우에는 이보다 좁습니다. 평균 15dB 이상의 다이내믹 레인지를 가지고 있는 클래식 음악과 비교하면 엄청난 차이입니다.

클래식에서는 컴프레서를 매우 제한적으로 사용하고 있으며, 대중 음악에서도 이를 고집하는 사람도 있습니다. 하지만, 대중 음악을 하는 사람이 클래식의 감동을 담기 위해 컴프레서를 기피한다면, 치열한 음악 시장에서 살아남기 어려울 수 있습니다.
언제 또 다시 넓은 다이내믹을 선호하는 시대가 올지는 모르지만, 현재는 높은 레벨을 선호하는 시장이므로, 믹싱을 공부하는 학생은 사운드 왜곡을 최소화 하면서 음압을 확보할 수 있도록 노력해야 할 것입니다.

음압을 끌어올리기 위해서는 불규칙한 레벨로 연주되는 베이스 기타, 보컬, 드럼 등의 리얼 연주 악기들은 거의 필수적으로 컴프레서를 사용하여 레벨을 다듬어야 합니다.
하지만, 미디 작업이라면 다이내믹 범위를 벨로시티로 컨트롤할 수 있기 때문에 과한 컴프레서 사용을 피하면서 레벨을 끌어올릴 수 있습니다.

미디 테크닉은 본서에서 벗어나는 내용이므로 다루지 않겠지만, 작/편곡에서부터 믹싱과 마스터링까지의 과정을 혼자해야 하는 경우라면 반드시 학습하기 바랍니다.

컴프레서는 어택과 릴리즈의 엔벨로프 라인을 바꿀 수 있기 때문에 악기 음색에 큰 영향을 주며, 사운드를 앞에 배치하거나 뒤에 배치하는 등의 입체감까지 컨트롤할 수 있습니다. 이때 사운드 음색에 직접적인 영향을 주는 EQ 이전에 사용해야 하는지, 다음에 사용해야 하는지에 대한 고민이 필요합니다.

보편적으로 컴프레서는 EQ 다음에 사용합니다. 하지만, 레벨 변화가 심한 트랙이라면 컴프레서로 레벨을 다듬고, EQ를 사용하는 것이 효과적일 수 있습니다. 그리고 레벨이 특정 주파수 대역에 몰려 있는 경우라면 멀티 컴프레서로 해당 주파수 대역을 압축한 다음에 EQ와 컴프레서를 거는 경우도 있고, 보컬과 같이 레벨이 들쑥날쑥한 경우에는 컴프레서 사용으로 선명도가 떨어질 수 있기 때문에 오토메이션으로 레벨을 다듬고, EQ와 컴프레서를 거는 경우도 있습니다.

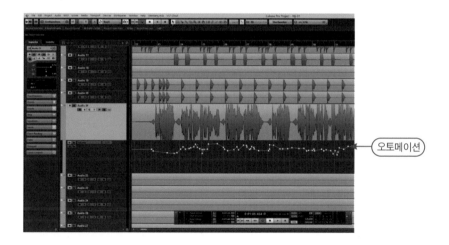

오토메이션

컴프레서를 적용하는 순서는 EQ→컴프레서, 컴프레서→EQ, 오토메이션→ EQ→컴프레서, 멀티 →EQ→컴프레서의 다양한 방법이 있을 수 있으며, 이는 트랙 소스에 따라 결정하는 것입니다. 즉, 무조건 컴프레서는 EQ 다음에 걸어야 한다 또는 EQ 전에 걸어야 한다 등의 고정관념을 가질 필요는 없습니다.
반드시 사운드를 모니터 해보고, 어떤 방법이 좋을지를 충분히 고민해 보면서 원하는 결과를 얻을 수 있을 때까지 다양한 시도를 해보기 바랍니다.

다중 컴프레서

믹싱과 마스터링 작업에서 프로세싱 장치는 최소한으로 사용하는 것을 원칙으로 합니다. 이는 장치를 거는 것만으로도 음질 변화가 생기고 종류가 많아지면 위상 변위나 왜곡 등의 문제가 발생할 수 있기 때문입니다. 하지만, 실제 현장에서는 트랙 마다 EQ와 다이내믹 장치를 걸고, 리버브와 딜레이 등의 타임 계열까지 기본적으로 수 십 개의 장치를 사용하면서도 좀 더 좋은 사운드를 만들기 위해서 같은 계열의 다른 모델을 2-3중으로 거는 테크닉을 많이 사용합니다.

예를 들어 어떤 트랙의 레벨을 4:1로 압축할 필요가 있다고 했을 때, 두 개의 컴프레서를 2:1씩 나누어 사용하는 것입니다. 이것은 분명히 동일한 압축 비율을 가졌음에도 불구하고 전혀 다른 결과를 만드는 것이 사실이기 때문에 프로 현장에서는 장치를 2-3중으로 사용하는 테크닉을 쉽게 볼 수 있습니다. 결국, 드럼과 리듬 파트를 그룹으로 하는 라인에 또 하나, 최종 마스터 트랙에 또 하나를 포함해서 3-5중으로 사용하는 결과가 됩니다. 입문자에게 장치는 최소한으로 사용하라는 충고와는 완전히 상반되는 작업입니다. 하지만, 이것은 오랜 경험과 장치 사운드에 익숙해졌을 때에만 가능한 일이므로, 입문자는 최소한이라는 선배들의 조언을 꼭 따라 주길 바랍니다.

센드 컴프레서

센드 방식은 리버브나 딜레이와 같은 타임 계열의 장치들을 사용합니다. 하지만, 컴프레서도 음압을 확보를 위해 흔하게 사용하는 기법입니다. 보통 드럼이나 기타와 같은 리듬 섹션에서 주로 사용되며, 저음역과 고음역에 힘을 실어줄 수 있습니다.
FX 채널의 Insert 슬롯에서 Compressor를 장착하고, 리듬 악기 트랙의 Send 슬롯에서 컴프레서를 장착한 FX 트랙을 선택합니다.

144

Attack 타임을 조금 느리게 설정하고, Release 타임은 Auto로 설정합니다. 그리고 Ratio를 최대값 8:1로 설정하고, Gain Reduction이 10dB 이상이 되도록 Threshold를 조정합니다.

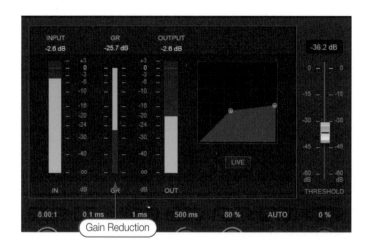

FX 트랙의 Insert 슬롯에서 컴프레서 다음에 EQ를 걸고, 100Hz와 10KHz를 Peak Type으로 6dB-10dB 증가시킵니다. FX 트랙의 볼륨을 적당한 비율로 조정하면 선명해진 리듬 섹션을 모니터 할 수 있습니다.

음압을 확보하기 위한 몇 가지 테크닉과 주의 사항을 살펴보았습니다. 마지막으로 믹싱 단계에서 음압을 올릴 때 가장 주의해야 할 점은 최대 레벨의 기준을 -3dB 또는 -6dB 정도로 하라는 것입니다. 이렇게 헤드룸을 확보하는 이유는 마스터링 작업을 위한 것입니다. 만일, 믹싱 작업에서 욕심을 내어 꽉꽉 눌러 놓으면, 마스터링 작업에서 손을 댈 수가 없습니다.

EDM 다이내믹 프로세싱

EDM과 같은 댄스 음악에서는 사운드를 과하게 압축하는 편입니다. 이것은 믹싱의 초점을 라우드니스에 두고 있기 때문입니다. 약간의 왜곡이 발생할 수 있지만, 일렉 사운드의 왜곡은 크게 거슬리지 않습니다.

Kick

EDM 계열의 Kick은 조금 과하다 싶을 정도로 울림을 최소화하여 사운드를 타이트하게 만드는 것이 특징입니다. 나무통을 두들기듯 딱딱거리는 소리가 싫다고 하는 뮤지션들도 많지만, Kick 사운드의 울림을 풍부하게 만드는 실습은 R&B, Hip Hop, Rock 장르에서 시도해볼 것이므로, 여기서는 유행에 따라 진행하겠습니다.

모니터 레벨을 올려 Kick 사운드를 솔로로 들어보면 EQ로 공진음을 제거했음에도 울림이 존재한다는 것을 알 수 있습니다. 글로 표현을 하면 "쿠웅"으로 들립니다.
컴프레서를 이용해서 다이내믹을 조정하기 전에 노이즈 게이트를 이용해서 "웅" 소리를 감소시켜 "쿵"으로 타이트하게 만드는 것이 EDM 컴프레싱의 핵심입니다.

큐베이스 Gate를 인서트합니다. (독자가 선호하는 모델을 사용해도 좋습니다.)
Threshold는 Kick 드럼의 모든 음이 들릴 수 있을 정도로 낮게 설정합니다.
실습에서는 -40dB 정도로 하고 있습니다.

Attack 타임은 가장 빠른 0.1ms로 설정합니다.

Release 타임은 클릭 잡음이 발생하지 않는 한도내에서 가장 빠르게 설정합니다.

가장 빠른 10ms로 놓으면, '틱'하는 클릭 잡음을 모니터 할 수 있습니다. 이것이 들리지 않게 천천히 증가시킵니다. 실습에서는 60ms 정도로 조정하고 있습니다.

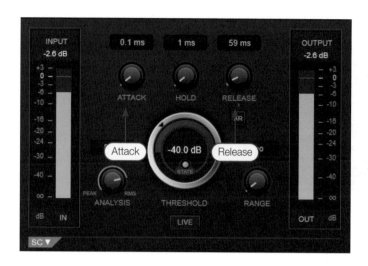

기본 설정이 끝나면 사용자 취향에 맞게 Center를 재조정하고, Threshold를 그에 맞추어 수정합니다. 실습에서는 Center를 570Hz, Threshold를 -24dB 정도로 수정하고 있습니다. 너무 건조한 느낌이 든다면 Hold 타임을 조금 늘립니다.

큐베이스 Compressor를 인서트합니다. (독자가 선호하는 모델을 사용해도 좋습니다.)

Ratio를 최대값 8로 설정합니다.

Threshold는 Gain Reduction이 -6dB 정도 되게 조정합니다. 실습에서는 -9.5dB로 설정하고 있습니다. 가요나 팝에서 Ratio와 Threshold는 GR이 4dB 정도가 되게 하는 것이 일반적이지만, EDM에서는 조금 과한 8:1을 그대로 사용합니다.

Attack 타임은 Kick의 어택을 통과시킬 수 있는 길이로 설정합니다. 0.1ms에서 조금씩 증가시키면서 Kick 소리보다 GR 레벨 미터가 살짝 느리게 반응하는 타임을 찾습니다. 실습에서는 20ms로 설정하고 있습니다.

Release 타임은 비트 간격 보다 짧아야 합니다. 강한 비트를 만들기 위해서 Gate의 Release 보다 짧게 설정하는 경우도 있습니다. 노브를 천천히 왼쪽으로 돌리면서 GR 레벨 미터가 살짝 빠르게 반응하는 타임을 찾습니다. 실습에서는 50ms로 설정하고 있습니다.

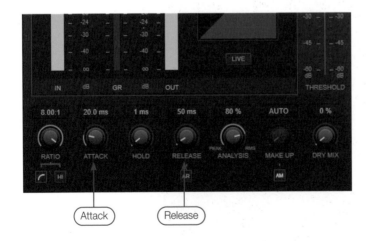

148

Ratio를 4.00으로 설정합니다.

사운드는 튀지 않으면서도 강렬해야 하기 때문에 압축을 크게 합니다. 실습에서는 Threshold를 -26dB 정도로 조정하여 Gain Reduction이 -10dB 정도가 되게 하고 있습니다.

Attack을 12시 방향에 놓고, 조금씩 줄이면서 스네어의 어택이 감소되는 타임을 찾습니다. 실습에서는 0.5ms 정도로 설정하고 있습니다.

Release는 16비트로 연주되고 있는 구간을 모니터하면서 조정합니다. 가장 빠른 10ms에 놓고, 천천히 늘리면서 사운드가 살짝 작아지는 타임을 찾습니다. 실습에서는 50ms 정도로 설정하고 있습니다. 빠른 어택과 릴리즈는 스네어가 튀지 않으면서도 단단하게 연주되는 효과를 만듭니다.

하이햇 및 크래쉬 등의 심벌 계열은 EQ 작업만으로 끝내는 경우가 많습니다. 하지만, 반대로 컴프레서를 강하게 걸어서 강조하는 경우도 있습니다. 학습자는 다양한 실습을 진행하는 것이 우선이므로, 컴프레싱 작업을 진행하겠습니다. 반드시 컴프레서 적용 전/후의 사운드를 비교해보고 취향에 맞지 않는다면, Bypass 시킵니다.

압축은 -4dB로 강하게 해보겠습니다. Ratio을 4로 설정하고, GR 레벨 미터가 -4dB이 되게 Threshold를 조정합니다. 실습에서는 -30dB로 조정하고 있습니다.

Attack 타임은 빠르고, Realse는 느리게하여 전체 사운드가 압축되도록 해야 튀지 않으면서 그루브를 살릴 수 있습니다. 실습에서는 Attack을 20ms, Release를 220ms 정도로 조정하고 있습니다. Bypass로 비교해보면 사운드가 살짝 뒤로 들어가지만, 다른 섹션과의 어울림이 좋다는 것을 느낄 수 있습니다.

샘플은 스테레오 채널이지만, 실제 작업에서는 두 개의 모노 채널을 사용하여 좌/우로 팬을 나누는 것이 일반적입니다. 이 때 완전히 L/R로 나누는 것 보다는 80% 정도의 폭으로 벌리고, 좌/우 레벨이 1-2dB 정도 차이가 나게 하면, 보다 자연스러운 공간감을 얻을 수 있습니다.

EDM에서 심벌은 어택 보다는 울림을 만드는 것이 효과적이기 때문에 압축을 크게 해도 좋습니다. Ratio을 4로 설정하고, GR 레벨 미터가 -8dB이 되게 Threshold를 조정합니다.
실습에서는 -30dB로 조정하고 있습니다.

Attack은 빠르고 Release는 느리게 설정해야 울림을 유지할 수 있으며, 마스터링 작업에서 피크가 발생하는 것을 방지할 수 있습니다. 실습에서는 Attack을 10ms, Release를 260ms 정도로 조정하고 있습니다. Hi-Hat과 마찬가지로 살짝 뒤로 들어갔지만, 전체적으로 모니터를 해보면, 잘 어울린다는 것을 확인할 수 있습니다.

EQ로 다듬어진 베이스는 아무래도 사운드가 뒤로 밀립니다. 특히, EMD과 같은 댄스 음악에서는 바람직하지 않기 때문에 레벨 업이 필요합니다. 하지만, 이 상태로 레벨을 올리면 힘 없이 피크만 뜰 수 있으므로, 컴프레서를 이용해서 한 번 더 다듬을 필요가 있습니다.

Ratio를 4.00으로 설정합니다.
Gain Reduction이 -7dB 정도가 되게 Threshold를 조정합니다.
실습에서는 -19dB 정도로 조정하고 있습니다.

Attack과 Release 타임을 짧게 설정하여 베이스의 피킹 사운드만 압축되도록 합니다.
실습에서는 Attack을 0.5ms, Release를 50ms 정도로 설정하고 있습니다.

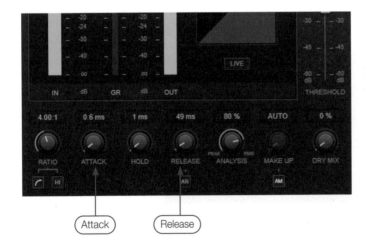

레벨은 컴프레서에 내장되어 있는 Make-Up을 이용해도 좋지만, 리미터나 맥시마이저를 이용하면, 사운드가 살짝 두꺼워지는 효과를 볼 수 있습니다. 물론, 취향 문제지만, 입문자는 프로들의 테크닉을 그대로 따라해보는 것이 가장 좋은 학습 방법입니다. 컴프레서의 Make-Up Auto 스위치를 Off 합니다.

큐베이스 Limiter를 장착합니다. (독자가 선호하는 모델을 사용해도 좋습니다.)
마스터 트랙의 레벨을 확인하면서 Input을 올립니다.
실습에서는 마스터 트랙의 아웃이 -6dB 정도가 되게 4dB 정도 증가시키고 있습니다.
Release 타임은 비트 보다 짧게 200ms 정도로 설정합니다.
일반적으로 마스터 트랙의 아웃이 -9dB을 넘지 않게 하여 Kick 드럼과 함께 연주했을 때 -6dB 정도가 되게 합니다. 그러나 EDM은 저음이 살짝 왜곡되더라도 음압을 확보하는 경우가 더 많기 때문에 베이스 트랙을 -6dB로 조정하는 것입니다. Kick 드럼과 함께 -3dB 정도가 됩니다.

참고로 일부 엔지니어들은 마스터 트랙의 볼륨을 아예 -6dB 또는 -3dB로 조정해 놓고, 믹싱 작업을 진행하는 경우가 있습니다. 어떤 경우라도 -6dB 이상의 헤드룸을 얻을 수 있는 유용한 방법입니다. 어떤 방법으로 믹싱을 진행하든 어느 정도의 헤드룸을 확보해야 마스터링을 할 수 있다는 것을 기억하기 바랍니다.

리듬을 연주하는 코드 배킹은 일정한 레벨을 유지하는 것이 포인트이므로, 빠른 어택으로 압축을
크게 하는 것이 일반적입니다.

Ratio를 4로 설정하고, 게인 리덕션이 15dB 정도가 되게 Threshold를 조정합니다.
실습에서는 -48dB 정도로 설정하고 있습니다.

Attack 타임을 가장 빠른 0.1ms로 설정하고, Relase는 곡의 템포에서 맞추어 자동으로 설정되어
도 좋으므로, Auto를 선택합니다.

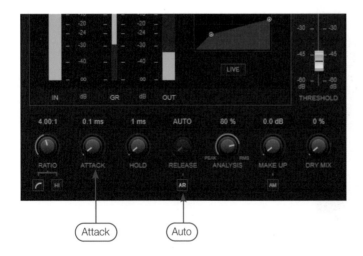

리드 신스는 어느 정도의 다이내믹이 필요하기 때문에 컴프레서를 사용하지 않는 경우가 많습니다. 그러나 실습곡의 경우에는 보컬과 겹치는 부분이 있으므로, 약간 압축을 해주면 좋겠습니다.

컴프레서를 장착하고 게인 디럭션이 2-3dB 정도가 되게 Threshold를 조정합니다.
실습에서는 -24dB 정도로 조정하고 있습니다. Ratio는 기본값 2인데, 다른 제품을 사용하는 경우에는 Ratio를 먼저 확인합니다.

Attack 타임은 리드 신스의 어택을 살릴 수 있게 하고, Release는 템포보다 조금 짧게 합니다.
실습에서는 Attack을 20ms 정도로 설정하고, Hold 타임과 Release를 100ms 정도로 설정하여 짧은 릴리즈 타임으로 발생할 수 있는 펌핑을 방지합니다.

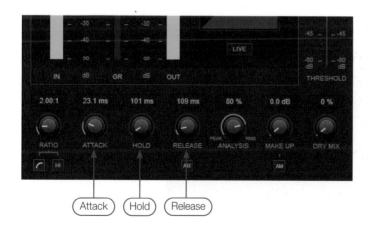

패드와 같이 백그라운드 역할을 하는 트랙은 컴프레서로 사운드를 뒤로 보내고, EQ 작업을 하는 경우도 있지만, 자칫 사운드가 탁해질 수 있기 때문에 실습에서는 컴프레서를 EQ 다음에 인서트 합니다.

Ratio를 4로 설정하고, 압축은 2dB 정도가 될 수 있게 Threshold를 조정합니다.
실습에서는 -33dB 정도로 설정하고 있습니다.

Attack은 0.1로 가장 빠르게 설정하여 사운드가 뒤로 물러나게 합니다.
Release는 컴프레서가 계속 걸릴 수 있게 500ms 이상으로 설정하는 것이 일반적이지만, 패드는 계속 연주되고 있는 악기이므로 Auto로 설정해도 무난합니다.

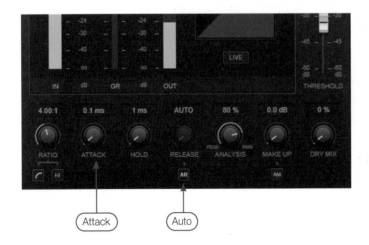

Vocal은 가장 크게 전면에 배치하는 것이 일반적입니다. 하지만, EDM과 같은 댄스 음악에서는 Kick이나 Bass와 동일한 밸런스를 유지할 수 있도록 압축을 많이 하고, 어택을 빠르게 설정하는 경우가 더 많습니다.

Ratio를 4:1로 설정하고, 코러스 구간을 모니터하면서 -20dB의 압축이 일어나도록 Threshold를 조정합니다. 실습에서는 -25dB 정도로 조정하고 있습니다.

Attack은 가장 빠른 0.1ms로 설정하고, Release는 브리딩 현상이 일어나지 않는 최소한의 타임으로 조정합니다. 실습은 100ms 정도로 조정하고 있습니다.

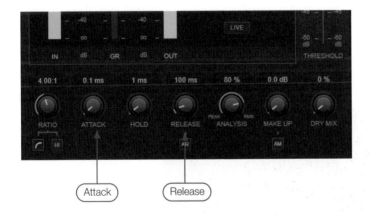

※ 릴리즈 타임이 너무 빠르면 트레숄드 이하의 호흡 소리가 커지는 현상이 나타날 수 있습니다. 이것을 브리딩(Breathing)이라고 하며, 보컬 컴프레싱에서 가장 주의해야 할 사항입니다.

Chapter

09

R&B 다이내믹 프로세싱

R&B 컴프레싱은 Kick과 Bass Guitar의 저음역을 무겁고 풍부하게 하지만, 보컬이 선명하게 들리도록 살짝 뒤로 배치하는 것이 좋습니다. 단, 저음역이 작아지면 안 되기 때문에 많은 압축은 피하는 것이 일반적입니다.

Kick

일반적으로 Kick 드럼은 두 개의 마이크를 사용하여 녹음합니다. 홀 안쪽에 세팅하여 타격음을 녹음하는 '온마이크'와 조금 떨어진 위치에 세팅하여 울림을 녹음하는 '오프마이크' 입니다. 그래서 취향에 맞게 타격음을 더 주던가울림을 더 줄 수 있지만, 미디 샘플의 경우에는 On/Off 마이크가 6:4 또는 7:3 등으로 믹스되어 있는 경우가 많기 때문에 압축을 많이 하면, 울림이 적어집니다. 물론, 이를 보완하기 위해 트랙을 추가하는 것이 일반적이지만, 실습 음악

은 많은 압축이 필요 없으므로, Kick의 명료도와 무게감을 유지하는 정도면 충분합니다.

Ratio를 2로 설정하고, 게인 리덕션이 2dB 정도가 되게 Threshold를 -24dB 정도로 조정합니다. Attack은 10ms로 빠르게 설정하고, Release는 비트 간격보다 짧은 120ms 정도로 설정하면, 비트 감이 정확히 표현되는 것을 느낄 수 있습니다.

R&B의 스네어는 Kick과 마찬가지로 컴프레서를 걸어 놓은 느낌 정도로만 사용합니다.
FabFilter 사의 Pro-C2를 이용해보겠습니다. (독자가 선호하는 모델을 이용해도 좋습니다.)
Ratio를 1.5로 작게 설정하고, GR 레벨미터가 -5dB 정도가 되게 Threshold를 조정합니다.
실습에서는 -24dB 정도로 조정하고 있습니다.

어택을 1ms로 빠르게 설정하여 Kick과 같은 위치에 배치하고, 릴리즈 타임을 50ms 정도로 설정
합니다. 부드럽지만 단단한 사운드를 얻을 수 있습니다.
Gain의 Auto 버튼을 Off 하고, -4dB 정도 증가시킵니다.
장치 설명은 "Chapter 12. 남들이 추천하는 다이내믹 장치" 편을 참조합니다.

Hi-Hat

하이-햇은 2-3dB 정도로 살짝만 압축하겠습니다.

Ratio를 1.5로 설정하고, GR이 2-3dB 정도가 되게 Threshold를 -22dB 정도로 조정합니다.

Attack은 2ms, Release는 50ms로 빠르게 설정합니다.

Crash

샘플의 심벌은 하이-햇 리듬에 그루브감을 주는 역할로 가볍게 연주되고 있으므로, 어택과 릴리즈를 짧게 설정하여 튀지 않게 합니다.

Ratio를 2로 설정하고, GR이 -4dB 정도가 되게 Threshold를 -35dB 정도로 조정합니다.

Attack은 0.5ms로 설정하고, Release 타임을 50ms 정도로 설정합니다.

Bass

베이스는 Kick 드럼과 함께 피크 제한을 위한 맥시마이저만 적용합니다. Group Channel 만들고, Kick과 Bass를 라우팅 합니다. 그리고 그룹 채널에 Waves L1-Utramaxmizer를 인서트 합니다. (독자가 선호하는 모델을 사용해도 좋습니다.)

Link 버튼을 드래그하여 -9dB로 조정하고, Release 타임을 80ms 정도로 설정합니다. Kick과 Bass의 피크 레벨을 -9dB로 제한하는 것입니다.

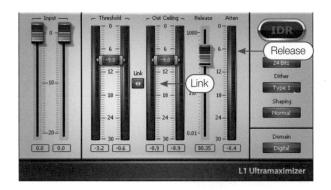

Piano

실제 피아노를 녹음한 경우에는 전체 레벨을 평탄하게 만들어야 하기 때문에 4-5dB 이상의 높은 압축이 필요하지만, 샘플과 같이 미디 음원을 사용하는 경우에는 믹스 레벨을 맞춘다는 의미로 1-2dB 정도의 압축이면 충분합니다.

Ratio를 2:1로 설정하고, Threshold를 -26dB 정도로 설정합니다. Attack은 2ms 정도로 빠르게 설정하고, Relase 타임은 비트 보다 조금 짧게 200ms 정도로 합니다.

스트링 섹션이 주가 되는 발라드 곡이라면 별도의 그룹 트랙을 만들어 압축을 많이 하는 것이 일반적이지만, 샘플 곡은 멜로디를 보충하는 선율이기 때문에 굳이 컴프레서를 사용하지 않아도 좋습니다. 다만, 멜로디에 묻히는 경향이 있기 때문에 릴리즈 타임을 길게 줘서 보컬 뒤로 살짝 넣어주는 것도 나쁘지 않습니다.

Ratio를 4로 설정하고, GR 레벨미터가 -3dB 정도가 되게 Threshold를 조정합니다.
실습에서는 -14dB 정도로 조정하고 있습니다.

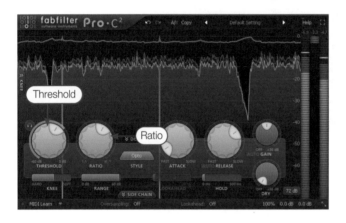

어택은 10ms 정도로 설정하고, 릴리즈 타임은 600ms 정도로 느리게 설정하여 압축이 계속 유지될 수 있게 합니다.

기타 솔로 연주는 보컬과 같은 성격으로 취급합니다. 즉, 어택은 조금 느리게 조정하여 피킹을 그
대로 살리고, 릴리즈는 조금 빠르게 설정하여 전체적으로 다듬어진 사운드를 만드는 것이 컴프레
싱의 포인트입니다.

Ratio를 5:1로 설정하고, GR 레벨 미터가 8dB 정도가 되게 Threshold를 조정합니다.
실습에서는 -12dB 정도로 조정하고 있습니다.

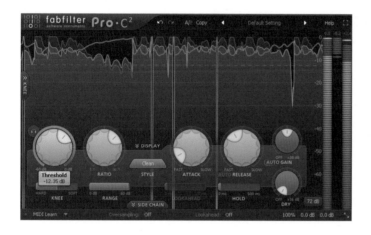

Attack은 7ms 정도로 기타 어택을 그대로 살려주고, Relase 타임은 500ms 정도로 압축이 지속되
도록 합니다.

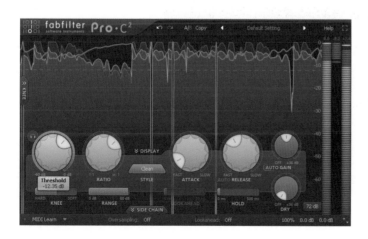

R&B 및 발라드와 같이 Verse와 Chorus 부분의 레벨 차가 큰 경우에는 파트를 나누어 컴프레싱
하는 것이 효과적입니다. 실습 파일을 두 트랙으로 나누어 진행합니다.

Verse 트랙에 Waves L2 Ultramaximizer를 인서트 합니다. (독자가 선호하는 리미터를 사용해도
좋습니다.)

링크 버튼을 드래그하여 Atten이 -10dB 정도가 되게 조정합니다.

실습에서는 -18dB 정도로 조정하고, Out celling을 -17dB 정도로 1dB 증가시키고 있습니다.

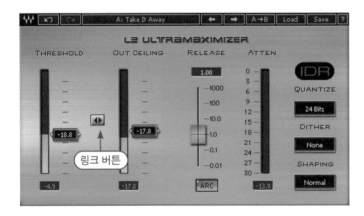

Chorus 트랙에 같은 방법으로 Atten이 -10dB 정도가 되게 조정합니다.

실습에서는 -12dB 정도로 조정하고 있습니다. Verse와 -3dB 정도의 차이가 나는 것입니다.

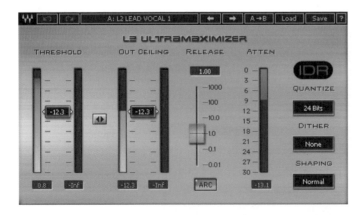

코러스의 압축은 리드 보컬 보다 깊게 거는 것이 일반적입니다.

장치는 Waves Renaissance Compressor를 사용하겠습니다.

릴리즈 타임 모드는 Manual로 선택하고, 검출 방식은 Opto로 선택합니다. 그리고 캐릭터를
Smooth로 선택합니다. 코러스의 피크만 압축되도록 하는 것입니다.

Ratio를 2dB 정도로 설정하고, -8dB 정도로 깊게 압축할 수 있게 Threshold를 조정합니다.

실습에서는 -13dB 정도로 하고 있습니다.

Attack은 1ms로 빠르게 설정하고, Release 타입을 100ms로 합니다.

출력 Gain은 5dB 정도 증가시킵니다.

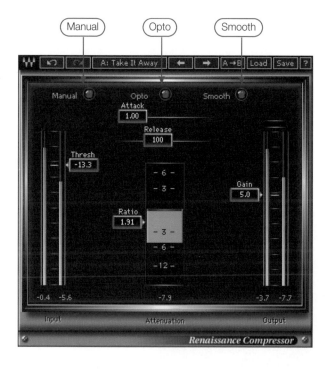

※ 코러스 트랙을 많이 사용하는 경우에는 그룹 트랙을 복사해서 컴프레서를 깊이 걸고, 원본 트랙
과 믹스하는 테크닉도 많이 사용합니다. 이때 좌/우 트랙을 바꾸면 보다 자연스러운 효과를 얻을 수
있으므로 테스트 해보기 바랍니다.

Hip Hop 다이내믹 프로세싱

힙합은 울림을 크게 유지하는 것을 좋아하는 경우와 타이트한 것을 좋아하는 경우로 뮤지션마다 완전히 다른 선호도를 보이기 때문에 다른 장르보다도 뮤지션과의 사전 대화가 충분히 있어야 할 것입니다.

Kick

남성 힙합의 Kick 드럼은 보컬의 명료도를 간섭하는 경우가 많으므로, 노이즈 게이트를 짧게 걸어서 긴 음을 제거하는 것이 좋습니다. 실습에서는 반응 속도가 빠른 FabFilter 사의 Pro-G를 이용하겠습니다. (큐베이스 Gate도 좋고, 독자가 선호하는 모델을 이용해도 좋습니다.)

킥 드럼의 모든 음이 들리게 Threhsold를 낮게 조정하고, Attack 타임을 드럼의 비터 사운드가 명확하게 들릴 수 있도록 짧게 설정합니다. 그리고 Release 타임도 드럼의 서스테인이 모두 들리게 짧게 설정합니다.

실습에서는 Attack을 0.1ms, Release를 80ms 정도로 조정하고 있습니다.

실제 독자가 작업하는 음악에서 응용할 수 있도록 값은 무시하고, 소리를 모니터하면서 조정하기 바랍니다. 모니터 볼륨을 크게 해야 쉽게 모니터 할 수 있습니다.

※ 드럼 비터(Beater)는 패달의 채 부분을 말하는 것으로 샤프트라고도 합니다.

Threshold를 여운이 감소될 때까지 조정합니다.

실습에서는 -22dB 정도로 조정하고 있습니다. FabFilter는 차단되는 사운드를 눈으로 확인할 수 있는 스펙트럼을 제공하고 있기 때문에 입문자도 쉽게 사용할 수 있다는 장점이 있습니다.

힙합에서는 게이트 범위가 너무 크면 약간 어색하게 들리므로, Range 값을 -22dB 정도로 조정합니다.

게이트를 사용했기 때문에 압축을 많이 하거나 반대로 최소한으로 해야 펌핑 현상이 발생하지 않습니다. 힙합은 보컬을 방해하지 않으면서도 강하게 들려야 하기 때문에 압축을 크게하는 것이 일반적입니다.

컴프레서를 인서트합니다. (독자가 선호하는 모델을 사용하는 것이 좋습니다.)

Ratio을 최대값 8로 설정하고, 게인 리덕션이 -13dB 정도가 되게 Threshold를 조정합니다.

실습에서는 -30dB 정도로 조정하고 있습니다.

Attack은 가장 빠르게 설정해 놓고, 조금씩 증가시키면서 Kick 드럼의 어택이 정확하게 들릴 수 있게 조정합니다. 실습에서는 10ms 정도로 조정하고 있습니다.

Release은 가장 느리게 설정해 놓고, 조금씩 감소시키면서 Kick 드럼의 서스테인이 모두 들리는 최소 값으로 조정합니다. 실습에서는 100ms 정도로 조정하고 있습니다.

Make-Up의 Auto 옵션은 해제합니다.

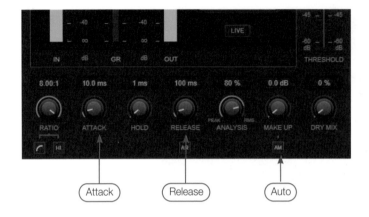

EQ와 Gate 작업으로 주음역이 크게 감소되었기 때문에 Kick 드럼 소리가 다소 빈약합니다. 이를 보충하기 위한 작업으로 Waves R-Compressor를 사용하겠습니다.

(큐베이스의 Bass Amp나 독자가 선호하는 모델을 사용해도 좋습니다.)

Freq를 50-60Hz로 설정하고, Intencity를 -5dB 정도로 조정합니다. 간단한 사용으로 50-60Hz 이하의 배음이 추가되어 사운드가 풍성해지는 것을 느낄 수 있습니다.

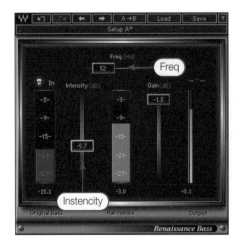

부드러운 사운드를 원한다면 빠른 어택과 높은 비율, 그리고 느린 릴리즈 타임으로 설정하고, 단 단한 사운드를 원한다면 느린 어택과 낮은 비율, 그리고 빠른 릴리즈 타임을 설정하는 것이 스네 어 컴프레싱의 기본입니다. 하지만, 힙합은 단단하지만, 부드러운 느낌이 들어야 하기 때문에 기본 법칙을 조합할 필요가 있습니다.

Ratio를 4로 놓고, 게인 리덕션이 8dB 정도가 되게 Threshold를 조정합니다.

실습에서는 -24dB 정도로 조정하고 있습니다. 비율은 평균이지만, 압축량은 많은 편입니다.

Attack은 가장 빠르게 설정해 놓고, 조금씩 증가시키면서 Kick 드럼의 어택이 정확하게 들릴 수 있 게 조정합니다. 실습에서는 1ms 정도로 빠르게 설정하고 있습니다.

Release은 가장 느리게 설정해 놓고, 조금씩 감소시키면서 Kick 드럼의 어택만 방해하지 않에 짧 게 조정합니다. 실습에서는 50ms 정도로 조정하고 있습니다. 전체적으로 어택만 다듬는 수준이 기 때문에 단단함은 유지하면서 부드러운 사운드를 만들고 있는 것입니다.

Make-Up의 Auto 옵션은 해제합니다.

Hi-Hat

힙합의 하이-햇은 808 사운드의 살짝 가벼운 톤을 주로 사용하기 때문에 과한 압축으로 단단하게 만드는 것이 일반적입니다. 실습에서도 808 음원의 Addictive Drums-Reel Machines 라이브러리를 사용하고 있으므로, 압축은 많이 하겠지만, 선명함을 잃지 않도록 어택을 조정하는 것이 포인트입니다.

Ratio를 4로 설정하고, 게인 리덕션이 15dB 정도가 될 수 있게 Threshol를 조정합니다.

실습에서는 -48dB 정도로 설정하고 있습니다. 과한 압축으로 무너진 어택은 5ms 정도로 열어주고, 릴리즈 타임은 50ms 정도로 짧게 설정합니다.

Crash

힙합 뮤지션들이 20년 전의 808 사운드를 아직도 선호하는 이유는 부드러운 Kick 사운드로 명확한 가사 전달이 가능하면서도 단단한 파워를 낼 수 있기 때문으로 짐작합니다. 특히, 넓게 퍼지는 Crash 사운드도 그 이유 중 하나일 것입니다.

Ratio를 4로 설정하고 GR이 -10dB 정도가 될 수 있게 Threshol를 조정합니다.

실습에서는 -21dB 정도로 조정하고 있습니다. Attack은 0.5ms로 짧게 설정하고, Release는 100ms 정도로 서스테인이 유질 수 있게 조정합니다.

힙합에서의 베이스는 강한 압축으로 곡이 연주되는 동안 일정한 라인을 만들어갈 수 있게 만드는 것이 일반적입니다. 컴프레서를 8:1로 걸어도 좋겠지만, 실습에서는 좀 더 많은 압축을 위해 리미터를 사용하겠습니다. 모델은 Waves L1 입니다. (독자가 선호하는 모델을 사용해도 좋습니다.) Atten이 -6dB 정도가 되게 Threshold를 -10dB 정도로 조정합니다. Out Celling은 -26dB로 Kick 드럼과 비슷한 출력 레벨이 될 수 있게 합니다. Release 타임은 54ms 정도로 짧게 조정합니다.

Kick 드럼과 Bass 트랙을 그룹으로 만들고, 리미터를 인서트 합니다. Threshold를 -12dB 정도로 하고, Out Celing을 -10dB 정도로 하여 두 트랙의 합이 -10dB을 넘지 않게 유지합니다. Release 타임은 50ms 정도로 조정합니다.

Synth

신디 라인은 보컬처럼 취급하지만, 보컬을 방해해서는 안 되기 때문에 어택을 압축하는 것이 일반적입니다. 그러나 압축을 많이 할 필요는 없습니다.

Ratio를 3:1로 설정하고, GR 미터가 4dB 정도가 되게 Threshold를 -27dB 정도로 조정합니다.

그리고 Attack은 가장 빠른 0.1ms로 설정하고, Release 타임을 비트에 맞추어 100ms 정도로 조정합니다.

Vocal

랩은 크게 압축할 필요는 없지만, 전체적으로 고른 레벨을 유지해야 하기 때문에 빠른 어택의 컴프레싱 작업은 필요합니다.

Ratio를 4로 설정하고 GR 미터가 5dB 정도가 되게 Threshold를 조정합니다.

실습에서는 -16dB 정도로 조정하고 있습니다.

어택은 기본 값 1ms로 두고, 릴리즈 타임은 비트 길이인 200ms 정도로 조정합니다. Make-Up의 Auto 옵션을 Off 합니다.

EQ와 컴프레서로 다듬은 랩은 살짝 밋밋할 수가 있기 때문에 컴프레서 다음에 EQ를 추가하여 어택과 밝기를 다시 한 보정하는 것이 일반적입니다.
포인트 보정에 적합한 Waves PuigTec EQP1A과 MEQ5를 이용하겠습니다.
Waves PuigTec EQP1A에서 High Frequencyfmf 10KHz로 설정하고, 2dB 정도 Boost 합니다 그리고 Waves PuigTec MEQ5에서 2KHz 대역을 2dB 정도 증가시킵니다. 랩을 솔로로 모니터할 때는 큰 차이가 없지만, 전체적으로 모니터를 하면, 반주에 묻히지 않는다는 것을 느낄 수 있습니다.

10KHz

2KHz

Rock 다이내믹 프로세싱

록은 다른 장르보다 트랙 수가 적기 때문에 녹음만 잘되면 큰 어려움이 없다고 생각합니다. 하지만, 보컬과 기타가 같은 음역대에서 연주되고 있기 때문에 컴프레싱을 잘해야 시끄럽지 않은 사운드를 만들 수 있습니다.

Kick

록에서의 Kick 드럼 컴프레싱은 게인 리덕션이 3-4dB 범위로 일정하게 걸리게 하여 사운드를 단단하게 만드는 것을 주요 포인트입니다. 다만, 어택을 느리게 설정하고, 게이트를 빠르게 설정하여 비터가 명료하게 들리도록 할 것인지, 어택을 빠르게 설정하고, 게이트를 느리게 설정하여 무게감을 유지할 것인지는 개인 취향에 따라 판이하게 달라집니다.

실습은 어택과 릴리즈 타임을 모두 빠르게 설정하여 비트를 강조하도록 하겠습니다.

각각의 방법을 모두 테스트해보고, 자신의 취향을 찾아가기 바랍니다.

장치는 Urei 1176을 모델링한 Waves CLA-76을 이용하겠습니다. (독자가 선호하는 모델을 이용해도 좋습니다)

Urei 계열의 컴프레싱은 어택과 릴리즈 타임이 반대로 동작합니다. 즉, 숫자가 클 수록 빠른 것이므로, 착오 없길 바랍니다.

일단 Attack과 Release 타임을 가장 빠른 7로 설정하고, Attack 노브를 천천히 왼쪽으로 돌리면서 레벨 미터의 바늘이 살짝 늦게 반응하는 타임을 찾습니다.

실습에서는 5 정도로 설정하고 있습니다. 그리고 레벨 미터의 바늘이 -5dB 정도를 유지할 수 있도록 Input을 조정합니다. 실습에서는 -22dB 정도로 조정하고 있습니다.

Rock의 스네어 역시 빠른 어택과 느린 릴리즈 타임으로 사운드를 부드럽게 만들 것인지, 느린 어택과 빠른 릴리즈 타임으로 단단하게 만들 것인지를 결정을 하고 컨트롤을 시작합니다.

실습에서는 단단한 쪽을 선택하겠습니다.

큐베이스 컴프레서를 인서트하고, Ratio를 5로 설정합니다. 그리고 GR 레벨 미터를 확인하면서 압축 비율이 10dB 정도를 유지할 수 있게 Threshold를 조정합니다.

실습에서는 -25dB 정도로 조정하고 있습니다.

Release 타임은 비트 100ms 정도로 설정하고, Attack 타임을 최소로 놓고, 타격음이 들릴 때까지 조금씩 증가시킵니다. 실습에서는 21ms 정도로 설정하고 있습니다.

Kick과 Snare를 그룹 트랙으로 만들고, 리미터를 인서트 합니다. 그리고 Atten이 9dB 정도가 될 수 있기 Threshold를 조정합니다.

실습에서는 11dB 정도로 조정하고 있습니다. Release 타임을 1.7 정도로 조정합니다.

Hi-Hat

Rock은 리얼 녹음에서 하이-햇과 크래쉬 심벌을 별도로 컨트롤하지 않는 경우가 많습니다.
실습은 미디로 작업한 것이므로, EQ로 저음을 차단하고, 타격음을 살짝 압축하는 정도로 진행합니다. Ratio를 5:1 정도로 설정하고, Threshold를 -30dB 정도로 설정합니다. 그리고 Release 타임을 가장 빠른 10ms로 설정하고, Attack 타임을 조금씩 증가시키면서 GR 레벨이 살짝 느리게 반응하는 타임을 찾습니다. 실습에서는 23ms 정도로 설정하고 있습니다.

Crash

크래쉬 심벌을 Ratio를 5로 설정하고, Threshold를 27dB 정도로 조정하여 압축을 많이 합니다.
그리고 어택은 16ms 정도로 조금 빠르게 하고, Release 타임을 90ms 정도로 길게 울리는 사운드를 만듭니다.

리얼 녹음에서 존재하는 오버헤드 트랙은 심벌의 명료도와 스테레오 공간감을 얻기 위해서 사용합니다. 실제로 스튜디오가 큰 경우에는 오버헤드 외에 엠비언스를 위한 마이크를 추가 설치하여 두 개의 오버헤드 트랙을 만드는 경우도 많지만, 실습에서는 미디로 작업한 사운드를 그룹으로 묶어 오버헤드를 시뮬레이션 하는 것뿐이므로, 압축을 크게 하여 공간감을 연출하는 정도로만 사용합니다. 참고로 실제 리얼 녹음에서는 오버헤드 트랙이 주가 되는 경우도 많습니다.

Sytle에서 Punch를 선택합니다. 스타일은 어택과 릴리즈 타임의 반응 속도를 조정하여 다른 제품을 사용하고 있는 듯한 결과를 만듭니다. 그러므로 스타일을 제공하지 않는 모델을 사용하고 있다면, 이 부분은 무시해도 좋습니다.

Ratio를 5:1로 설정하고, Threshold를 10dB 이상 압축될 수 있도록 조정합니다.
실습에서는 28dB 정도로 조정하고 있습니다.
Attack과 Release 타임을 가장 빠르게 설정하고, 심벌이 명확하게 들릴 때까지 Attack 타임을 조금씩 늘립니다. 실습에서는 20ms 정도로 조정하고 있습니다.
Side Chain 패널을 열고, Auto 포인트를 Off 합니다. 그리고 Tilt Shelf 타입으로 5KHz 대역을 -5dB 정도 감소시킵니다.

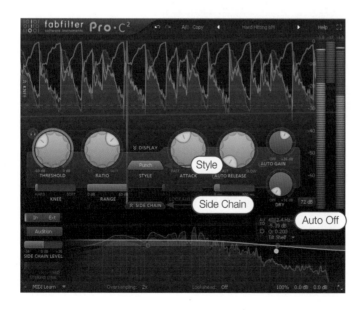

베이스 연주의 밸런스는 EQ를 이용해서 보정하는 것이 일반적이지만, Rock 실습에서는 하이퍼 컴프레션 기법을 이용하기로 했습니다.

〈Chapter 12. 남들 추천 다이내믹 장치〉편에서 소개하고 있는 모델 중에서 하이퍼 컴프레션 기능을 지원하는 것은 FXpansion사의 DCAM Dynamics, Waves사의 H-Comp Hybrid Compressor, Fabfilter사의 Pro-C2 뿐이지만, 독자가 선호하는 모델을 2-3중으로 연결해서 사용해도 좋습니다.

실습에서는 Fabfilter Pro C2를 사용하겠습니다.

Ratio를 50:1로 설정하고, Release 타임을 가장 **빠른** 10ms로 설정합니다.

Attack 타임을 가장 짧게 줄였다가 천천히 증가시키면서 피킹 연주가 들리는 타임을 찾습니다.

실습에서는 20ms 정도로 조정하고 있습니다. 그리고 게인 리덕션이 -15dB 정도가 되게 Threshold를 조정합니다. 실습에서는 -36dB 정도로 조정하고 있습니다.

하이퍼 컴프레션으로 감소 레벨은 트랙 볼륨을 올려 보충해도 좋지만, 레벨을 증가시키면서 혹시라도 발생할 수 있는 피크 잡음까지 잡을 수 있는 리미터를 이용하겠습니다.

컴프레서의 Auto Gain을 Off하고, Waves의 L2를 인서트합니다.

Out Celling을 -13dB 정도로 설정하고, Atten이 -20dB 이상이 될 수 있게 Threshold를 조정합니다. 실습에서는 -30dB 정도로 조정하고 있습니다.

Release 타임을 자동으로 조정되는 ARC 모드입니다.

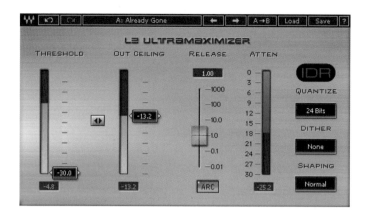

B. Guitar

록 배킹 기타는 EQ 보정만으로 끝내는 경우가 많습니다. 특히, 리얼 연주라면 녹음을 할 때 컴프
레서를 걸기 때문에 믹싱 과정에서는 생략하는 경우가 많습니다.

실습은 미디로 작업한 것이므로, 리얼 사운드와 같은 명료도를 시뮬레이션하기 위해서 밸런스를
다듬는 정도로 트레숄드를 높게 설정하고, 압축 비율은 5:1 정도가 되게 진행하겠습니다.

Ratio를 5:1로 설정하고, 게인 리덕션이 -5dB 정도가 되게 Threshold를 조정합니다.

실습에서는 -32dB 정도로 조정하고 있습니다.

Release 타임은 가장 빠른 10ms로 놓고, Attack 타임을 가장 짧게 설정한 상태에서 기타의 피킹
사운드가 모니터 되도록 천천히 올립니다. 실습에서는 20ms 정도로 조정하고 있습니다.

록의 솔로 기타 연주는 배킹 연주와 마찬가지로 전체적으로 레벨을 다듬는 용도로 사용합니다. 단, 보컬과 같은 성격으로 취급하기 때문에 어택을 충분히 살리고, 릴리즈 타임을 짧게 설정하여 피크만 정리하는 느낌으로 설정합니다.

Ratio를 4:1로 설정하고, 게인 리덕션이 -8dB 정도가 되게 Threshold를 조정합니다. 실습에서는 -34dB 정도로 조정하고 있습니다. Release 타임은 가장 **빠른** 10ms로 놓고, Attack 타임을 가장 짧게 설정한 상태에서 기타의 어택을 유지할 수 있도록 천천히 올립니다. 실습에서는 21ms 정도로 조정하고 있습니다.

리얼 연주의 경우에는 녹음을 할 때 컴프레서를 사용하지 않는 것이 좋습니다. 배킹 연주는 녹음을 할 때 컴프레서를 사용해도 보컬 뒤로 배치하는 트랙이기 때문에 큰 지장이 없지만, 솔로 연주의 경우에는 녹음을 할 때는 컴프레서 사용하면, 믹싱을 할 때 보컬과의 조합이 어려울 수 있기 때문입니다.

만일, 녹음을 할 때 컴프레서가 걸린 사운드를 원하는 경우라면, 연주자의 페달 이펙터를 믹서의 센드로 걸어서 모니터할 수 있게 해주고, 실제 녹음은 컴프레서가 걸리지 않게 하는 것도 요령입니다. 멀티 오디오 인터페이스 사용자라면 스튜디오의 믹서가 없어도 큐베이스 및 로직에서 센드 설정이 가능합니다.

록 음악도 발라드에서 메탈까지 그 종류가 수도 없이 다양하기 때문에 한 곡의 실습으로 정의한 다는 것은 불가능합니다. 하지만, 통상적으로 트랙수가 적어 다이내믹 변화의 핵심 역할을 하는 것이 보컬뿐인 경우가 많기 때문에 레시오를 낮게 설정하고, 큰 레벨에서만 압축될 수 있게 트레 숄드를 설정하는 것이 일반적입니다.

실습 곡과 같이 프레이즈가 느린 경우에는 발라드 곡처럼 음색을 부드럽게 만들 수 있게 어택을 빠르게 설정하는 경우도 있지만, 거친 음색이 필요한 경우에는 조금 느리게 설정합니다.
릴리즈 타임은 가급적 비트보다 짧게 설정을 해야 리듬감을 형성할 수 있지만, 너무 짧으면 호흡 소리를 비롯한 불필요한 잡음이 커질 수 있고, 타임을 길게 하면 일정한 레벨로 보컬의 안정감을 얻을 수 있지만, 전체적으로 답답한 사운드가 될 수 있기 때문에 주의해야 합니다.

실습은 Ratio를 4:1로 설정하고, Threshold를 -25dB 정도로 설정하여 일정한 레벨이 될 수 있게 하고, 어택을 0.1ms로 빠르게 설정하여 리듬감이 생길 수 있게 합니다. 깊은 압축과 빠른 어택으 로 답답해질 수 있는 사운드는 Release 타임을 50ms로 짧게 설정하여 해결합니다.

컴프레싱 작업으로 고음역의 치찰음이 커지는 경우라면 디에서(DeEsser)를 이용해서 5-6KHz 대 역을 제거합니다.

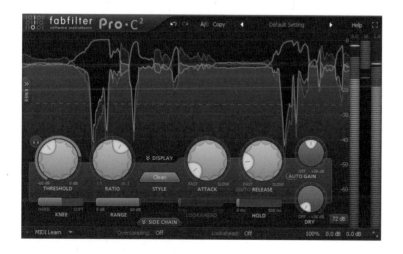

남들 추천 다이내믹 장치

수 많은 제품들 중에서 가장 많은 사용자 층을 확보하고 있는 다이내믹 장치를 살펴보겠습니다. 한 번쯤 자신이 작업하는 음악이나 소스에 어울리는지 테스트해보고, 적절히 사용할 수 있기를 바랍니다.

같은 조정 값으로 설정을 해도 제품마다 검출 방식이 다르기 때문에 결과물에 큰 차이를 만드는 것이 다이내믹 장치입니다. 물론, 어떤 제품을 사용하는 가는 사용자의 취향으로 결정되는 것이지만, 가급적 남들이 좋다고 하는 것들은 테스트를 해볼 필요가 있습니다. 특히, 여러 장르의 음악을 구사하는 뮤지션이라면, 같은 제품이라도 각 장르마다 테스트해 보길 바랍니다.

Waves

EQ와 마찬가지로 다이내믹 장치에서도 빼놓을 수 없는 회사가 Waves 입니다. 특히, Compressor, Gate, DeEsser, Limiter 등의 다이내믹 장치는 50가지 이상의 제품을 출시하고 있기 때문에 테스트를 해보는 것만으로도 오랜 시간이 필요합니다. 그 중에서 프로 엔지니어들이 가장 많이 추천하는 제품 몇 가지를 살펴보겠습니다.

① Renaissance Compressor

Waves 사의 르네상스(Renaissance) 계열 장치들은 음색을 따뜻하게 만든다는 평가를 얻고 있으며, 인터페이스가 간단하여 사용하기 쉽다는 장점이 있습니다.

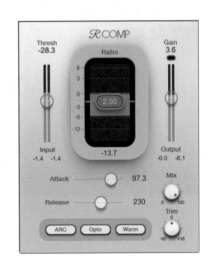

상단에 위치한 Mode, Behavior, Character 버튼의 역할은 다음과 같습니다.

● Mode : 릴리즈 타임이 자동(ARC)으로 조정되게 할 것인지, 수동(Manual)으로 조정할 것인지를 선택합니다.

● Behavior : 신호 검출을 평균 레벨(Electro)로 할 것인지, 피크 레벨(Opto)로 할 것인지를 선택합니다.

● Character : 압축으로 손실되는 저음을 보상(Warm)할 것인지, 아닌지(Smooth)를 선택합니다.

② Renaissance Bass

저음 보상 컴프레서입니다. Waves사의 르네상스(Renaissance) 다이내믹 장치는 마스터링에 최적화되어 있는 R-Compressor 외에 솔로 악기에 최적화되어 있는 제품들이 있습니다. 그 중 한 가지가 R-Bass 입니다.

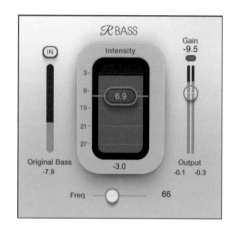

적용 주파수는 상단의 Freq에서 설정하고, 배음은 가운데 Intensity로 조정합니다.

● In/Out : 레벨 미터 상단의 버튼을 클릭하여 In/Out 전환하며, 출력 신호에 입력 신호를 포함할 것인지의 여부를 선택하는 것입니다. 이때 적용되는 주파수는 Freq에서 설정하는 주파수 이하입니다.

● Intesity : R-Bass는 Freq에서 설정한 저음역의 배음을 만들어 베이스를 보강하는 방식인데, 이때 생성되는 배음의 레벨을 조정합니다.

● Gain : 최종 출력 레벨을 조정합니다.

③ Renaissance Axx

기타 전용 컴프레서입니다. 압축되는 만큼 자동으로 게인이 증가되는 오토 게인 시스템입니다. 기타 외에 중 저음 악기에 모두 사용할 수 있습니다.

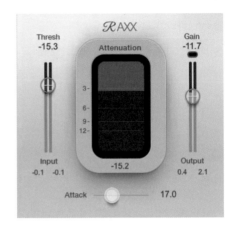

● Thresh : 압축 레벨에 따라 출력 게인이 자동으로 조정됩니다.
● Attack : 압축 시작 타임을 설정합니다.
● Gain : 최종 출력 레벨을 조정합니다.

④ Renaissance Vox

보컬 전용 컴프레서입니다. 압축된 만큼 게인을 자동으로 증가시켜주며, 잡음을 제거할 수 있는 Gate 기능이 추가되어 있습니다.

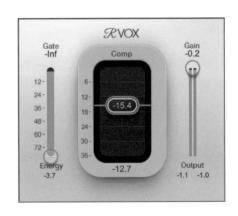

● Gate : 녹음 중 발생할 수 있는 보컬 잡음을 매우 부드럽게 제거합니다.
● Comp : 압축 레벨에 따라 출력 게인이 자동으로 조정되며, 피크 리미터 기능을 갖추고 있기 때문에 클립핑이 발생하지 않습니다.
● Gain : 최종 출력 레벨을 조정합니다.

⑤ Renaissance DeEsser

Renaissance 계열에서 제공하는 5가지 다이내믹 장치의 마지막은 'ㅊ' 발음에서 발생하기 쉬운 치찰음(Sibilant)을 효과적으로 제거할 수 있는 디에서(DeEsser) 입니다.

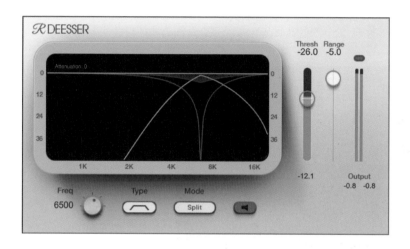

1. 치찰음이 발생하는 구역을 루프로 연주하고, Side Chain 버튼을 On으로 하여 제거되는 사운드만 모니터할 수 있도록 합니다. 치찰음이 여러 구역에서 발생하는 경우라면 가장 낮은 음역에서 찾습니다.

2. 보통은 기본 설정으로 모니터가 가능하지만, 필요하다면 Thresh를 재생 레벨보다 낮게 설정하고, Freq로 치찰음이 들리는 주파수를 찾습니다. 프리셋은 남성이 4KHz, 여성이 7KHz로 설정되어 있지만, 가수마다 천차만별이기 때문에 노래하는 음역대를 모두 찾아봐야 합니다.

3. 치찰음이 여러 구역에서 발생되고 있다면 Type은 기본값 그대로 High-Pass를 써야 하겠지만, 가능하면 해당 주파수 대역만 제거할 수 있는 Band-Pass를 선택합니다. 사실, 치찰음이 여러 구간에서 발생하고 있다면 녹음을 다시하는 것이 좋습니다.

4. Mode 역시 설정 주파수 이상만 압축하는 Split를 권장하지만, 필요하다면 전체 음역에 적용되는 Wideband를 선택할 수 있습니다.

5. Range에서 감소량을 설정합니다. 원음 손실을 최대한 방지하기 위한 최소값으로 조정하는 것이 포인트입니다.

6. Thresh를 치열음이 제거되는 최대 값으로 재조정하고, Audio 버튼을 선택하여 디에서 동작을 마무리합니다. 녹음 환경이 완벽하다는 가정하에 치찰음은 가수의 습관이기 때문에 자주 녹음하는 보컬이라면 프리셋으로 저장을 해 둡니다.

⑧ Api 2500

4밴드 타입의 다이내믹 프로세서로 마스터링 작업에 유용한 프리셋들을 제공합니다. 음향 밀도를 높이는 Multi Opto Mastering, 낮은 신호 레벨을 향상시키는 Upward Comp +3dB/+5dB, 저음역 밸런스를 조정하는 BassComp/De-Esser, 심하게 압축된 사운드를 복원하는 Uncompressor 등, 실제 작업에 그대로 사용할 수 있는 것들이 많으므로 꼭 테스트를 해보기 바랍니다.

● Knee : 압축 속도를 Hard, Med, Soft 중에서 선택합니다.

● Thrust : API 2500만의 독특한 기능으로 저음역과 고음역의 RMS 레벨 검출 강도를 선택할 수 있습니다. Norm 모드는 일반 컴프레서로 동작되게 하며, Med 모드는 저음역과 고음역의 검출 강도를 증가시켜 저음역에서 발생할 수 있는 펌핑 현상을 감소시키고, 고음역의 피크 잡음이 발생하지 않게 합니다. Loud 모드는 20Hz에서 15dB로 감소시키고, 20KHz에서 15dB 수준으로 증가시켜 Med 모드 보다 강한 저음역과 고음역 압축을 시도합니다.

● Type : 신호 경로를 선택합니다. New는 일반 컴프레서와 같이 압축 신호가 출력되고, Old는 출력 신호가 피드백 되어 압축을 하는 방식입니다.

● Shape : BP, LP, HP 필터를 적용합니다.

● L/R Link : 좌/우 채널의 결합 비율을 설정합니다.

● Analog : API 하드웨어 사운드를 시뮬레이션 합니다.

● In/Make-Up : 출력 레벨을 조정하는 Output 노브 아래쪽의 In은 Bypass 역할과 동일하며, Make-Up은 압축 레벨을 자동으로 증가시킬지의 여부를 선택합니다.

Compressor 섹션은 이미 익숙할 것이므로, 생략합니다.

Geist, BFD 등의 소프트 악기 제작 회사로 유명한 FXPansion사의 DCAM Dynamics는 믹싱 및 마스터링 작업별로 구분되어 있는 BusComp, ChanComp, EnvShaper, CrossComp의 4가지 제품이 패키지로 되어있는 다이내믹 장치입니다.

① DCAM BusComp
드럼 버스 채널 및 마스터링 작업에 최적화되어 있는 다이내믹 장치입니다. 총 4개의 섹션으로 구성되어 있습니다. Envelope와 Compressor 섹션 설명은 생략합니다.

▲ fxpansion.com

● Sidechain Section
HP Freq : 저음 차단을 위한 Hi-Pass Filter 입니다.
Listen : 프로세싱 주파수 음역을 모니터 할 수 있습니다.
External : 외부 (in3-4) 신호에 동작하는 사이드-체인 기능을 활성화합니다.

● Master Section
GR : 출력 레벨을 표시하는 레벨 미터를 압축 레벨 표시로 변경합니다.
Saturate : 피크 레벨이 발생하지 않도록 합니다.
Hi Def : Bus Comp는 기본적으로 2배 오버 샘플링으로 동작하는데, 이 버튼을 On으로 하면 4배로 처리합니다.
Bypass : 컴프 적용 전후의 사운드를 비교합니다.
Learn : 외부 미디 컨트롤러로 파라미터를 조정할 수 있게 합니다.

② DCAM ChanComp

개별 채널에 최적화되어 있는 다이내믹 장치입니다. 입력 레벨의 동작 범위를 조정하는 Bias 파라미터 외에는 BusComp와 동일한 섹션으로 구성되어 있습니다.

③ DCAM CrossComp

주파수를 나누어 적용할 수 있는 멀티 타입의 컴프레서입니다. 대부분 BusComp와 동일하며, 주파수를 나누는 크로스 오버(X-Over) 섹션이 추가되어 있습니다.

● Sidechain Section

HP Freq, In, Ext는 BusComp와 동일하며, 그 이상(High) 및 이하(Low)를 선택할 수 있는 버튼이
추가되어 있습니다.

● X-Over Section

기준 주파수를 설정하는 Frequency와 입력 신호(Pass-Thru) 및 프로세스(Process) 신호의 이하
(Low), 이상(High), 전부(Input)를 선택할 수 있는 버튼을 제공합니다.

● Level Section

Pass-Thru 및 Process 신호의 레벨을 조정합니다. 각각 위상을 바꾸는 Phase invert 버튼과 0dB
이 초과하지 않도록 하는 Saturate 버튼을 제공합니다.

● Listen Section

입력(In), 로우 밴드(Low), 하이 밴드(High), 압축 신호(Side), Pass-Thru 신호(Pass), Process 신호
(Proc), 출력 신호(Out)를 선택하여 모니터 할 수 있습니다.

④ DCAM EnvShaper

오디오 신호의 어택 및 서스테인 엔벨로프 라인을 변경할 수 있는 장치입니다.

● Sidechain Section

Input에서 입력 채널 비율을 조정할 수 있고, HP Freq에서 필터를 적용합니다.

● Dynamics Section

Attack : 오디오 피크 신호의 위상 강도를 조정합니다.

Signal Bias : 신호 제어 감도를 조정합니다.

Sustain : 피크 신호 이외의 위상 강도를 조정합니다.

EQ로 유명한 Fabfilter사의 컴프레서로 리니어 페이즈 오버 샘플링 지원으로 높은 해상도의 고품질 사운드를 제공합니다. 화면은 압축 레벨을 실시간으로 표시하는 Display, 압축 비율과 임계값을 표시하는 Knee, 내부 사이드 체인 컨트롤러의 Side chain 창을 제공하며, 각각 필요에 따라 열거나 닫을 수 있습니다.

▲ fabfilter.com

● Controls

Threshold, Ratio, Attack, Release 등의 컨트롤은 익숙할 것이므로 생략하고, Style, Audition, M/S 노브 등, Fabfilter Pro-C2에서 제공하는 기능만 정리합니다.

다음은 Display, Knee, Side chain 창을 모두 닫은 모습입니다.

Style : 8가지의 압축 스타일을 선택할 수 있습니다.

Clean - 낮은 왜곡률을 보이는 기본 스타일.

Classic - 전통적인 아날로그 사운드를 제공하는 스타일.

Opto - 부드러운 압축률을 제공하는 스타일

Vocal - 압축 곡선이 자동으로 보정되어 보컬에 적합한 스타일

Mastering - 빠른 반응 속도로 마스터링에 적합한 스타일

Bus - 드럼과 같은 그룹 믹싱에 적합한 스타일

Punch - 대부분의 악기에 적용할 수 있는 스타일

Pumping - EDM과 같이 과한 압축이 필요한 음악에 적합한 스타일

Audition : 압축되는 사운드를 모니터할 수 있습니다.

Range : 게인 리덕션의 최대 레벨을 제한할 수 있습니다.

Lookahead : 소스를 미리 읽어 들여 정확한 피크 레벨을 검출할 수 있는 기능이며, 얼만큼 읽
어드릴 것인지를 조정하는 파라미터 입니다. 기본 값은 Off로 되어 있으며, 하단 도구 바에서
Lookahead On을 선택하여 사용할 수 있습니다.

Wet Gain : 출력 레벨을 조정하는 Wet Gain은 Auto 기능을 제공하며, 테두리를 돌려서 중앙
(Mid)과 사이드(Side) 채널의 비율을 조정할 수 있습니다.

Dry Gain : 입력 레벨을 조정하는 Dry Gain 테두리를 돌려서 중앙(Mid)과 사이드(Side) 채널의
비율을 조정할 수 있습니다.

● Side chain

사이드-체인 EQ 기능은 패널을 열었을 때 동작합니다. 모드는 해당 트랙 신호에 반응하는 In과
다른 트랙 신호에 반응하는 Ext를 모두 지원합니다. Ext는 툴 바의 Activate Side-Chain 버튼을
On으로 하고, 적용 트랙 아웃을 Side chain으로 선택하여 사용하는 방식인데, PART3. 사이드-체
인에서 실습을 해보았으므로, 생략합니다.

Audition : 필터링되는 소리를 모니터 할 수 있습니다.

Level : In 또는 Ext 모드의 입력 신호 레벨을 조정합니다.

Linking : 스테레오 비율을 조정합니다. 아래쪽 메뉴를 클릭하면 중앙 채널에 적용하는 Mid, 사이드 패널에 적용하는 Side, 중앙에 입력 신호만 사이드에 압축 신호를 적용하는 M)S, 반대의 S)M을 선택할 수 있습니다.

EQ controller : 3개의 밴드는 모두 On/Off 버튼을 가지고 있으며, Mid는 기본적으로 자동 모드이며, EQ 타입을 선택할 수 있는 메뉴를 제공합니다. Low와 High는 쉘빙 타입으로 동작하며, Slope 값을 선택할 수 있는 메뉴를 제공합니다.

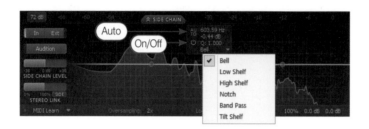

● State bar

상태 바에 있는 MIDI Learn, Oversampling, Lookahead, In/out 파라미터의 역할은 다음과 같습니다.

MIDI Learn : 외부 미디 컨트롤러를 이용해서 컨트롤러를 조정할 수 있게 합니다.

1. 미디 트랙 아웃에서 FabFilter Pro C2를 선택합니다.

2. 상태 바의 MIDI Learn을 클릭하여 On으로 합니다.

3. 원하는 파라미터를 선택하고, 미디 컨트롤러를 움직이면 연결됩니다.

메뉴는 설정 값을 저장할 수 있는 Save, 삭제할 수 있는 Clear, 저장 값으로 복구하는 Revert를 제공합니다.

Oversampling : 게인 처리 속도를 선택합니다. 시스템에 따라 속도를 2배 또는 4배로 높여서 사운드 왜곡을 최소화할 수 있습니다.

Lookahead : 어택 아래쪽의 Lookahead 기능을 On/Off 합니다.

In/out : 입/출력 레벨과 팬을 조정할 수 있는 컨트롤러가 열립니다. 전체 Bypass 버튼과 비율을 조정할 수 있는 Mix 슬라이더도 제공합니다.

아날로그 사운드의 배음을 재현하는 세츄레이션 장치로 인서트 하는 것만으로도 사운드를 두껍게 만들 수 있습니다. 솔로 채널 및 드럼 버스 채널의 믹싱 작업에서 많이 사용하지만, 저음역과 고음역 크로스 오버 설정이 가능한 멀티 타입으로 마스터링 작업에서도 많이 사용합니다.

▲ pspaudioware.com

● Displays

VU Meters : -20dB에서 +3dB의 범위의 표준 아날로그 VU 미터이며, 마우스 클릭으로 -40dB에서 +6dB로 전환할 수 있습니다. 반응 속도 역시 기본적으로 300ms이지만, 후면 패널에서 변경 가능합니다.

Pre/GR/Post : 레벨 미터 표시 방법을 입력(Pre), 게인 리덕션(GR), 출력(Post) 사운드를 중에서 선택할 수 있습니다.

VU/PPM : VU는 Volume Unite의 약자로 평균 레벨을 모니터할 때 유용하고, PPM은 Peak Program Meter의 약자로 피크 레벨을 모니터할 때 유용합니다.

● Knobs

Drive : 입력 레벨을 조정합니다.

Knee : 압축 강도를 조정합니다.

Speed : 어택과 릴리드 타임을 설정합니다.

Release : 릴리즈 타임의 배수를 조정합니다.

Ceiling : 피크 제한 레벨을 조정합니다.

Mix : 입력 신호와 압축 신호의 비율을 조정합니다.

Output : 출력 레벨을 조정합니다.

High Freq/Adjust : 고음역 필터 주파수 설정 및 레벨을 조정합니다.

Low Freq/Adjust : 저음역 필터 주파수 설정 및 레벨을 조정합니다.

● Switches

On/Off : VU 측정 신호를 제외할 것인지를 선택합니다.

Single/Multi Band : 전체 주파수에 걸쳐 출력을 제한 하는 Single Band와 저음역 및 고음역을 나누어 제한하는 Multi Band 중에서 선택합니다.

Mono/Stereo : 모노 및 스테레오 채널 처리 방법을 선택합니다. 인서트 트랙 채널과 동일하게 선택하는 것이 좋습니다.

Link off/on : 스테레오 채널에서 양쪽을 동일하게 적용하게 합니다.

● Rear Panel

PSP Vintage Warmer 2 타이틀을 클릭하면 후면 패널을 열 수 있습니다.

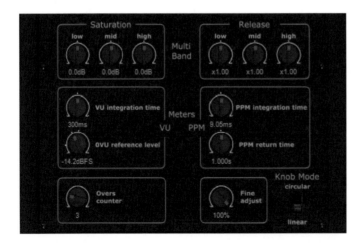

Saturation : Low, Mid, High 음역의 세츄레이션 레벨을 설정합니다.

Release : Low, Mid, High 음역의 릴리즈 타임 배수를 설정합니다.

VU Integration Time : VU 레벨 미터의 반응 타임을 설정합니다.

0VU Reference Level : 0dB 기준 레벨을 설정합니다.

PPM integration time : PPM 레벨 미터의 반응 타임을 설정합니다.

PPM return time : PPM 레벨 미터의 반환 타임을 설정합니다.

Overls counter : 피크 경고 표시의 샘플 수를 선택합니다.

Fine adjust : Drive, Low Adjust, High Adjust의 작동 범위를 미세하게 조정합니다. Ceiling과 Output에 영향을 줍니다.

Knob Mode : 노트의 컨트롤 방향을 선택합니다.

● Presets

전문가들이 설정해 놓은 29가지 기본 프리셋을 제공합니다. 다이내믹 프로세싱 작업을 할 때 소스에 적합한 프리셋으로 시작하는 것이 가장 효율적인 방법입니다. 특히 PSP Vintage Warmer 2는 실용성이 높다는 평가를 받고 있습니다.

사용자 설정은 Bank 및 Preset의 빨간색 버튼을 클릭하여 저장할 수 있고, 파란색 버튼을 클릭하여 불러올 수 있습니다. A/B 설정 역시 빨간색으로 저장하고, 파란색으로 로딩합니다.

하드웨어 전문 업체인 Elysia 사의 엔진이 그대로 탑재되어 외형은 물론 사운드까지 완벽하게 재현하고 있는 컴프레서로 프로 엔지니어들이 즐겨 찾는 제품입니다.

▲ elysia.com

FLOOR : 아날로그 노이즈를 시뮬레이션 합니다.

LINK : 좌/우 채널을 연결합니다.

ACTIVE : 바이패스 기능입니다.

Threshold : 압축 임계 값을 설정합니다. SC Extern 버튼은 외부 사이드 채널 신호에 동작되게 합니다.

Attack : 어택 타임을 설정합니다. Auto Fast 버튼은 자동으로 빠르게 조정되게 합니다. 많은 압축이 필요한 음악에 적합합니다.

Release : 릴리즈 타임을 설정합니다. Anti Log 버튼은 릴리즈 곡선을 부드럽게 처리하여 잡음 발생률을 최소화합니다.

Ratio : 압축 비율을 설정합니다.

EQ Gain : Niveau Filter 레벨을 조정합니다. On 버튼으로 기능을 활성화합니다.

EQ Freq : Niveau Filter 주파수(26 Hz to 2.2kHz)를 설정합니다. x10 버튼은 주파수를 10배수(260 Hz to 22kHz)로 설정할 수 있게 합니다.

GR Limit : 피크 레벨 제한 값을 설정합니다. On 버튼으로 기능을 활성화합니다.

Gain : 출력 레벨을 설정합니다.

녹음 스튜디오의 필수 장비로 여겨지고 있는 전설의 Tube-Tech CL 1B 컴프레서를 시뮬레이션하고 있는 플러그인입니다. 사실 별다른 소개가 필요 없을 정도로 유명하고, 하드웨어 사운드를 그대로 재현하는 놀라운 성능을 갖추고 있기 때문에 프로 엔지니어들이 가장 먼저 추천하는 컴프레서입니다. 굳이 단점을 꼽자면 비싼 가격과 높은 시스템을 필요로 한다는 점입니다.

▲ softube.com

Gain : 입력 레벨을 제어하며, 압축된 만큼 증가되는 방식입니다.

Ratio : 압축 비율을 설정합니다.

Threshold : 컴프레서의 작동 레벨을 설정합니다.

Meter Select : 레벨 미터 표시를 Input, Compression, Output 중에서 선택합니다.

Attack : 어택 타임을 조정합니다.

Release : 릴리즈 타임을 조정합니다.

Attack/Release Select : 어택과 릴리즈 타임의 반응 방법을 선택합니다. FIXED는 어택을 1ms, 릴리즈를 50ms로 고정하고, MANUAL은 원하는 타임을 직접 조정합니다. 그리고 FIX./MAN은 어택은 고정하고, 릴리즈는 원하는 값으로 조정합니다.

Sidechain Bus Select : 컴프레서의 동작 제어를 내부 신호의 INTERNAL과 외부 신호의 EXTERNAL 중에서 선택합니다.

PART 03
타임 베이스

리버브

Chapter

01

집에서든 스튜디오에서든 녹음을 한 사운드는 드라이할 수밖에 없기 때문에 타임 계열의 이펙트를 이용하여 공간감을 만들어야 자연스럽습니다. 그 중에서 가장 대표적인 장치가 리버브입니다.

잔향

실내에서 라이브 연주를 듣게 되면, 청취자는 직접음 외에도 벽이나 천정에서 반사되는 간접음도 함께 듣게 됩니다. 간접음은 공간의 크기나 구조, 벽의 재질, 실내 온도 등, 공간의 특성에 따라 달라지며 청취도를 결정하는 중요한 요소가 됩니다.

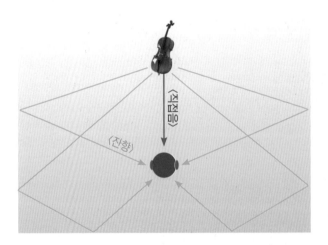

공연장은 가장 듣기 좋은 간접음이 발생할 수 있게 상상을 초월하는 비용으로 설계를 하지만, 녹음을 할 때는 깨끗한 사운드를 얻기 위해서 흡음판을 대고 마이크를 가까이 위치시키는 등, 간접음을 최대한 차단합니다.

결국, 녹음된 사운드는 공간감이 없는 드라이한 사운드가 되기 때문에 믹싱 과정에서 이를 보완하여 자연스러운 사운드가 될 수 있게 해야 합니다.

간접음은 반사되는 소리라는 의미의 반사음 또는 공간의 울림이라는 의미의 잔향이라는 용어로 더 많이 사용하며, 잔향을 인위적으로 만들어내는 장치를 리버브레이터(Reverbrator), 줄여서 리버브(Reverb)라고 합니다.

리버브 장치도 모델마다 파라미터의 구성이 다릅니다. 심지어는 용어가 다른 경우도 있습니다. 하지만, 잔향을 컨트롤하는 주요 파라미터의 역할은 모두 동일하므로, 이에 대한 지식을 갖추면 장치 구분없이 쉽게 다룰 수 있게 될 것입니다.

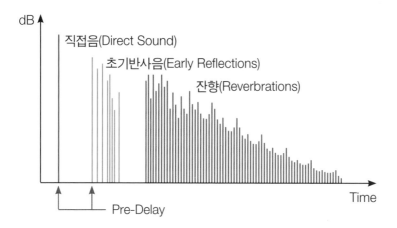

● Early Reflections

대부분의 장치는 초기 반사음(Early Reflections)과 잔향(Reverbrations) 컨트롤 섹션을 구분해서 제공합니다.

한 공간에서 발생하는 잔향의 수와 간격은 인간의 귀로는 구분할 수 없습니다. 그 만큼 많은 수의 잔향이 발생한다는 얘기입니다. 이를 자연스럽게 재현하기 위해서는 각각의 잔향을 세부적으로 컨트롤할 수 있어야 하지만, 너무 세분화되어 있다면 오히려 혼란스러울 것입니다. 보통은 초기 반사음(Early Reflections)과 잔향(Reverbrations)의 두 섹션으로 구분합니다.

초기 반사음(Early Reflections)은 용어 그대로 처음 발생되는 잔향을 말합니다. 잔향의 시작이라고 이해해도 좋으며, 이 시작 타임을 조정하는 것이 Pre Delay 입니다.
프리 딜레이(Pre Delay)가 30ms 이하면 직접음을 증가시키고, 50ms 이상이면 직접음과 잔향음이 분리되어 큰 공간을 연출합니다. 보통 사운드의 어택에 맞추어 자연스러운 잔향을 만들지만, 악기 구성과 음악 장르에 따라 달라져야 합니다.

● Reverbrations

잔향(Reverbrations)은 초기 반사음 이후 레벨이 -60dB로 작아지는 데까지 걸리는 시간을 말합니다. 보통은 Reverb Time이나 Size 파라미터로 컨트롤하지만, Tail 섹션으로 초기 반사음(Early Reflections)과 분리되는 모델도 많습니다.

잔향 타임은 템포에 맞추는 것이 가장 안전하며, 프로 엔지니어들의 경우에는 한 박자 반 길이로 설정하는 것이 일반적입니다. 물론, 악기 소스와 음악 장르에 따라 달라지기 때문에 초급자는 장치에서 제공하는 프리셋을 선택하고, Pre Delay를 악기 소스에 따라 조정한 다음에 Reverbration Time을 템포에 맞추어는 정도만 컨트롤하는 것이 현명합니다.

● Type

리버브는 공간을 시뮬레이션 하는 장치입니다. 그래서 초기 반사음과 잔향 등의 파라미터를 컨트롤하기 전에 어떤 공간을 시뮬레이션 할 것인지를 결정하는 타입 선택이 무엇보다 중요합니다. Hall, Room과 같은 공간을 시뮬레이션 하거나 Chamber, Plate 와 같은 아날로그 장치를 시뮬레이션 하는 것들이 있으며, 프리셋 또는 타입 메뉴로 제공합니다.

Room : 잔향 타임 두 박자 이하로 드럼과 같은 타악기에서 많이 사용합니다.

Plate : 프리 딜레이 0ms, 잔향 타임 한 박자 이하의 Short Mode로 스네어 드럼에서 사용합니다. 프리 딜레이 30-40ms, 잔향 타임 한 박자 반에서 두 박자의 Long Mode로 보컬에서도 많이 사용합니다. 단, 잔향이 길면 저음이 탁해질 수 있기 때문에 하이 패스로 60-80Hz를 줄이는 것이 일반적입니다.

Hall : 잔향 타임 두 세 박자, Size 10, 밀도 100%로 서스테인이 긴 현악기나 피아노 악기에서 많이 사용합니다. 역시 하이 패스로 60-80Hz를 줄입니다.

Gate : 넌 리니어(Non-linear) 방식으로 디케이가 빠르게 감소하는 특성을 가지고 있습니다. 프리 딜레이 15ms, 잔향 타임 16비트, 밀도 0%의 Short Mode로 강한 어택이 필요한 타악기에서 많이 사용합니다. 로우 패스로 4KHz 이상을 차단하면 보다 자연스러운 음색을 얻을 수 있습니다.

● Density

잔향에 공급할 직접음과 초기 반사음 사이의 밸런스를 조정합니다. 대부분의 장치는 50%를 기준으로 값이 낮아지면 직접음이 공급되어 확산감이 적어지고, 값이 높으면 초기 반사음이 공급되어 확산감이 커집니다.

일반적으로 Hall 타입은 밀도가 낮고, Plate 타입은 높은 편입니다.

밀도가 높으면 부드럽고 따뜻한 음색을 만들기 때문에 보컬에서 많이 사용하고, 밀도가 낮으면 어택이 강조되기 때문에 록 계열의 스네어에서 많이 사용하는 편입니다.

● EQ

자연적인 잔향은 고음역이 짧은 것이 특징인데, 대부분의 장치는 이것을 시뮬레이션 할 수 EQ를 제공합니다. 프로 엔지니어들은 EQ를 추가해서 사용하는 것을 선호하지만, 장치에서 제공하는 EQ가 보다 자연스러운 사운드를 만들 수 있기 때문에 무작정 외면할 필요는 없습니다.

일반적인 EQ 포인트는 다음과 같습니다.

1. 고음역을 줄이는 것이 가장 자연스럽지만, 드럼과 같은 리듬 악기에서는 하이패스 필터로 저음역을 줄이는 것이 좋습니다.

2. 잔향 타임을 길게 설정한 경우에는 저음역을 줄이는 것이 좋지만, 트랙 수가 적은 음악에서는 저음역을 증가시켜 공간감을 확보하기도 합니다.

3. 모노 악기에서 스테레오 잔향을 사용할 때 한쪽은 저음을 줄이고, 반대쪽은 고음을 줄여 스테레오 공간감을 확장합니다.

● Send

간혹, 하나의 공간을 연출한다는 이유로 하나의 리버브 장치만 고집하는 경우가 있습니다. 물론, 이펙트의 사용을 자제하는 것은 사운드를 선명하게 만들기 때문에 권장할 만한 습관입니다. 하지만, 악기의 특성이나 음악 장르마다 다르기 때문에 하나의 장치로 공간감을 표현한다는 것은 무리가 있습니다.

보통 메인 보컬, 어택이 빠른 드럼 악기, 어택이 느린 현악기, 백그라운드 악기 등으로 3-4개 이상의 장치를 사용하여 공간감을 연출합니다. 물론, 같은 그룹의 악기는 하나의 장치로 적용되기 때문에 타임 계열의 장치는 센드 방식으로 사용하는 것이 일반적입니다. 이때 장치의 Dry를 0%로 설정하고, Wet를 100%로 설정해야 의도치 않게 직접음이 증가되는 현상을 피할 수 있습니다.

Chapter 02

큐베이스 리버브

큐베이스는 REVelation, REVerence, RoomWorks, RoomWorksSE의 4가지를 제
공하지만, SE는 저사양 시스템을 위한 RoomWokrs의 축소판이므로, 이를 생략한
3가지 장치만 살펴보겠습니다.

REVelation

버전 8에서 부터 추가된 REVelation은 Hall, Chamber, Studio의 3가지 타입을 제공하고 있으며,
초기 반사음과 잔향을 구분해서 조정할 수 있는 고급형 리버브입니다.

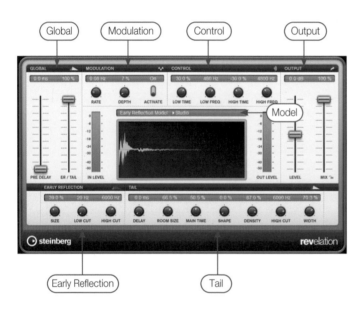

● Global

초기 반사음(Early Reflection)의 타임을 조정하는 Pre Dely와 잔향과의 비율을 조정하는 ER/Tail
슬라이드가 있습니다.

Pre Delay - 초기 반사음(Early Reflection)의 발생 타임을 조정합니다.

ER/Tail - 초기 반사음과 잔향의 비율을 조정합니다. 50%를 기준으로 값이 높을수록 Tail 양이 증
가하고, 낮을수록 Early Refelction 양이 증가합니다.

● Early Refelection

초기 반사음의 패턴을 결정할 수 있는 Size, Low Cut, High Cut 노브를 제공합니다.

Size - 초기 반사음의 길이를 설정합니다. 타입은 디스플레이 창 위쪽의 Early Reflection Model 메뉴에서 선택합니다.

Low/High Cut : 초기 반사음의 차단 주파수를 설정합니다.

● Tail

Delay, Room Size 등, 잔향의 패턴을 결정할 수 있는 7가지 노브를 제공합니다.

Delay - 잔향의 시작 타임을 조정합니다.

Room Size - 공간의 크기를 조정합니다.

Main Time - 잔향의 길이를 조정합니다.

Shape - 잔향의 어택 타임을 조정합니다.

Density - 잔향의 밀도를 조정합니다.

High Cut - 잔향의 고음역 차단 주파수를 설정합니다.

Width - 잔향의 채널을 설정합니다. 0%는 모노 입니다.

● Modulation

잔향의 피치를 변조하여 풍성함을 연출할 수 있는 노브로 구성되어 있습니다.

Activate - modulation의 작동 여부를 On/Off 합니다.

Rate - 변조 주파수를 설정합니다.

Depth - 변조 강도를 설정합니다.

● Control

저음역과 고음역의 잔향 타임을 조정할 수 있는 노브로 구성되어 있습니다.

Low Time - Low Freq 이하의 잔향 타임을 조정합니다.

High Time - High Freq 이상의 잔향 타임을 조정합니다.

● Output

Level - 최종 출력 레벨을 조정합니다.

Mix - 직접음과 리버브의 비율을 조정합니다. 열쇠 모양의 Lock 버튼을 On으로 하면 프리셋을 테스트할 때 Mix 값을 고정시킬 수 있습니다.

실제 현장 사운드를 샘플링한 프로그램을 제공하고 있으며, 사용자가 직접 입수한 오디오 파일의
음향을 분석하여 사용할 수 있는 놀라운 기능을 제공합니다. 특히, 각각의 프리셋 마다 현장 그림
을 제공하고 있기 때문에 리버브 사용에 익숙하지 않는 입문자도 자신이 원하는 공간을 쉽게 연
출할 수 있다는 장점을 가지고 있습니다.

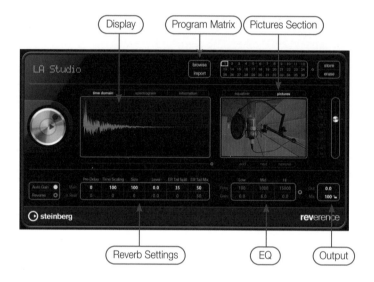

● Program Matrixl

프로그램을 불러오거나 관리할 수 있는 패널입니다. 모든 파라미터의 기준은 프로그램으로 결정
되기 때문에 REVerence의 핵심입니다.

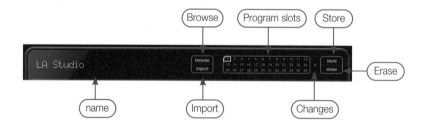

Name : 로딩한 프로그램의 이름을 표시합니다. 프로그램은 프리셋 메뉴 또는 Browse 버튼을 이
용하여 불러올 수 있으며, 프로그램이 로딩되면 해당 채널 수와 리버브 타임이 잠시 표시됩니다.

Browse : 프로그램을 불러올 수 있는 브라우저 창을 엽니다. 공간 및 채널을 필터링 하려면 왼쪽 하단에 보이는 Layout 버튼을 클릭하여 Filter 옵션을 체크합니다.

Import : 평소 좋아하는 음악의 리버브 타임을 내 음악에 그대로 사용할 수 있는 기능을 제공합니다. Import 버튼을 클릭하여 Wav 및 Aif 파일을 불러오면, 해당 음악의 채널과 리버브 타임을 자동으로 분석하여 사용할 수 있게 됩니다. 사전에 소스를 편집해 놓은 경우라면 보다 정확한 타임을 구할 수 있습니다.

Program slots : 프로그램을 38개까지 로딩하여 사용할 수 있습니다. 프로그램은 슬롯 번호를 더블 클릭하여 로딩할 수 있습니다.

Changes : 버튼을 On으로 해 놓으면 슬롯에 로딩되어 있는 프로그램을 선택할 때 크로스 페이드로 전환됩니다.

Store : 큐베이스에서 제공하는 프로그램이 자신이 작업하는 음악에 어울리기는 힘듭니다. 보통은 자신이 작업하고 있는 음악과 비슷한 프로그램을 불러와서 수정을 하게 되는데, 이렇게 수정된 프로그램을 Store 버튼으로 저장할 수 있습니다. 이때 빈 슬롯을 선택하고 저장하면, 해당 슬롯에 로딩되고, 슬롯 변경 없이 저장하면 저장한 프로그램으로 변경됩니다.

Erase : 선택한 슬롯의 프로그램을 제거합니다.

● Display

잔향의 조정 상태를 그래픽 및 스펙트럼으로 표시합니다.

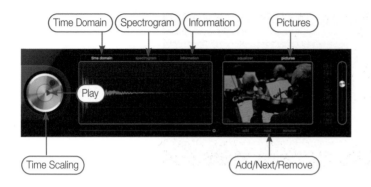

Play : 로드한 프로그램의 리버브 사운드를 모니터 합니다.

Time Scaling : 휠을 돌려 Time Scaling 값을 조정할 수 있습니다.

Time Domain : 잔향을 파형으로 표시합니다.

Spectrogram : 잔향 레벨을 색상으로 구분할 수 있는 스펙트럼으로 표시합니다.

Information : 로딩한 프로그램의 정보를 표시합니다.

Activate Impulse Trimming : 리버브의 반응 길이를 조정할 수 있는 Trim 슬라이드를 On/Off 합니다. 반복되는 잔향의 시작과 끝 타임을 다듬고 싶을 때 이용합니다.

Pictures : 이미지를 표시합니다. add 버튼으로 프로그램 마다 이미지를 5개까지 추가할 수 있고, Next 버튼으로 한 가지를 선택할 수 있습니다. Remove 버튼은 이미지를 삭제합니다.

● Reverb Settings

프로그램의 초기 반사음과 잔향을 컨트롤 할 수 있는 파라미터를 제공합니다.

Auto Gain : 잔향의 레벨을 자동으로 최적화 시켜줍니다.

Reverse : 잔향의 재생 방향을 바꿉니다. 잔향이 점점 커지는 특수 효과를 연출할 때 유용한 옵션입니다.

Main : 스테레오 채널의 잔향을 조정하는 파라미터 입니다.

Rear : 서라운드 채널에서 후면 스피커의 잔향을 조정할 수 있습니다.

Pre-Delay : 초기 반사음의 시작 타임을 설정합니다.

Time Scaling : 잔향 타임을 조정합니다.

Size : 공간의 크기를 결정합니다.

Level : 잔향의 레벨을 조정합니다.

ER Tail Split : 잔향이 시작되는 타임을 설정합니다. 초기 반사음과 잔향이 분리되는 지점을 설정하는 것이므로, 이 값이 초기 반사음의 길이가 됩니다.

ER Tail Mix : 초기 반사음과 잔향음과의 비율을 조정합니다. 50을 기준으로 이상의 값은 초기 반사음이 작아지고, 이하의 값은 잔향이 작아집니다.

● EQ

밴드 타입의 EQ를 제공하고 있으며, Activate 버튼으로 On/Off 합니다. Low와 Hi 밴드는 쉘빙 타입이고, Mid는 피크 타입이며, 각 밴드를 On/Off 할 수 있는 버튼을 제공합니다. 특히, 포인트를 드래그하여 EQ를 조정할 수 있는 Equalizer Tab을 제공하고 있기 때문에 별도의 EQ를 추가할 필요 없는 독립성을 가지고 있습니다.

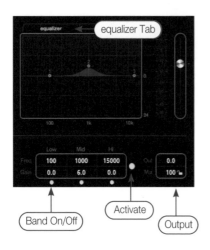

Out : 최종 출력 레벨을 조정합니다. 위쪽의 Output 슬라이더를 이용해도 됩니다.

Mix : 원음과 리버브의 비율을 조정합니다. 자물쇠 모양의 Lock 버튼을 On으로 하면 설정 값을 유지한 상태에서 프로그램을 검색할 수 있습니다.

RoomWorks

큐베이스 사용자들에게 가장 오래 사랑을 받고 있는 모델입니다.

● Input Filters

리버브를 적용할 주파수 대역을 설정합니다.

Freq : 저음(Lo) 및 고음(Hi)역의 차단 주파수를 설정합니다.

Gain : 저음(Lo) 및 고음(Hi)역의 차단 값을 조정합니다.

● Reverb Character

Input Filters 통해 입력된 사운드에 잔향을 만드는 핵심 섹션입니다.

Pre Delay : 초기 반사음의 발생 시간을 설정합니다.

Reverb Time : 잔향의 길이를 설정합니다.

Size : 공간의 크기를 설정합니다.

Diffusion : 잔향의 밀도를 조정합니다.

Width : 스테레오 확산감을 조정합니다.

Variation : 버튼을 클릭하여 1000가지의 변화를 만듭니다.

Hold : 버튼을 클릭하여 Reverb Time을 무한정 반복시킬 수 있습니다.

● Damping

저음역 및 고음역의 잔향 레벨을 조정합니다.

Freq : 저음(Lo) 및 고음(Hi)역을 설정합니다.

Level : 저음(Lo) 및 고음(Hi)역의 잔향 레벨을 조정합니다.

● Envelope

잔향의 어택과 릴리즈 타임을 조정합니다.

Amount : 어택과 릴리즈 적용 범위를 설정합니다.

Attack : 잔향이 적용되는 타임을 설정합니다.

Release : 잔향이 해제되는 타임을 설정합니다.

● Output

최종 출력 레벨을 조정합니다.

Mix : 소스 사운드와 리버브를 적용한 사운드의 비율을 조정합니다. wet only 버튼을 클릭하여 리버브 사운드만 모니터 해볼 수 있습니다.

Efficiency : 프로세스 사용 방법을 결정합니다. 값이 낮을 수록 CPU 사용량이 증가하고, 90% 이상에서 재미있는 효과를 만들 수 있습니다.

Export : 곡을 믹스 다운할 때의 최상의 퀄리티를 유지할 수 있게 합니다. 단, CPU 사용량이 증가합니다.

남들이 추천하는 리버브

대부분의 VST 리버브는 실제 공간을 샘플링한 방식으로 제공하기 때문에 다른 장치들에 비해서 메모리 사용량이 높습니다. 결국, 어떤 모델이든 자신의 시스템에서 안정적으로 구동 되는지를 확인해야 합니다.

Renaissance Reverb

리버브 장치에서도 빼놓을 수 없는 제품이 Waves사의 모델입니다. 그 중에서 Renaissance Reverb는 엔지니어들이 가장 선호하는 장치로 유명합니다.

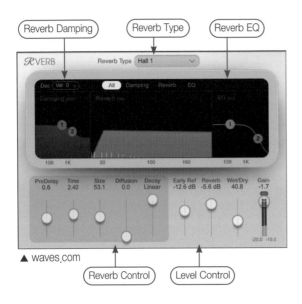

▲ waves.com

● Reverb Type

리버브의 주요 엔진을 선택하는 것으로 잔향의 색깔을 결정하는 핵심입니다.

① Hall

대형 콘서트 홀의 잔향을 제공하는 Hall 1은 Renaissance Reverb의 기본 타입으로 부드럽고 윤택한 사운드를 제공합니다. Hall 2는 1보다 중고음역의 잔향이 좀 더 길어서 전체 사운드가 둔해지는 것을 최소화 합니다.

② Room

Hall 보다는 작은 규모의 잔향을 만듭니다. 초기 반사음이 다소 강하고 단순합니다.

③ Chamber

디지털 시스템이 개발되기 전에 스튜디오 공간에서 잔향을 만들었던 시스템의 하나로 지금도 리버브를 에코 챔버라고 부를 만큼 유명했던 설계입니다. Room 보다 작은 규모의 잔향을 만들지만, 자연스러운 현장감을 제공합니다.

④ Church

성당의 잔향을 제공하는 것으로 잔향 타임이 길고, 후기 반사가 강합니다.

⑤ Plate

디지털 시스템이 개발되기 전에 사용되었던 리버브 장치의 하나로 음색이 밝다는 특징이 있습니다. 대부분의 엔지니어들은 보컬 트랙에서 Plate 타입을 선호합니다. Plate 2는 1과는 다른 느낌의 잔향을 제공합니다.

⑥ Reverse

잔향의 크기가 뒤로 갈수록 커지는 타입입니다. 보통 Insert로 사용하며, Wet/Dry를 50%로 설정한 다음 PreDelay를 마이너스 값으로 설정하여 Size를 조정합니다.

⑦ Gated

잔향 감쇠 시간이 비선형으로 동작하고 초기 반사가 짧습니다.

⑧ Non-linear

비선형 타입으로 잔향이 끝나는 지점에서 다시 커지는 방식으로 동작합니다.

⑨ EchoVerb

디지털 시스템이 개발되기 전에 입력 신호에 따라 스프링 진동을 전기 회로로 변화시켜 리버브를 만들던 스프링 리버브 시스템을 재현합니다. 매우 독특한 고음 특성으로 일렉 기타 앰프에서 많이 사용되었습니다.

⑩ ResoVerb
초기 반사음의 간격을 동일하게 제공하는 타입입니다.

● Decorrelation
같은 타입이라도 공간의 구조나 재질에 따라 좌/우 채널에서 형성되는 초기 반사음의 타입은 다릅니다. Decorrelation은 이러한 변화를 만드는 것으로 7가지 타입을 제공하고 있으며, 마우스 클릭으로 선택합니다.

● Reverb Control
PreDelay : 잔향의 시작 타임을 조정합니다. 마이너스 값은 직접음이 지연됩니다.
Time : 잔향의 감소 타임을 조정합니다.
Size : 공간의 크기를 조정합니다.
Diffustion : 직접음과 초기 반사음의 밸런스를 조정합니다. 값이 클수록 초기 반사음이 잔향에 공급되어 확산감을 만듭니다.
Declay : 잔향의 감쇠 곡선을 조정합니다. 최고값(Linear)은 일직선으로 유지됩니다.

● Level Control
Early Reflection : 초기 반사음의 레벨을 조정합니다.
Reverb : 출력 레벨을 조정합니다.
Wet/Dry : 원음과 잔향의 비율을 조정합니다.
Gain : 입력 레벨을 조정합니다.

● Reverb Damping
Low Frequency : 저음역 범위를 설정합니다.
Low Frequency Ratio : 저음역의 잔향 타임 비율을 설정합니다. 기준은 중음역이며, 값이 0.5이면, 중음역의 절반으로 짧아집니다.
High Frequency : 고음역의 범위를 설정합니다.
High Frequency Ratio : 고음역의 잔향 타임 비율을 조정합니다.

● Reverb EQ
Low Frequency : 저음역 잔향의 차단 주파수를 설정합니다.

Low Gain : 저음역 잔향을 쉘빙 타입으로 증/감 합니다.

High Frequency : 고음역 잔향의 차단 주파수를 설정합니다.

High Gain : 고음역 잔향을 쉘빙 타입으로 증/감 합니다.

CSR-Classik Studio Reverb

IK Multimedia 사의 모델입니다. 타입별로 장치가 구분되어 있다는 특징이 있으며, Hall, Room, Plate, Inverse의 4가지 타입을 제공합니다. 인터페이스는 간편하게 사용할 수 있는 Easy 모드와 고급 사용자를 위한 ADV 모드를 제공합니다.

▲ Hall

▲ Room

▲ Plate

▲ Inverse

● Easy 모드

장치를 로딩 했을 때의 초기 모드이며, 입문자도 쉽게 사용할 수 있는 파라미터로 구성되어 있습니다.

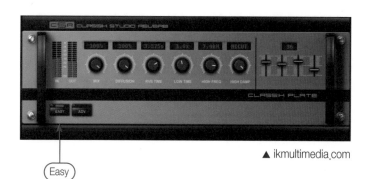

▲ ikmultimedia.com

Easy

MIX : 원음과 잔향의 비율을 조정합니다.

DIFFUSION : 시간의 흐름에 따라 잔향의 밀도가 증가하는 속도를 조정합니다.

RVB TIME : 잔향의 길이를 조정합니다.

LOW TIME : 저음역 잔향의 길이를 조정합니다.

HIGH DAMP : 고음역 잔향의 감소율을 조정합니다.

HIGH FREQ : 고음역 감쇠 주파수를 조정합니다.

● ADV 모드

I/O, Time, Reverb 등을 세부적으로 컨트롤할 수 있는 모드 입니다.

① I/O Levels

In/Out 레벨을 컨트롤 합니다.

IN LEVEL : 리버브의 입력 레벨을 조정합니다.

OUT LEVEL : 리버브의 출력 레벨을 조정합니다.

MIX : 원음과 잔향의 비율을 조정합니다.

IN IMAGE : 입력 신호의 스테레오 이미지를 제어합니다. 기본값 45가 스테레오이고, 0이 모노 입니다. -45로 좌우 위상을 바꾸거나 90으로 모노 채널을 제외시킬 수 있습니다. Ctrl 키를 누른 상태에서 클릭하면 기본값으로 설정됩니다.

OUT IMAGE : 출력 신호의 스테레오 이미지를 제어합니다. 360으로 스테레오 잔향을 확장 시킬 수 있습니다.

② Time

잔향 타임을 컨트롤 합니다.

RVB TIME : 잔향의 길이를 조정합니다.

LOW TIME : 저음역 잔향의 길이를 조정합니다.

CROSSOVER : 저음역 주파수를 설정합니다.

HIGH FREQ : 고음역 주파수를 설정합니다.

HIGH DAMP : 고음역 잔향의 감소율을 조정합니다.

PREDELY : 초기 반사음 타임을 설정합니다.

③ Reverb

잔향을 컨트롤 합니다.

SIZE : 공간의 크기를 제어합니다.

DIFFUSION : 시간의 흐름에 따라 잔향의 밀도가 증가하는 속도를 조정합니다.

BUILDUP : 잔향의 어택 타임을 조정합니다.

DISPERSE : 잔향의 확산 정도를 조정합니다.

MODULATN : 잔향 타입을 변조합니다.

④ Color

저음과 고음역 필터를 컨트롤 합니다.

LO CUT F / G : 저음역 차단 주파수와 레벨을 조정합니다.
HI CUT F / G : 고음역 차단 주파수와 레벨을 조정합니다.

⑤ Reflections

좌우 채널의 잔향을 컨트롤 합니다.

TIME / LEVEL LEFT : 왼쪽 채널의 초기 반사음 타임과 레벨을 조정합니다.
TIME / LEVELRIGHT : 오른쪽 채널의 초기 반사음 타임과 레벨을 조정합니다.

⑥ Echo

에코음을 컨트롤 합니다.

TIME / FEED LEFT : 왼쪽 채널의 에코 타임과 반복 값을 조정합니다.
TIME / FEED RIGHT : 오른쪽 채널의 에코 타임과 반복 값을 조정합니다.

⑦ Mod

시간에 따라 변하는 잔향을 컨트롤 합니다.

Sources : LFO1, LFO2, ENV1, ENV2 중에서 선택합니다.

LFO에는 변조 파형을 선택할 수 있는 Type과 속도를 조정할 수 있는 Rate 노브를 제공합니다.

ENV에는 입력 소스를 선택할 수 있는 Input, 레벨을 조정할 수 있는 Gain, 그리고 Attack과

Release 타임을 조정할 수 있는 노브를 제공합니다.

Destinations : 변조할 매개 변수를 선택합니다. 범위는 Min과 Max에서 설정하며, Curve는

Lin(일자 곡선), Log(느린 곡선), Exp(빠른 곡선)의 변조 속도를 선택합니다.

⑧ MACROS

오른쪽에 보이는 4개의 슬라이더 각각에 사용자가 원하는 매개 변수를 할당하여 컨트롤할 수 있

습니다.

Sources : 슬라이더 1-4 중에서 선택합니다. Macro Name 옵션을 체크하면 각 슬라이더의 이름

을 입력할 수 있습니다.

Destinations : 컨트롤할 매개 변수를 선택합니다. Min과 Max, Curve의 속성은 Mod에서와 동일

합니다.

샘플링 리버브의 시초 격인 Audio Ease사의 Altiverb는 엔지니어보다는 뮤지션들이 좋아하는 장치입니다. 화려한 인터페이스 때문이기도 하지만, 무엇보다 성능이 뛰어나고 사용하기 쉽다는 것이 그 이유입니다.

▲ audioease.com

● The Browser

이미지를 클릭하면 공간을 선택할 수 있는 브라우저 창의 IRs(impulse responses) 페이지가 열립니다. IRs 외에 추가된 공간을 다운 받을 수 있는 News 페이지와 프리셋을 관리할 수 있는 Presets 페이지를 제공합니다. similar 버튼은 선택한 공간과 비슷한 타입만 표시하는 기능입니다.

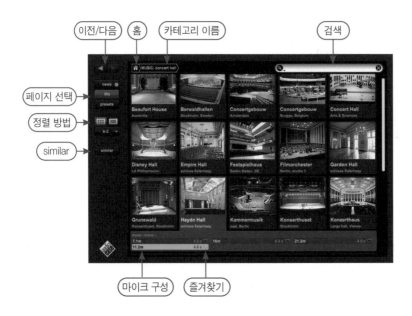

공간에 따라 2개 이상의 마이크 구성을 선택할 수 있는 것들이 있으며, 마음에 드는 구성은 즐겨찾기로 표시해 둘 수 있습니다. 마이크 구성은 수음 위치를 의미하며 디스플레이 창에서 config 버튼을 클릭하면 정확한 정보를 볼 수 있습니다.

디스플레이 창의 Vr 버튼은 이미지를 파노라마로 보여주며, Prev와 next 버튼은 이전 및 다음 정보를 표시합니다. zoom 버튼은 확대된 이미지 창을 열어줍니다.

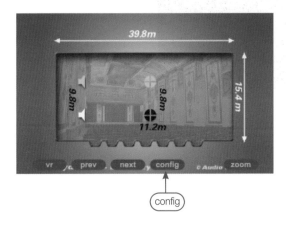

● About

디스플레이 창은 공간 이미지를 보여주는 Pictures 외에 상단에 위치한 텍스트를 선택하여 About, Preferences 창으로 변경 가능합니다.

첫 번째 About 창에서는 CPU 사용량 및 버전 등의 정보를 확인할 수 있습니다.

● Preferences

환경 설정 옵션을 제공합니다.

- *Check online for updates*

업그레이드 내용을 체크하여 News 버튼에 표시합니다.

- *Reset all parameters to default on IR change*

공간을 선택할 때 모든 노브가 초기값으로 설정되게 합니다.

- *Play test sound on parameter change*

공간을 선택할 때 테스트 사운드를 재생합니다.

- *Set current IR as default*

선택한 공간을 기본 값으로 설정합니다.

- *Folders*

IR 및 Preset 폴더 위치를 선택합니다.

● Gated Verb

리버브가 닫히는 시간을 타임(Realtime) 및 비트(beast) 단위로 조정할 수 있습니다.

● Positioner

왼쪽 상단의 On/Off 옵션을 체크하면 스피커가 표시되며, 스피커를 드래그하여 오디오의 위치를 조정할 수 있습니다. 오른쪽 상단의 Stereo link edit 옵션을 해제하면 좌/우 채널을 개별적으로 조정할 수 있습니다.

● Snapshots

파리미터 설정 값을 40개의 스냅 샷에 저장하고, 선택하여 불러올 수 있습니다. 빈 공간을 선택하면 현재 설정 값이 저장되며, 이름은 더블 클릭으로 변경 가능합니다. Clear 버튼을 클릭하면 스냅 샷을 삭제할 수 있습니다.

● IR import

오디오 샘플 파일을 드래그하여 가져다 놓을 수 있으며, 해당 샘플의 잔향을 사용할 수 있습니다. audioease.com/sampling에서 다양한 샘플을 다운받을 수 있으며, 사용자가 가지고 있는 Wav 파일도 가능합니다.

잔향은 Enhance 노브를 이용해서 고음역을 보충할 수 있으며, 마음에 든다면 save to user IR folder 버튼을 클릭하여 IR 폴더에 저장할 수 있습니다.

아래쪽에 Post-Processing 메뉴를 클릭하여 녹음 유형을 선택할 수 있으며, 유형에 따라 분석 방법이 달라집니다.

No processing : 일반적인 오디오 파일.

Quality speaker : audioease.com/sampling에서 다운 받은 Sweep 파일.

Tivoli PAL : 휴대용 라디오 품질의 오디오 파일.

Slates : 슬레이트 또는 박수 소리.

Starter pistol : 6mm 스타트 건 소리.

● Ir Info

Ir Info, Waveform, Waterfall, EQ curve는 디스플레이 창 오른쪽에 표시되는 정보입니다. 첫 번째 Ir Info는 잔향 길이의 채널 타입 등의 IR 정보를 표시합니다. Map 아이콘을 클릭하면 구글 지도에서 현장 위치를 확인할 수도 있습니다.

● Waveform

잔향 파형을 표시합니다.

● Waterfall

기본적으로 표시되는 정보이며, 주파수별 잔향 타임을 표시합니다. Move로 이동, Rotate로 회전, Zoom으로 확대, to Head로 타임 별 구분이 가능합니다.

● EQ curve

실제 EQ 패널을 조작할 수 있는 창입니다. 기본적으로 EQ 패널은 Bass와 Treble 노브가 표시되어 있으며, 확장 버튼을 클릭하여 미들 음역의 피크 타입 컨트롤을 열 수 있지만, EQ Curve 창에서 그래프를 보면서 조정하는 것이 편리할 수 있습니다.

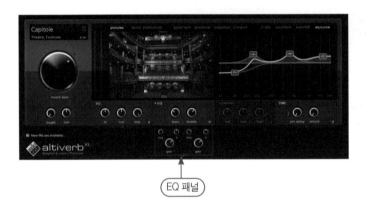

EQ 패널

● Reverb Time

잔향 타임을 컨트롤 합니다.
위쪽의 Room Selection은 선택한 IR를 표시하며, 마우스 클릭으로 브라우저 창을 열 수 있습니다.
아래쪽에는 고음역을 추가할 수 있는 Bright 노브와 크기를 조정할 수 있는 Size 노브를 제공합니다.

● I/O

인/아웃 및 믹스 레벨을 조정합니다. 패널을 확장하면 테스트 톤의 종류와 볼륨을 조정할 수 있는 컨트롤이 보입니다. test sound on parameter change 옵션은 파라미터를 조정할 때 마다 테스트 톤을 들을 수 있게 합니다.

● EQ

EQ Curve 디스플레이 창에서 설명되었던 EQ 패널입니다.
I/O, EQ, Damping, Time 패널은 왼쪽 상단에는 해당 기능
의 사용 여부를 결정하는 On/Off 버튼을 제공합니다.

● Damping

저, 중, 고음역의 잔향 길이를 컨트롤할 수 있습니다. 확장
패널에는 저, 중음역과 중, 고음역의 주파수를 조정할 수 있
는 Croes 노브가 있습니다.

● Time

초기 반사음 및 잔향의 시작 타임을 컨트롤 합니다. 확장 패
널에는 직접음(direct), 초기 반사음(early), 잔향(tail) On/
Off 버튼과 변조 속도 및 깊이를 조정할 수 있는 Mod 노브
를 제공합니다. 그리고 reverse Ir 버튼은 잔향의 위상을 바
꿉니다.

레이턴시 제로 프로세싱을 지원하는 Liquid Sonics 사의 Reverberate는 실제 공간을 샘플링한 IR(Impulse Response) 방식입니다. 두 개의 IR 데이터 편집 창을 제공하고 있으며, 이를 결합하여 자신만의 잔향을 만들 수 있는 하이브리드 장치로 풍부하고 역동적인 사운드를 구현할 수 있습니다.

화면은 상단의 편집 창과 하단의 브라우저 창으로 구분되어 있습니다.

편집 창은 2개의 IR Edit와 EQ 탭을 비롯해서 SplitMod(x2, IR1/IR2), Chorus(x3, IR1/IR2/Master), Delay(x3, IR1/IR2/Master), Post EQ, Mixer, Settings까지 총 10개의 탭으로 제공되며, 동작 탭은 이름 위의 LED가 점등됩니다.

브라우저 창은 파일 목록의 Browser와 프리셋 목록의 Presets 탭으로 제공됩니다.

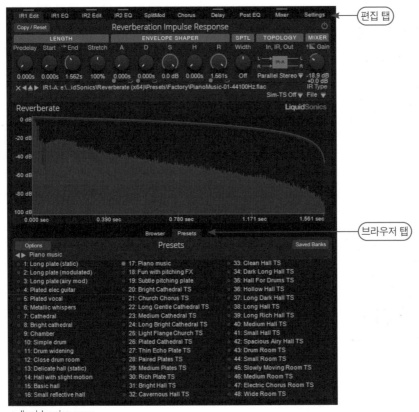

▲ liquidsonics.com

228

● IR Edit

IR Edit 및 EQ 탭은 오른쪽 상단에 사용 여부를 결정하는 Bypass 버튼이 있습니다. IR File은 Browser 탭 목록이나 파일 경로가 표시되는 항목의 Pre/Next 버튼으로 선택할 수 있습니다. Del 은 파일을 제거하고, Load는 탐색창을 엽니다.

Topology : IR 출력 채널을 선택할 수 있는 메뉴를 제공합니다. 각 구성마다 그림이 표시되어 쉽게 구별할 수 있습니다.

Parallel Stereo - 좌/우 채널 변경 없는 일반 구성입니다.

True Stereo - IR(A)와 IR(B) 각각의 좌/우 채널을 합산되어 스테레오로 출력됩니다.

Mono to Stereo - 좌/우 채널이 합산되어 스테레오 채널로 출력됩니다.

Fusion IR - Fusion-IR(.fir) 파일의 좌/우 채널 각각을 스테레오 채널로 나누어 2개의 IR로 만들고, Ture Stereo 방식으로 출력합니다. 특히, 초기 반사음을 별도로 조정할 수 있기 때문에 다양한 변조가 가능합니다.

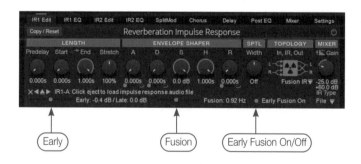

Early : 초기 반사음의 레벨을 조정합니다.

Fusion : 초기 반사음의 필터 값을 설정합니다.

Early Fusion On/Off : 초기 반사음 컨트롤 기능을 On/Off 합니다.

Sim Mode : IR Type File에서 Parallel Stereo 모드는 True Stereo을 시뮬레이션 할 수 있습니다. 두 가지 모두 IR(A)를 복사하여 IR(B)를 만들어 구현하는 것으로 IR(B)의 게인과 High Pass Filter 및 초기 반사음을 조정할 수 있는 파라미터를 제공합니다. Clear은 복사만 하는 것이고, Dense은 화이트 노이즈를 추가합니다.

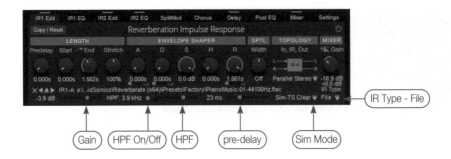

IR Type-ER은 Hall, Room, Chamber, Basilica, Canyon 등, 초기 반사음의 특성을 결정하는 룸 타입(Room Type)을 선택할 수 있습니다.

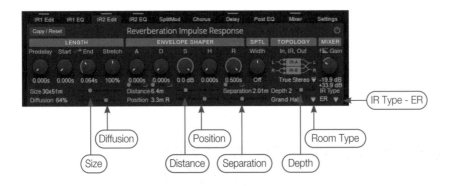

Size - 공간의 크기를 조정합니다.
Diffusion - 잔향음의 확산 정도를 조정합니다.
Distance - 잔향음의 밀도를 조정합니다.
Position - 잔향음의 좌/우 밸런스를 조정합니다.
Separation - 잔향음의 좌/우 폭을 조정합니다.
Depth - 잔향음의 간격을 조정합니다.

IR Type-Tail은 Dense, Grainy, Reflective, Sparse 등, 잔향음의 밀도와 확산감을 컨트롤 할 수 있는 Diffusion Model을 선택할 수 있습니다.

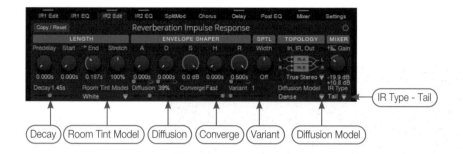

Decay - 잔향음의 길이를 조정합니다.

Room Tint Model - 필터링 되지 않은 잡음을 선택합니다.

Diffusion - 공간의 확산 정도를 조정합니다.

Converge - 잔향음의 감소 속도를 선택합니다.

Variant - 잔향음의 시작 포인트를 설정합니다.

IR Edit 탭 파라미터의 역할은 다음과 같습니다.

Length : 초기 잔향(Predelay)의 시작 타임, IR의 재생 범위(Start-End), 길이(Stretch)를 조정합니다. Start와 End 사이의 화살표를 클릭하면 방향이 바뀝니다.

Envelope : 엔벨로프 라인을 조정합니다. 어택(A)과 디케이(D) 및 릴리즈(R) 하단의 슬라이더는 감쇠 속도 라인을 조정합니다.

Sptl : 스테레오 폭을 조정합니다. -100은 모노, +100은 원래 값입니다.

Gain : 레벨을 조정합니다. 상단 아이콘을 클릭하면 ER/Tail 값으로 조정됩니다.

Copy/Reset : 왼쪽 상단의 버튼은 R1 및 R2 조정값을 복사하거나 파라미터 값을 초기화하는 메뉴로 구성되어 있습니다.

● IR EQ

IR EQ는 별도의 EQ가 필요 없을 만큼 충분한 5 밴드이며, 각 밴드를 독립적으로 사용할 수 있는 Enable 버튼을 제공합니다. 3밴드 Peak 타입을 중심으로 1, 2번 밴드는 Low Cut 및 Low Shelf 타입을 선택할 수 있고, 4, 5번 밴드는 High Cut 및 High Shelf 타입을 선택할 수 있습니다.

View - EQ 적용 타임을 설정합니다.

Frequency - 필터 적용 주파수 및 변조 주파수를 설정합니다. 변조 값은 Modulation 파라미터에서 설정합니다. 단, End 타임이 Start 타임보다 짧으면 변조는 되지 않습니다. 그리고 Start와 End 사이의 라인을 클릭하여 변조 속도를 변경할 수 있습니다.

Gain - 필터 레벨 및 변조 레벨을 설정합니다. Modulation은 Frequency와 동일하게 적용됩니다.

Filter Parameters - 필터 타입과 밴드 On/Off 버튼을 제공합니다.

1-5에서는 5개의 밴드는 한 화면에서 컨트롤 할 수 있습니다. 물론, 디스플레이 창의 포인트를 드래그하여 조정해도 됩니다. Alt 키를 누른 상태에서 포인트를 클릭하면 타입을 선택할 수 있고, 마우스 오른쪽 버튼으로 On/Off 할 수 있습니다.

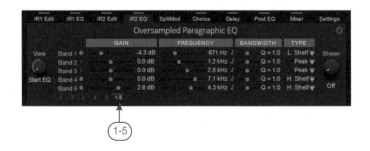

● SplitMod

SplitMod 탭에서는 초기 반사음과 잔향을 나누어 변조하여 역동적이고 풍부한 사운드를 만들 수 있는 파라미터를 제공합니다. 모듈은 IR1 및 IR2 출력으로 연결되며, 각각 IR(A)와 IR(B)가 혼합되기 전에 적용됩니다.

사용 여부는 Enable 버튼으로 선택하며, Rate는 피치 변조 속도를 조정하고, Depth는 깊이를 조정합니다.

● Chorus

Chorus 탭에서는 SplitMod 변조에 두께감을 추가합니다. 모듈은 IR1 및 IR2 출력으로 연결되며, 각각 IR(A)와 IR(B)가 혼합된 후에 적용됩니다.

방식은 전통적인 코러스 플러그-인과 동일하며, 경로는 디스플레이 창에 표시되는 파란색 점을 클릭하여 On/Off 할 수 있습니다.

Mix에서 코러스 레벨과 비율을 설정하며, Character에서 반복 사운드의 레벨과 폭을 조정합니다. 그리고 Delay에서 진연 타임과 변조 속도를 조정합니다.

● Delay

리버브 타임을 템포에 맞추기 위해서 딜레이를 추가로 사용하는 경우가 많은데, Liquid Sonics Reverberate 자체적으로 잔향의 지연 타임을 컨트롤할 수 있는 Delay 탭을 제공합니다. 딜레이 타임을 좌/우를 개별적으로 컨트롤할 수 있고, On/Off 버튼을 이용해서 사용 여부를 결정할 수 있습니다. 모듈은 Chorus 탭과 동일하게 IR1 및 IR2 출력으로 연결되며, 각각 IR(A)와 IR(B)가 혼합된 후에 적용됩니다.

Delay : 타임을 비트 단위로 선택할 수 있습니다.

BPM : 잠금 버튼이 On 되어 있는 경우에는 큐베이스 및 로직에서 설정한 템포 값을 따르고, Off 하면 별도 설정이 가능합니다.

Mod : 지연 타임을 설정합니다.

Rate : 변조 속도를 설정합니다.

Feedback : 지연 사운드의 레벨을 설정합니다.

R-Feed : 반복 사운드의 레벨을 설정합니다.

Wet : 원음과 딜레이 음의 비율을 조정합니다.

Level : 최종 레벨을 설정합니다.

● Mixer

Mixer 탭은 IR과 크로스 페이드 사이의 레벨을 설정합니다.

LFO : Mixer 탭의 변조 속도를 설정합니다. 경로는 믹스 후(Mix Post+IR)나 믹스 전(Mix Pre+IR)으로 선택 가능합니다.

IR1/IR2 : 레벨 및 팬을 조정하며, Pan Mod는 Pan이 LFO로 변조를 사용할 수 있도록 합니다. 그리고 Phase로 위상의 IR 위치를 조정합니다. IR Chaining 옵션은 IR1과 IR2를 병렬로 연결합니다.

IR Balance : IR1과 IR2 및 변조 밸런스를 조정합니다. 크로스 페이드는 직선의 Flat Balance과 중앙이 증가되어 있는 곡선의 Raised Centre를 제종합니다.

Final Mix : 최종 출력 레벨과 믹스 비율을 조정합니다. 자물쇠 모양의 아이콘을 클릭하여 값을 고정시킬 수 있습니다.

● Settings

환경을 설정합니다. 플러그-인을 다시 로딩할 때 적용됩니다.

Sample Rate Dependence : 샘플 레이트를 선택합니다.

Plug-in Processing Latency : 레이턴시 값을 선택합니다.

Auto-Pair True Stereo IR: : True stereo mode에서 한쌍으로 로딩되게 합니다.

File Selector Default Path : IR 파일의 경로를 선택합니다.

Dials Mode : 마우스 반응 방식을 선택합니다.

Default Wet Mix : Mix 레벨을 Inset 및 Send 기본 값으로 설정합니다.

Midi-CC / Assignment x : 미디 컨트롤 번호 및 연결 파라미터를 선택합니다.

IR Visualisation : 디스플레이 창에 IR 채널을 표시합니다.

Colour Scheme : 스킨 색상을 선택합니다.

Lexicon 사의 PCM Native Reverb는 Vintage Plate, Plate, Hall, Room, Random Hall, Concert Hall, Chamber 알고리즘 별로 장치를 제공하며, 기본 파라미터를 사용자가 자주 사용하는 것들로 변경할 수 있는 Edit Mode를 지원합니다.

▲ lexiconpro.com

● Realtime Display

디스플레이 창을 클릭할 때 마다 알고리즘 이름을 표시하는 Off, 주파수별 리버브를 입체적으로 표시하는 Multiband, 전통 방식의 RTA 타입으로 표시하는 Frequency, 임펄스 응답 신호를 표시하는 Impulse 창으로 전환됩니다.

▲ Off

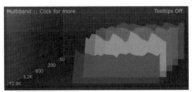

▲ Multiband

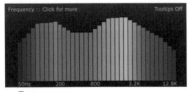

▲ Frequency

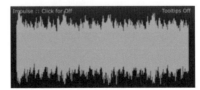

▲ Impulse

● EQ Window

EQ는 Early(파란색)과 Late(빨간색) 값을 선택해서 조정할 수 있습니다. EQ Type은 1 Pole Lo/Hipass, 2 Pole Lo/Hipass, bandpass,Notch를 제공합니다.

Level : Early 및 Late의 레벨을 조정합니다.

Freq : Early 및 Late의 차단 주파수를 설정합니다.

Shelf : 차단 주파수 이상의 기울기를 조정합니다.

● Fader Section

리버브를 제어할 수 있는 9개의 기본 페이더를 제공합니다.

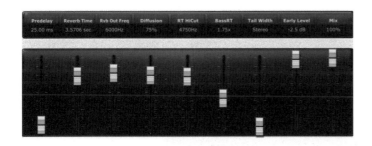

Predealy : 잔향의 시작 타임을 조정합니다.

Reverb Time : 리버브의 길이를 조정합니다.

Rvb Out Freq : 리버브 감쇠 주파수를 설정합니다.

Diffusion : 잔향의 확산 정도를 조정합니다.

RT HiCut : 고음역 차단 주파수를 설정합니다.

BassRT : 1.0x를 기준으로 저음역의 잔향 타임을 조정합니다.

Tail Width : 잔향의 폭을 조정합니다.

Early Level : 초기 잔향음의 레벨을 조정합니다.

Mix : 직접음과 잔향음의 비율을 조정합니다.

● Edit Mode - Soft Row

Edit 버튼을 클릭하면 Soft Row, Input&Mix, Reverb, Reflections 등의 설정을 변경할 수 있습니다. Soft Row는 Modifier 항목을 클릭하여 페이더의 역할을 변경할 수 있으며, 변경된 파라미터는 Store 버튼을 클릭하여 프리셋으로 저장할 수 있습니다. Compare 버튼은 변경 전의 파라미터를 확인하는 역할입니다.

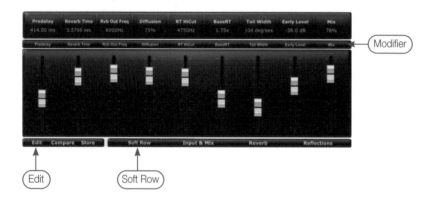

● Edit Mode - Input & Mix

입/출력 파라미터 값을 설정합니다. Predelay는 타임(Absolute) 값으로 사용할 것인지, 템포 (Tempo) 값으로 사용할 것인지를 선택할 수 있습니다.

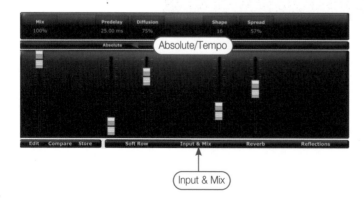

Mix : 입/출력 신호의 비율을 설정합니다.

Predelay : 초기 반사음의 타임을 설정합니다.

Diffusion : 잔향의 확산 정도를 설정합니다.

Shape : 초기 반사음의 기울기를 설정합니다.

Spread : 잔향에 공급되는 초기 반사음의 양을 설정합니다.

● Edit Mode - Reverb

잔향 파라미터 값을 설정합니다. Reverb Time은 잔향의 무한 반복(infinite) On/Off를 결정할 수 있으며, RT HiCut은 고음역의 차단 강도(RTHC)를 Light, Normal, Heavy 중에서 선택할 수 있습니다.

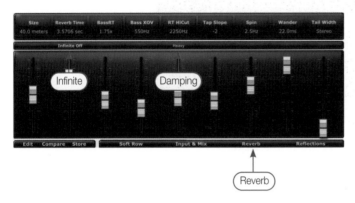

Size : 공간의 크기를 설정합니다.

Reverb Time : 잔향 타임을 설정합니다.

BassRT : 저음역의 잔향 타임을 설정합니다.

Bass XOV : 저음역 주파수를 설정합니다.

RT Hi Cut : 고음역 차단 주파수를 설정합니다.

RTHC Damping : 고음역 감쇠 강도를 설정합니다.

Definition : 잔향의 밀도를 설정합니다.

Chorus : 코러스 효과를 On/Off 합니다.

Chorus Depth : 피지 변화 폭을 설정합니다.

Chorus Type : 코러스 타입을 선택합니다.

Infinite : 잔향의 무한 반복 기능을 On/Off 합니다.

Tap Slope : 잔향의 감쇠 방법을 설정합니다.

Spin : 잔향의 속도를 무작위로 변하게 합니다.

Wander : 잔향의 길이를 무작위로 변하게 합니다.

Tail Width : 잔향의 폭을 설정합니다.

● Edit Mode - Room

Room 알고리즘에서 제공되는 페이지 입니다. 공간을 선택할 수 있는 Impulse Category와 Impulse을 제공합니다. 그리고 잔향의 방향을 결정하는 Normal/ Reverse 스위치가 있습니다.

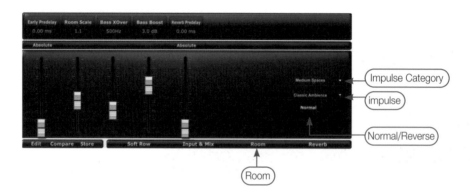

Impulse Category : 공간의 크기를 선택합니다.

Impulse : 카테고리에서 사용할 수 있는 공간을 선택합니다.

Reverse : 잔향의 피치를 변화시켜 코러스 효과를 만듭니다.

Early Predelay : 초기 잔향음의 타임을 설정합니다.

Reverb Predelay : 잔향 타임을 설정합니다.

Room Scale : 공간의 크기를 반영하는 반사음 타임을 배수로 설정합니다.

Bass XOver : 저음역 주파수를 설정합니다.

Bass Boost : 저음역의 강도를 설정합니다.

● Edit Mode - Reflections

반사음의 파라미터 값을 설정합니다.

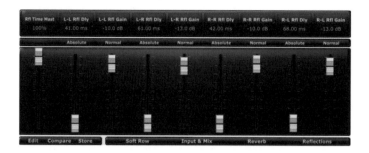

Rfl Time Master : 반사음의 확산 타임을 설정합니다.
Rfl Delay : 반사음의 지연 시간을 설정합니다.
Rfl Gain : 반사음의 볼륨을 설정합니다.

● Edit Mode - Echoes

에코음의 파라미터 값을 설정합니다.

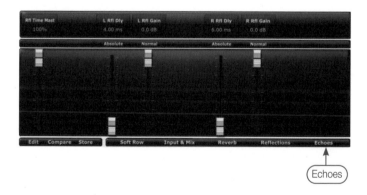

Eko Time Master : 에코음의 지연 타임을 설정합니다.
Eko Fbck Master : 에코음의 레벨을 설정합니다.
Eko Delay : 에코음의 좌/우 간격을 설정합니다.
Eko FBack : 에코음의 좌/우 반복 레벨을 설정합니다.
Eko Gain : 에코음의 좌/우 레벨을 설정합니다.

Chapter 04

딜레이

리버브 만큼 많이 사용하는 타임 베이스 계열의 장치입니다. 딜레이는 입력 사운드를 반복시켜 공간감을 만드는 것인데, 반복되는 사운드를 에코라고 합니다. 그래서 딜레이를 에코라고 부르기도 합니다.

딜레이 타임

딜레이는 직접음을 일정한 타임으로 반복시켜 사운드를 풍성하게 만들고, 깊이감을 부여하는 장치입니다. 이때 반복되는 사운드를 에코라고 부르며, 에코음이 시작되는 거리를 딜레이 타임, 줄여서 딜레이라고 합니다. 그래서 에코와 딜레이를 같은 의미로 사용하기도 합니다. 그리고 에코음을 얼마나 반복시킬 것인지를 결정하는 파라미터가 피드백입니다.

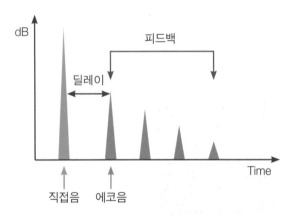

딜레이의 핵심은 타임이며, 템포에 맞추어 사용하는 것이 가장 안전합니다. 에코가 많은 노래방에서 노래를 할 때 발라드 곡에서는 그럭저럭 무난하지만, 댄스 곡에서는 도대체 무슨 소리인지 알수 없는 현상을 경험해 본적이 있을 것입니다. 이처럼 템포에 맞지 않는 딜레이는 사운드를 지저분하게 만들 수 있기 때문에 주의해야 합니다.

딜레이 타임을 구하는 공식은 6만 나누기 템포이며, 단위는 ms입니다. 템포 120일 경우를 예로 들면, 60,000/120이므로 500ms가 되며, 이는 한 박자 값입니다. 그러므로 반 박자(8비트)는 250ms이 되고, 16비트는 125ms입니다.

일반적으로 한 박자 길이의 딜레이 타임은 잘 사용하지 않고, 8비트 또는 16비트 값을 많이 사용하며, 이보다 짧은 64비트(31ms), 128비트(16ms), 256비트(8ms)도 흔하게 사용됩니다. 참고로 딜레이 타임은 점음표 또는 3잇단음 길이로도 많이 사용합니다. 점음표는 (딜레이 타임x1.5)로 8분 점음표라면 250x1.5로 375ms가 되고, 3잇단음은 (딜레이 타임x0.667)로 8분 3잇단음이라면 250x0.667로 166.75ms가 됩니다

대부분의 딜레이 장치는 타임을 템포에 맞출 수 있는 싱크(Sync) 기능을 제공합니다. 입문자는 이 기능을 반드시 이용하는 것이 좋습니다. 하지만, 음원에 따라 싱크 타임 보다 약간 늘리거나 줄여야 효과를 높일 수 있는 경우가 있기 때문에 공식을 기억해두는 것이 좋습니다.

타임 조정

모든 이펙트 장치는 한 가지 설정으로 사용되지는 않습니다. 딜레이 역시 보컬, 리드 악기, 리듬 악기, 백그라운드 등으로 몇 가지 유닛을 구분해서 사용하며, 필요에 따라 구간별로 오토메이션을 적용하기도 합니다. 다음은 일반적인 조정 값입니다.

● 100ms 이상

일반적으로 100ms 이상의 긴 딜레이 타임은 템포와 일치시키는 싱크 타입으로 사용합니다. 트랙이 많거나 빠른 곡에서는 거의 사용하지 않지만, 느린 발라드 곡에서 리버브와의 결합으로 환상적인 느낌을 연출할 수 있습니다.

● 60-100ms

슬랩 에코(Slap Echo)라고 하며, 얇은 음이나 자극적인 음을 풍부하게 만드는데 유용합니다. 하지만, 과용하면 음악이 탁해 질 수 있으므로 주의합니다.

● 30-60ms

악기를 두 번 연주한 효과를 만든다고 해서 더블링이라고 합니다. 실제로 보컬이나 악기 연주를 두 번 녹음하는 것과는 차이가 있지만, 백 코러스나 스트링 섹션의 사운드를 풍성하게 연출하고 싶을 때 많이 사용합니다.

● 30ms 이하

패트닝 효과라고 해서 사운드를 풍성하고 입체감 있게 만듭니다. 딜레이 신호가 30ms 이하면 직접음과의 구별이 어렵기 때문에 스테레오 음장을 넓히는 목적으로도 많이 사용합니다.

패트닝 및 더블링 효과

딜레이 타임 30ms 이하의 패트닝 효과는 모노 보컬을 전방에 배치하고자 할 때 자주 사용하며, 딜레이 타임 30-50ms 범위의 더블링 효과는 스테레오 음장을 확산시킬 때 많이 사용합니다. 두 가지 모두 사용법은 비슷합니다.

● 패트닝 효과

① 보컬 FX 트랙에 큐베이스에서 제공하는 Stereo Delay를 인서트 하고, 양쪽 채널의 Sync 버튼을 Off 합니다. 그리고 왼쪽 채널의 Delay 타임은 30ms 이하로 설정하고, 오른쪽 채널은 0.1ms로 설정합니다.

② 왼쪽 채널의 Pan을 -20, 오른쪽 채널의 Pan을 20으로 설정하여 센터에서 자연스럽게 어울리도록 합니다.

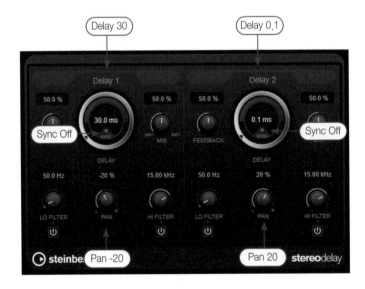

③ 양쪽 채널 모두 딜레이 사운드가 한 번 정도만 반복될 수 있게 Feedback을 0으로 설정합니다.

④ 양쪽 채널의 Mix 레벨을 100%로 설정하고, 보컬 트랙의 Send 레벨을 조정합니다. Bypass로 비교해보면 보컬이 전방으로 돌출되는 것을 느낄 수 있습니다.

● 더블링 효과

① 같은 방법으로 딜레이 타임을 늘려서 스테레오 악기의 음장을 확장할 수 있습니다. 왼쪽 채널의 Delay 타임을 30-50ms 범위로 설정합니다.

② 좌/우 팬을 80-100 범위로 벌립니다. Synth나 Pad 트랙에서 스테레오 확산감을 만들 때 유용한 기법입니다. Feedback을 올려 독특한 사운드를 연출할 수도 있습니다.

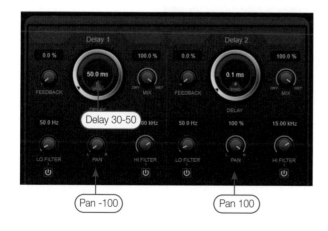

남들이 추천하는 딜레이

딜레이는 일반인들에게도 익숙한 사운드인만큼 잘 사용해야 합니다. 본서에서는 세계 아티스트들이 좋다고 하는 제품들을 살펴보고 있지만, 입문자는 큐베이스에서 제공하는 기본 장치부터 확실하게 익히는 것이 좋습니다.

Super Tap

Waves 사의 대표적인 딜레이로 탭 패드를 두드려서 타임을 설정하던 아날로그 시절의 장치를 시뮬레이션 하고 있는 모델로 대부분의 프로 엔지니어들이 딜레이 작업을 할 때 가장 먼저 선택하는 제품입니다.

▲ waves.com

● Pan Graph

디스플레이 창의 포인트는 원음과 딜레이 사운드의 레벨과 위치를 표시하며, 포인트를 드래그하여 조정할 수 있습니다.

● Tempo

템포(BPM) 및 타임(ms)을 설정하며, Sync를 Auto로 하면, 음악 템포에 자동으로 동기 됩니다. Mode에서 Tap Pad의 역할을 선택하며, Tempo 및 Pattern 값을 마우스 클릭 속도로 설정할 수 있습니다.

● Modulator

딜레이 사운드를 흔들어주는 변조 효과를 만듭니다. Rate에서 속도를 설정하고, Depth에서 폭을 설정합니다. Sync를 Tempo로 설정하면 Rate는 템포와 동기 됩니다.

● Gain

출력 레벨을 설정합니다.

● Direct

원음의 레벨과 위치를 조정합니다.

● Delay lines

각 채널의 딜레이 On/Off 버튼, 레벨(Gain), 위치(Rotate)와 지연 타임을 조정할 수 있는 탭 슬라이더를 제공합니다. 탭 슬라이더는 Snap 버튼이 On일 때 Grid 메뉴에서 선택한 간격(Free-Sixteenths)에 맞추어 조정할 수 있으며, Grid Mode에서 템포(BPM) 또는 타임(MS) 단위를 선택합니다.

● EQ section

EQ 섹션은 각 채널에 Bell 1 (넓음), Bell 2 (좁음), Hi Shelf, Low Shelf, High Pass, Low Pass 타입의 필터를 적용합니다.

● Feedback

딜레이 사운드의 반복 여부를 결정하는 On/Off 버튼, 레벨을 조정하는 Gain, 방향을 조정하는 Rotation 탭 슬라이더 및 EQ Section을 제공합니다. Mode는 딜레이 사운드를 입력으로 보내서 반복하는 Norm과 반복 타임을 탭 슬라이더로 설정할 수 있는 Tap Feedback을 제공합니다.

● Load

Load 메뉴에서 다양한 프리셋을 제공합니다. 입문자는 Kick이나 Snare 트랙에서 각각의 프리셋을 선택하여 어떻게 적용되는지를 확인해보면서 각 파라미터 조정 값에 따른 사운드의 변화를 모니터 해보는 학습이 필요합니다. Full SuperTap Reset을 선택하면 모든 파라미터 조종 값을 초기화시킬 수 있습니다.

Waves사 Super Tap의 명성을 잇는 차세대 H-Delay는 Lexicon PCM42 모델을 시뮬레이션 하고 있는 장치 입니다. 아날로그 사운드를 그대로 재현하고 있으면서도 사운드 왜곡을 최소화 시킨 디지털의 장점을 갖추고 있는 하이브리드 제품입니다.

▲ waves.com

● Delay : 딜레이 타임을 조정합니다. Tap 패드 기능도 제공합니다. 단위는 템포(BPM), 타임(MS), 자동(Host)으로 디스플레이 창 아래쪽 버튼으로 선택합니다.

● Moduration : 딜레이 사운드의 변조 폭(Depth)과 속도(Rate)를 조정합니다. 디스플레이 창 위쪽의 L/R 버튼은 좌/우 채널의 위상을 바꾸며, Ping Pong 버튼은 사운드를 좌/우로 흔듭니다.

● Feedback : 반복 양을 조정합니다.

● Lo/Hi Pass : 필터 값을 설정합니다. Link는 두 파라미터가 동시에 조정합니다.

● Dry/Wet : 원음과 딜레이 음의 비율을 조정합니다.

● Output : 출력 레벨을 조정합니다.

● Analog : 4개의 아날로그 모드를 지원합니다.

● LoFi : 아날로그 녹음 장치 효과를 On/Off 합니다.

Soundtoys 사의 EchoBoy는 국내 보다는 해외에서 높이 평가되고 있는 제품입니다. 특히, 세츄레이션(Saturation)과 정밀한 EQ 기능을 갖추고 있어서 EDM이나 Hip Hop과 같은 강렬한 사운드를 지향하는 뮤지션들에게 애용되고 있습니다.

공통 컨트롤러는 Mode에 따라 달라지며, 모드는 Single Echo, Dual Echo, Ping Pong, Rhythm Echo의 4가지를 제공합니다.

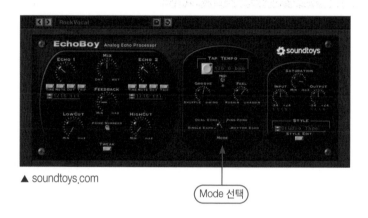

▲ soundtoys.com

Mode 선택

● Common Controls

모든 모드에서 공통적으로 사용되는 컨트롤입니다.

MIX : 원음과 딜레이 음의 비율을 조정합니다.

FEEDBACK : 딜레이 사운드의 반복 값을 조정합니다.

PRIME NUMBERS : 피드백 사운드의 타임을 미세한 변경하여 코러스와 프렌저와 같은 효과를 만듭니다. Dual Mode와 Rhythm Mode에서 효과를 볼 수 있습니다.

LOW/HIGH CUT : 로우 및 하이 컷 주파수를 제어합니다.

TWEAK : 버튼을 클릭하면 세부 설정이 가능한 컨트롤 패널이 열립니다.

Tap Tempo : 딜레이 타임을 마우스 클릭 속도로 설정할 수 있습니다. 아래쪽의 MIDI 스위치가 On일 경우에는 작업 중인 음악 템포와 동기 됩니다.

Groove : 딜레이 사운드의 업 비트 위치를 조정합니다.

Feel : 직접음과 딜레이 사운드의 간격을 조정합니다.

● Single Echo Mode

가장 간편하게 사용할 수 있는 모드입니다. 지연 시간을 조정하는 ECHO TIME은 TIME(시간), NOTE(비트), DOT(점음표), TRIP(잇단음표)의 4가지 단위를 제공합니다.
TWEAK 패널은 Width, L/R Offset, Accent의 3가지 노브를 제공합니다.

Width : 스테레오 확산감을 조정합니다.
L/R Offset : 채널의 타임 차이를 조정합니다.
Accent : 딜레이 사운드의 비트를 강조하여 리듬 만듭니다. 오른쪽으로 돌리면 1, 3, 5의 다운 비트가 강조되고, 왼쪽으로 돌리는 2, 4, 6의 업 비트가 강조됩니다.

● Dual Echo Mode

왼쪽과 오른쪽 채널을 별도로 컨트롤할 수 있는 두 개의 Echo 노브를 제공한다는 것 외에는 Single Echo Mode와 동일합니다.
TWEAK 패널 역시 좌/우 채널을 컨트롤 할 수 있는 노브를 제공합니다.

Balance : 좌/우 채널의 비율을 조정합니다.
Width : 스테레오 확산감을 조정합니다.
L/R Offset : 채널의 타임 차이를 조정합니다.
Accent 1/2 : 좌/우 채널의 비트 강조를 조정합니다.
FB Mix : 좌/우 채널의 피드백 합성 비율을 조정합니다.
FB Bal : 좌/우 채널의 피드백 밸런스를 조정합니다.

● Ping Pong Echo Mode

Dual Echo Mode의 Echo가 Ping과 Pong으로 컨트롤 된다는 것 외에는 비슷합니다. 단, 왼쪽과 오른쪽 채널이 시간차로 발생하기 때문에 사운드가 좌/우로 이동하는 효과가 연출됩니다. TWEAK 패널은 Width와 Balance의 2가지 노브를 제공합니다.

Width : 스테레오 확산감을 조정합니다.
Balance : 좌/우 채널의 비율을 조정합니다.

● Rhythm Echo Mode

최대 16개의 딜레이 사운드를 컨트롤 할 수 있는 모드입니다. 길이와 수는 Rhythm과 Repeats 노브로 결정하며, Shape로 모양을 선택합니다. Shape는 점차 작아지는 Decay, 점차 커지는 Reverse, 커졌다가 작아지는 Swell, 작아졌다가 커지는 Fade, 불규칙적인 NonLin이 있으며, 그래프를 드래그하여 사용자가 원하는 리듬으로 만들 수 있습니다. 사용자가 만든 리듬은 그래프 상단의 Preset 메뉴에서 Save As를 선택하여 목록에 저장할 수 있습니다.

Width : 스테레오 확산감을 조정합니다.
L/R Offset : 채널의 타임 차이를 조정합니다.
Pan Shape : Shape 패턴을 Sweep R/L, Alt 1/2/3, Double, Center로 변조 합니다.
Accent : 좌/우 채널의 비트 강조를 조정합니다.
Rhythm Grid : 디스플레이 창의 그리드 라인을 선택합니다.
Length : 리듬의 전체 길이를 조정합니다.

● Saturation

튜브나 레코딩 테이프 특유의 아날로그 음색을 구현하는 Saturation 섹션은 입/출력 레벨을 조정할 수 있는 노브를 제공하며, 레벨 미터는 -6dB을 노란색, 피크를 빨간색으로 표시합니다. 어떤 장치를 시뮬레이션 할 것인지는 스타일(Style) 메뉴에서 선택하며, 다음과 같은 것들이 있습니다.

▲ Master Tape(AMPEX ATR-102 30ips)
▲ Master Tape(AMPEX ATR-102 15ips)

▲ EchoPlex(EP-3 solid state tape echo)

▲ Space Echo(Roland RE-201)

▲ Binsonette (Binson Echo-Rec)

▲ TelRay(Adineko oil-can delay)

▲ DM-2(Boss DM-2 guitar pedal)

▲ Memory Man(Electro-Harmonix)

▲ CE-1 Chorus (BOSS CE-1 Chorus)

그 외, 테이프(Tube Tape/Cheap Tape), 전화(Telephone), 라디오(AM/FM Radio), 무전기 (Shortwave/Transmitter), 딜레이(Digital/Analog Delay), 코러스(Digital/Analog Chorus), 비브라 토(Vibrato), 디스토션(Saturated/Fat/Distressed/Limited/Distorted/Queeked/Ambient), 리버브 (Diffused/Splattered/Verbed) 스타일을 제공합니다.

Style Edit 버튼을 클릭하면 세팅 값을 수정할 수 있는 컨트롤 패널이 열립니다.

EQ : Low, Mid, High 대역별 주파수를 설정하는 Freq와 이득 값을 제어하는 Gain, 그리고 반복 되는 사운드의 감소율을 조정하는 Decay를 제공합니다.

Diffusion : 잔향의 밀도와 공간의 크기를 조정하는 Amount 및 Size를 제공합니다. LOOP/POST 스위치로 이동 경로를 결정할 수 있습니다.

Wobble : 피치를 변조 효과를 만듭니다. 변조 속도를 조정할 수 있는 Rate, 폭을 조정할 수 있는 Depth, 그리고 동기 방법을 컨트롤할 수 있는 Sync 노브를 제공합니다. Sync를 오른쪽으로 돌리 면 속도에 동기되고, 왼쪽으로 돌리면 피치에 동기 됩니다. 변조 곡선은 Triangle, Sine, Square, Random Walk, Random S/H 중에서 선택할 수 있습니다. FB/OUT 스위치로 변조 효과를 피드백 및 출력 신호에 적용합니다.

Saturation : 세츄레이션 출력 신호를 제어합니다. Clean, Tape, Warm, Pump, Dirt, Hard Limit, Soft Limit, Warm Limit, Bright Limit를 제공하며, 선택한 채도의 감소율을 조정하는 Decay Sat, 최종 출력을 조정하는 Out Sat 노브가 있습니다.

독특한 디자인으로 유명한 Audio Damage 사의 DubStation은 실제 하드웨어를 캡처해 놓은 듯한 모습을 갖추고 있습니다. 이름에서도 짐작할 수 있듯이 더빙 효과를 연출하는데 최적화되어 있는 장치입니다.

▲ audiodamage.com

Input Drive : -80dB에서 +3dB 범위로 입력 레벨을 조정합니다.

Hi-Cut : 4-8KHZ 범위의 고음 감쇄 필터입니다.

Lo-Cut : 100Hz-1.5KHZ 범위의 저음 감쇄 필터입니다.

Delay Time : 딜레이 타임을 조정합니다.

Mult : 딜레이 타임을 두 배로 설정합니다.

Sync : 딜레이 타임을 비트 단위로 조정할 수 있게 합니다.

Regen Amount : 반복되는 사운드의 양을 조정합니다.

Loop : 에코음을 계속 반복합니다.

Reverse : 반복 사운드를 거꾸로 진행시킵니다.

Output Mix : 원음과 지연음의 비율을 조정합니다.

Output : 최종 출력 레벨을 조정합니다.

고급스러움 보다는 개성 있는 funky skin으로 2001년 출시 당시 세계인의 관심을 받았던 Ohmforce 사의 OhmBoyz 입니다. 인터페이스만큼이나 재미있는 사운드를 쉽게 구현할 수 있기 때문에 아직까지 일렉트로닉 음악을 하는 사람들에게 꾸준히 사랑을 받고 있는 딜레이입니다. 설명은 Classic skin으로 진행합니다.

▲ Classic skin(ohmforce.com)

▲ funky skin

● Preset Panel

프리셋은 큐베이스 프리셋 메뉴에서 불러올 수 있으며, Store 버튼을 이용하여 자주 사용하는 프리셋을 8개의 버튼에 저장할 수 있습니다. Time은 프리셋 전환 타임을 초 단위로 설정하는 것으로 프리셋 전환으로 변하는 재미있는 사운드를 만들 수 있습니다. Load 및 Save 버튼은 프리셋을 불러오거나 사용자 설정을 프리셋으로 저장합니다.

● Predelay

Predelay : 초기 딜레이 사운드 외에 #1에서 #4의 4단계 딜레이 사운드를 컨트롤 할 수 있습니다.
딜레이 사운드를 개별적으로 조정할 수 있는 보기 드문 장치로 독특한 효과를 연출할 수 있습니
다. 각 파라미터의 LVL은 레벨, DLY는 타임, BAL은 팬을 조정합니다. Sustained Loop 버튼은 딜
레이 사운드를 반복합니다.

● Delay Lines

Master : 최종 출력 레벨을 조정하는 LVL과 좌/우 밸런스를 조정하는 PAN 노브로 구성되어 있습
니다.

Delay : 딜레이 간격을 조정하는 DLY와 피드백 레벨을 조정하는 FDBK 노브로 구성되어 있습니
다. 값이 50%이면 에코음이 절반씩 줄어드는 것입니다.

Filter : 딜레이 필터를 적용합니다. 타입은 Peak(RF), Low-Pass(LPF), High-Pass(HPF), Band-
Pass(BPF)의 4가지 버튼으로 제공하며, 차단 주파수를 설정하는 Freq, 강도를 조정하는 RESO, 대
역폭을 조정하는 Q 노브를 제공합니다.

Distortion : 딜레이 사운드를 왜곡합니다. 왜곡 레벨을 조정하는 Gain과 왜곡 곡선 타입을 조정
하는 P-O 노브를 제공합니다.

High Shelf : 고음역 감쇠율을 조정합니다. 주파수를 설정하는 FREQ와 감쇠 레벨을 조정하는
LVL 노브를 제공합니다.

● LFO

LFO는 Low Frequency Oscillator의 약자
로 저음역 진동을 말하는 것으로 저음역이
흔들린다면 전체가 흔들리게 되므로, 비브

라토나 트레몰로와 같은 변조 효과를 만듭니다.

PER : 진동 길이를 설정합니다. / AMP : 진동 폭을 설정합니다.

폼 버튼 : Waveform, Sine, Triangle, Square, Ramp up, Ramp down, Cos up, Cos down,
Random steps, Brown noise, Red noise의 10가지 타입을 제공합니다.

● Main Edit

각 파라미터의 조정 값을 표기하는 디스플레이 창입니다.

왼쪽 On/Off 버튼은 Delay Lines #2의 사용 여부를 결정합니다.

Delay Lines #2은 스테레오 딜레이 효과를 만들며, 전송 경로는
다음과 같습니다.

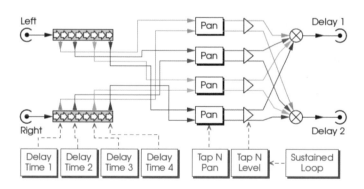

● Balance

Delay Lines #2 사용시 좌/우 밸런스를 조정합니다.

D16 Group사의 Sigmund 딜레이는 4개의 딜레이 유닛으로 코러스, 플랜저, 페이저 등, 타임 베이스 효과를 조합할 수 있는 장치입니다. 그 외, Tremolo, Filter, Limiter, Distortion, Spatializer 등의 사운드 디자인이 가능한 멀티 타입으로 자신만의 개성을 드러낼 수 있는 제품입니다.

▲ d16.pl

● Delay Paremeters

Sigmund는 4개의 Delay 라인을 제공하고 있으며, 왼쪽 상단의 번호 또는 오른쪽의 믹서 섹션에서 선택할 수 있습니다.

입력 신호는 Filter와 Overdrive를 먼저 통과하며, 순서는 Pre/Post 버튼으로 결정합니다. Feedback 버튼은 반복되는 사운드가 내부 필터를 통과하게 할 것인지를 On/Off 합니다.

● Filter

차단 주파수를 설정하는 Cutoff 노브와 강도를 설정하는 Reso 노브, 그리고 타입을 선택할 수 있는 버튼을 제공합니다. Off 버튼은 필터 기능을 Off 합니다.

● Overdrive

입력 신호 값을 제어하는 Preamp 노브와 톤을 조정하는 Color 노브, 그리고 출력 값을 제어하는 Gain 노브로 구성되어 있습니다. 왼쪽 상단의 버튼은 Overdrive의 기능을 On/Off 합니다.

● Time

Delay/Pre : 피드백으로 전송하는 타임을 조정할 것인지, 프리 딜레이로 전송하는 타임을 조정할 것인지를 결정합니다.
Tempo sync : 타임을 템포에 맞추어 조정할 수 있게 하는 Sync On/Off 버튼입니다.
Join channels : 좌/우 타임 값이 동시에 조정되도록 합니다.

Sync On 모드에서 Time 디스플레이는 분수 형태로 표시되며, M/S 모드일 때는 왼쪽이 Mid, 오른쪽이 Side 입니다. Dot은 점음표, Triplet은 3잇단음표입니다.
Sync Off 모드일 때는 타임을 ms 단위로 설정할 수 있으며, 마우스 클릭 간격으로 설정할 수 있는 Tap 버튼을 제공합니다.

● Delay

피드백 딜레이를 조정합니다. Hold 버튼을 누르고 있으면, Feedback이 양의 값이 때 +100%로 만들고, 음의 값일 때 -100%로 만듭니다. Spread은 양쪽 채널의 비율을 조정합니다.

● Channel Mode

딜레이 라인의 채널을 선택합니다. To mono는 입력 신호를 모노로 처리하고, Ch swap은 L/R 또는 M/S 채널을 바꿉니다.

● Modulation

2개의 변조 섹션인 Mod1과 Mod2를 제공하고 있으며, 이 신호의 사용 여부를 On/Off 합니다. 변조 범위를 조정하는 Time은 값을 그대로 적용하는 Lin과 배로 적용하는 Log가 있으며, Cutoff는 영향을 받을 주파수 대역, Tremolo는 레벨 범위를 설정합니다.

● Mod 1/2

〈LFO Type〉
변조 속도를 설정하는 Frequency는 템포와 동기 시킬 수 있는 Sync와 위상의 각도를 조정할 수 있는 Phase 를 제공하며, 웨이브 폼은 삼각, 사인, 사각, 톱니, 부드러운 톱니(S/H)의 5가지와 이를 반전시키는 Invert을 제공합니다.

〈ENV Type〉
엔벨로프의 Attack, Decay, Hold, Release 타임과 Sustain Level을 조정할 수 있는 노브로 구성되어 있습니다.

〈Peak Type〉

레벨 변조로 Sensitivity로 검출 레벨을 설정하고, Attack과 Release로 속도를 조정합니다.

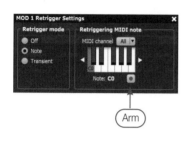

Arm

톱니 모양 아이콘을 클릭하면 트리거 옵션을 설정할 수 있는 창이 열립니다. 미디 신호에 반응하는 Note 는 사용자가 연주하는 건반을 자동으로 인식하게끔 하는 Arm 버튼을 제공하며, 오디오 신호에 반응하는 Transient는 속도(Speed)와 레벨(Threshold)을 설정할 수 있는 슬라이더를 제공합니다.

● Delay lines mixer

각 딜레이 라인의 출력 볼륨과 팬을 조정할 수 있는 믹서 섹션입니다. Sel과 Mute 버튼은 Ctrl 키를 누른 상태로 클릭하여 Copy와 Paste 기능으로 동작 시킬 수 있습니다.

● Routing

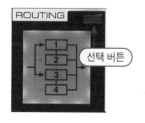

선택 버튼

딜레이 라인의 연결 방식을 선택합니다.

● Master section

최종 출력 라인입니다.

Limiter : 피크 레벨을 제한하며, Active로 기능을 On/
Off 합니다.

FX : 입/출력 신호의 비율을 조정합니다.

Output : 출력 레벨을 조정합니다.

● Preset

딜레이 라인을 4개나 제공하고 있기 때문에 입문자에게는 다소 복잡해 보일 수 있지만, 소스별로 적용 가능한 프리셋을 제공하고 있기 때문에 퀄리티 있는 딜레이 사운드를 쉽게 만들 수 있습니다. Save 및 Save As는 사용자 프리셋을 저장합니다.

Previous/Next 버튼으로 프리셋을 순차적으로 로딩할 수 있고, Browse 버튼을 클릭하면 프리셋을 소스별로 찾아볼 수 있는 창이 열립니다.

EQ로 유명한 FabFilter 사의 딜레이 입니다. FabFilter 사는 EQ 외에도 컴프레서와 딜레이를 전문 매거진 Top10에 올려놓을 만큼 프로 엔지니어들에게 인정받고 있는 제작사입니다. 참고로 본서에서 살펴보는 남들 추천 장치들은 모두 전문 매거진과 다운로드 수 Top10에서 선정한 것이므로, 기회가 되는대로 테스트해 보길 권장합니다.

▲ fabfilter.com

● Delay lines

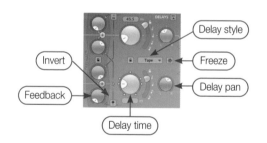

신호는 왼쪽 입력에서 오른쪽 출력으로 진행하며, 상단이 왼쪽 채널, 하단이 오른쪽 채널입니다. 첫 번째 섹션은 지연과 반복 효과를 만드는 딜레이 라인입니다.

Delay time : 딜레이 타임을 설정하며, 노브 오른쪽의 곡선 스위치를 이용하여 템포와 동기시킬 수 있습니다. 자물쇠 모양으로 템포와 동기하지 않을 때는 값이 표시되는 부분은 마우스 클릭 간격으로 타임을 설정할 수 있는 Tap 기능을 수행합니다.

좌/우 딜레이 타임 노브 사이에 있는 자물쇠 버튼을 클릭하면 왼쪽 노브로 양쪽 채널을 동시에 조정할 수 있습니다.

Delay pan : 좌/우 채널의 팬 값을 조정합니다.

Feedback : 딜레이 사운드의 반복 수를 결정하는 피드백 컨트롤 입니다.

Feedback invert switch : 피드백 신호의 위상을 반전시킵니다.

Delay style : Tape 스타일은 지연 시간이 짧아지는 경우에 지연 신호의 피치의 증가시키고, 지연 시간이 길게 되면 지연 신호의 피치의 감소시킵니다. Stretch 스타일은 지연 시간에 상관없이 피치를 일정하게 유지합니다

Freeze : 딜레이 라인의 사운드를 고정합니다.

● Filters

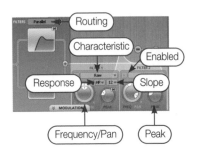

스테레오 필터는 직렬 및 병렬 연결이 가능하며, Routing 메뉴에서 연결 방식을 결정합니다.

필터 그래프를 클릭하면 파라미터를 조정할 수 있는 창이 열립니다.

Frequency : 차단 주파수를 설정합니다.

Pan : 프리퀀시 테두리로 조정하며, 필터가 적용되는 좌/우 밸런스를 조정합니다.

Peak : 필터 게인을 조정합니다.

Freeze : 딜레이 라인의 사운드를 고정합니다.

Characteristic : 필터 특성을 결정하는 11가지 엔진을 제공합니다.

Response : 필터 타입을 LP, BP, HP 중에서 선택합니다.

Slope : 필터의 기울기를 옥타브당 12dB, 24dB, 48dB 중에서 선택합니다.

Enabled : 필터 On/Off 버튼 입니다.

● Modulation

Modulation 탭을 클릭하면 거의 모든 파라미터를 변조할 수 있는 창이 열리며, 소스는 Add 버튼을 클릭하여 추가할 수 있습니다.

소스 왼쪽 상단의 핸들 버튼을 원하는 파라미터로 드래그하여 연결할 수 있으며, 슬롯은 자동 생성됩니다. 소스가 연결된 파라미터는 M자 표시로 구분합니다.

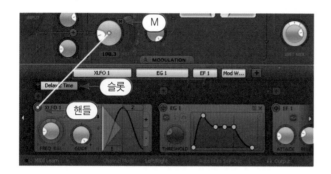

XLFO : 일반적인 LFO와 비슷하지만, 총 16 단계(Step)로 2옥타브에 걸쳐서 개별적인 변조가 가능합니다.

Frequency : 변조 속도를 조정합니다.

Balance : 테두리 노브는 좌/우 밸런스를 조정합니다.

MIDI sync : 동기와 옵션을 활성화하여 미디 메시지(Note On)가 입력되는 시점에서 파형의 주기를 다시 시작하게 합니다.

Snap : 버튼을 On으로 하면 2옥타브 범위의 키보드가 열리며, 각 스텝별로 변조 범위를 설정할 수 있습니다. Step 창에 삼각형 모양의 Phase Offset을 볼 수 있으며, 마우스 드래그로 파형의 시작점을 설정할 수 있습니다.

Glide : 전체 스텝의 시작점을 조절합니다. Step 번호를 클릭하면 오른쪽으로 각 단계별 Glide와 곡선을 선택할 수 있는 창이 열립니다.

Value : 변조 폭을 조정합니다. Step 번호를 드래그하여 조정할 수 있습니다. Random을 선택하면 임의의 값으로 조정됩니다.

Envelope generator : 엔벨로프를 생성합니다. 디스플레이 창의 첫 번째 포인트는 시작점을 조정하는 Delay이고, 순차적으로 Attack, Decay, Sustain, Hold, Release 타임을 조정합니다.

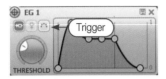

Trigger 신호는 오디오, 사이드-체인, 미디의 3가지 방식을 제공하며, 오디오 및 사이드 체인은 Threshold로 동작 값을 결정합니다.

Envelope follower: 입력 신호의 어택과 릴리즈를 조정합니다.

MIDI source : 미디 소스로 모듈레이션을 제어합니다. 중간은 상단에서 Controller를 선택했을 때의 번호이며, 하단은 변조 커브를 선택합니다.

XY Controller : 상/하, 좌/우로 움직여 하나의 소스로 두 개의 매개 변수를 제어할 수 있습니다. 핸들은 X와 Y 축의 두 개를 제공합니다. 마우스로도 가능하지만, 패드 미디 컨트롤러를 가지고 있다면 보다 효율적인 사용이 가능합니다.

● In/Output

왼쪽에는 입력 레벨을 조정하는 Input 노브가 있고, 오른쪽에는 소스 출력 레벨을 조절하는 Dry Mix와 딜레이 레벨을 조절하는 Wet Mix 노브가 있습니다. Mix 노브 테두리는 좌/우 밸런스를 조절하는 Pan 노브 입니다.

Dry Mix 노브 상단에는 Dry 소스를 아예 차단할 수 있는 Dry Enabled 버튼이 있고, 상태 표시줄에는 다양한 옵션을 설정할 수 있는 메뉴가 있습니다.

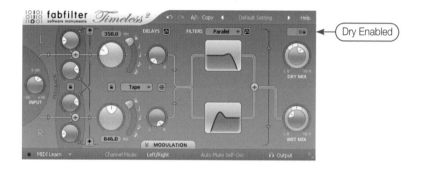

● 상태 표시줄

MIDI Learn : 미디 컨트롤러를 연결할 수 있는 상태가 됩니다. 원하는 파라미터를 선택하고, 미디 컨트롤러를 움직이면 자동으로 연결됩니다.

Channel Mode : 스테레오 채널의 Left/Right 외에 중앙과 사이드 채널에 딜레이를 적용할 수 있는 Mid/Side를 지원합니다.

Auto Mute Self-Osc : 입력 신호가 없을 때 자동으로 셀프 오실레이터 옵션 필터의 레조넌스 (Resonance)를 감소시킵니다.

Audition : 헤드폰 아이콘을 클릭하면 출력 신호(Output), 입력 신호(Input), 사이드 채널 신호 (Side Chain) 중에서 모니터할 신호를 선택할 수 있습니다.

06 모듈레이션 이펙트

타임 계열 장치에는 리버브와 딜레이 외에 플랜저, 패이저, 코러스 등의 다양한 장치들이 있습니다. 대부분 위상 변조로 독특한 사운드를 만드는 역할을 하기 때문에 모듈레이션 파트로 구분합니다.

피치 시프터

용어 그대로 음정을 조정하는 장치입니다.

실제로 음정을 수정할 때는 큐베이스나 로직에 내장되어 있는 샘플 에디터를 이용하거나 Autotune 또는 Melodyne과 같은 전문 툴을 이용하는 것이 일반적이고, Pitch Shifter는 배음과 공간성을 확장하는 목적으로 사용합니다.

큐베이스는 Octaver와 Pitch Correct의 2가지 피치 시프터를 제공합니다.

● Pitch Correct

트랙에서 연주되는 사운드의 음정이 건반 위쪽의 디스플레이 창에 파란색 그래프로 표시되며, 음정을 조정하면, 해당 음정으로 이동됩니다. 이때 오리지널 음정은 주황색 그래프로 표시됩니다. 그래프에 표시되는 옥타브 범위는 좌/우 방향의 삼각형 버튼을 클릭하여 이동시킬 수 있습니다.

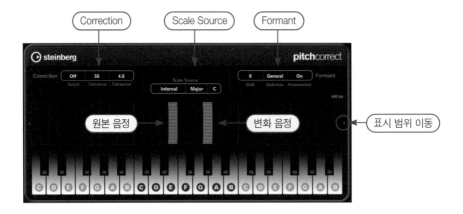

① Correction

Speed : 음정이 변하는 속도를 조정합니다. Pitch Correct의 모든 값은 마우스 드래그로 조정하거나 더블 클릭으로 입력할 수 있으며, 키를 누른 상태에서는 슬라이드로 조정할 수 있습니다. 키를 누른 상태에서 클릭하면 초기 값으로 복구됩니다.

Tolerance : 음정 변화의 정밀도를 조정합니다. 이 값을 100으로 설정하면, 쉐어 이펙트 효과를 연출할 수 있습니다. 쉐어 이펙트는 가수 Cher(쉐어)가 Believe라는 곡에서 오토 튠을 이용하여 기계적인 음성을 만든데서 시작된 용어입니다.

Transpose : 음정 변화 값을 입력합니다. 1의 값이 반음이며, 최대 2 옥타브까지 올리거나 내릴 수 있습니다.

② Scale Source

음정 변화의 기준이 되는 스케일을 선택합니다. 기본적으로 선택되어 있는 Internal은 오른쪽에서 선택한 스케일이 기준이 되면, Custom을 선택하면, 건반을 클릭하여 사용자만의 스케일을 만들 수 있습니다.

External - MIDI Scale과 Exteranl - MIDI Note는 미디 트랙에서 연주되는 스케일 및 노트 값을 기준으로 합니다. External - MIDI Sacle 및 Note를 선택하면, 미디 트랙 아웃에서 Pitch Correct를 선택할 수 있으며, 사용자가 연주하는 마스터 건반에 맞추어 조정됩니다.

③ Formant

Shift : 사운드의 주파수 특성을 바꿉니다. 값을 높이면, 음색이 하이 톤으로 변하고, 값을 내리면, 베이스 톤으로 조정되는 것을 모니터 할 수 있습니다.

Optimize : 사운드 소스의 특징을 선택합니다. 남성(Male)과 여성(Female)이 있으며, 악기는 General을 선택합니다.

● Octaver

두 개의 옥타브 음정을 만들어주는 이펙트입니다. 일반적으로 단음 악기에 사용하며, 고가의 옥타브 이펙트와 비교해도 전혀 손색없는 사운드를 연출합니다.

① Direct

원본 사운드의 레벨을 조정합니다. 이펙트를 사용하고 있는 사운드에서 옥타브 음정만 연주하고 싶다면, 이 값을 0으로 합니다.

② Octave 1/ 2

각각의 옥타브 레벨을 조정합니다. Octave 1은 원본 사운드의 한 옥타브 아래이며, Ocatve 2는 Ocatve 1의 한 옥타브 아래 음정입니다. 필요 없는 옥타브 사운드는 이 값을 0으로 합니다.

코러스

코러스는 다수의 딜레이 사운드를 서로 다른 타임과 피치로 발생시켜 여러 명이 노래하는 듯한 사운드를 만드는 장치입니다. 동작 방식은 딜레이와 비슷하지만, 모듈레이션 계열로 분류하며, 사운드의 두께감과 확산감을 만드는데 유용합니다.

① Rate : 변조 속도를 조정합니다. 노브 아래쪽의 Sync 버튼을 On으로 하면 템포에 맞출 수 있는 비트 단위로 조정할 수 있습니다.

② Width : 지연음의 이동 범위를 조정합니다. 노브 아래쪽의 waveform 스위치를 클릭하여 이동 형태를 선택할 수 있습니다.

③ Spatial : 코러스의 스테레오 폭을 조정합니다. 값을 높여 좀더 입체적인 사운드를 연출할 수 있습니다.

④ Mix : 50을 중심으로 원음과 코러스 효과를 적용한 사운드의 비율을 설정합니다. Ctrl 키를 누른 상태에서 노브를 클릭하여 기본값 50로 설정할 수 있습니다.

⑤ Delay : 코러스의 지연 시간을 설정합니다. 값이 커질수록 코러스 효과를 지연하며, Alt 키를 누른 상태로 드래그하여 슬라이드 방식으로 이용할 수 있습니다.

⑥ Lo /Hi : 코러스 효과가 적용될 주파수 범위를 설정합니다. Lo 값은 최대 1KHz이며, Hi의 최소 값은 1.2KHz입니다.

페이저

사운드를 짧게 지연시키고, 지연음을 다시 입력부로 되돌려 원음과 합성합니다. 이때 두 음의 위상 변위로 콤 필터링이 생기기 때문에 아날로그 테이프가 늘어지는 듯한 묘한 사운드를 만들 수 있습니다. 일렉 기타 연주자들에게는 매우 익숙한 장치이며, 신디 계열의 음색에서도 많이 사용합니다.

① Rate : 주파수 변조 비율을 0-5 범위로 설정하며, 노브 아래쪽의 Sync 버튼이 On이면, 비트 단위로 템포와 일치시킬 수 있습니다.

② Width : 지연음의 이동 범위를 조정합니다.

③ Feedback은 반복되는 지연음의 양을 조정하고, Spatial은 스테레오 폭을 조정합니다. 그리고 Mix는 원본과 플랜저 사운드의 비율을 조정합니다.

④ Delay : 지연음의 반복 간격을 설정합니다. Ctrl 키를 누른 상태에서 노브를 클릭하면 기본 값 2로 설정됩니다.

⑤ Manual : 노브 아래쪽의 Manual 버튼을 On으로 하여 사용 여부를 결정하며, 버튼을 On으로 하면, 노브를 이용해서 위상 변조의 비율을 조정할 수 있습니다.

⑥ Lo/Hi : 위상 변조가 일어나는 주파수 범위를 설정합니다. Lo의 최대 값은 1KHz이며, Hi의 최소 값은 1.2KHz입니다.

플랜저

파라미터는 동작 범위를 설정하는 Width 대신 주파수 범위를 설정하는 Range가 있고, 동작 방식은 페이저와 비슷합니다. 단지, 지연음이 반복될 때마다 주파수 대역을 바꿔서 사운드가 위/아래로 왜곡되는 사운드를 만들 수 있습니다. 결과는 페이저와 확연한 차이가 있으므로 반드시 테스트를 해보기 바랍니다.

세츄레이션

테이프 레코더와 같은 과거의 아날로그 장치들은 디지털에 비해서 다이내믹 범위가 좁기 때문에 사운드를 수음할 때 배음역에 왜곡이 발생합니다. 이를 따뜻하다고 표현하는데, 요즘에 출시되는 빈티지 계열의 플러그인들은 왜곡된 배음을 인위적으로 추가하여 아날로그의 따뜻함을 그대로 재현하는 장치들이 많습니다. 이러한 장치들을 세츄레이션 계열이라고 구분하며, 큐베이스는 Magneto II, Quadrafuzz, DaTube 등의 제품을 제공합니다. 대부분 Saturation이나 Drive 파라미터로 얼마만큼의 배음을 추가할 것인지를 결정하는 간단한 구조로 되어 있어 쉽게 사용할 수 있습니다.

디더링

44.1KHz/16Bit 포맷의 오디오 CD 제작을 위한 Wav 파일이나 MP3 파일을 만드는 것이 목적이라면 굳이 높은 프로젝트로 작업할 이유가 없는데도 불구하고, 대부분 48KHz/24Bit 또는 96KHz를 선호합니다. 이렇게 높은 포맷으로 작업을 하게 되면, Wav 및 MP3 파일을 만들 때 디지털 잡음이 발생하기 때문에 프로젝트는 작업 목적에 맞추는 것이 좋습니다. 그리고 포맷을 다운 시켜 믹

스다운 할 필요가 있을 때에는 마스터 트랙 Insert 7-8번 슬롯에 디더링(Dithering) 장치를 사용해야 잡음을 최소화 할 수 있으며, 큐베이스는 Lin Dither라는 디더링 장치를 제공합니다.

Chapter 07

남들 추천 모듈레이션 장치

튜브 앰프, 테이프 레코더 등 아날로그 특유의 따뜻함을 재현하고, 배음을 증가시키는 플러그인을 세츄레이션 장치로 구분합니다. 미디 음악을 하는 사람들에게는 필수적인 장치이므로, 모듈레이션 섹션에서 함께 소개합니다.

Metar Flanger

Waves 사의 Meta Flanger는 플랜저, 페이저, 코러스가 결합된 장치입니다. 일렉 기타, 드럼 심벌, 보컬, 일렉 사운드와 같은 거친 음색을 부드럽게 표현하고 싶을 때나 독특한 음색을 만들고 싶을 때 빠지지 않는 장치입니다.

● Mix : 원음과 이펙트 사운드의 비율을 조정합니다. 오른쪽의 Inverse 버튼을 On으로 하면 이펙트 사운드 위상을 반전시킵니다.

● Feedback : 반복되는 사운드의 양을 설정합니다. 오른쪽의 Inverse 버튼을 On으로 하면 피드백 사운드 위상을 반전시킵니다.

● Type/Freq : Type에서 필터 타입을 Low 및 High Pass로 선택하고, Freq에서 차단 주파수를 설정합니다. 여기서 설정한 주파수 이하 또는 이상의 사운드에 이펙트를 적용하는 것입니다. 필터 적용 여부는 On/Off 버튼으로 선택합니다.

● Delay : 사운드의 지연 타임을 조정합니다. 일반적으로 0.5ms 이하는 페이저, 0.5-3ms는 플랜저, 3ms 이상은 코러스 효과를 만듭니다. 오른쪽의 Tape 버튼을 On으로 하면 부드러운 아날로그 테이프의 지연 효과를 제공합니다.

● Rate : 이펙트 사운드의 좌우 이동 속도를 조정합니다. 오른쪽의 Sync 버튼을 On으로 하면 템포 값으로 조정할 수 있습니다.

● Depth : 이펙트 음의 좌우 이동 폭을 조정합니다. 오른쪽 Link 버튼을 On으로 하면 Rate와 함께 동작됩니다.

● Waveform : 피치 변화 타입을 선택합니다. Triangle은 두 가지로 변화를 시키고, Sine은 전 대역을 변화시킵니다.

● Modulation : 사운드의 이동 위치를 표시합니다. Stop 버튼을 눌러 효과를 정지시켰다가 음원에 시작 지점에 맞출 수 있습니다.

● Stereo : 출력 신호의 위상을 변경하지 않으면서 좌우 LFO 사이의 위상차를 설정합니다. 스테레오 변조효과를 연출할 수 있는 것입니다.

● Gain : 출력 레벨을 조정합니다.

● 플랜저 효과

전형적인 플랜저 효과는 Tape 버튼을 On으로 놓고, Depth와 Mix 파라미터를 조정합니다. Mix 값이 높을수록 플랜징이 강해지며, Mix와 Feedback Inverse를 On으로 하면 효과를 증가시킬 수 있습니다.

● 페이저 효과

원음과 효과음 사이의 위상 변화를 줄이기 위해서 Delay를 0.5-3ms 범위로 설정합니다. Mix와 Feedback Inverse를 On으로 하면 효과를 증가시킬 수 있으며, Feedback을 70% 이상으로 높이면 효과음이 얇아지고, 낮으면 부드러워집니다.

● 코러스 효과

Delay를 3ms 이상으로 설정하고, Mix를 낮게 설정합니다. 플랜저와 페이저 보다는 Rate와 Depth 가 낮지만, 충분한 효과를 얻을 수 있습니다.

그 밖에 Meta Flanger에서 제공하는 프리셋을 적용하여 사운드의 변화를 모니터해 보는 것이 장치 효과를 빠르게 익힐 수 있는 방법입니다.

Waves사의 MonoMod는 AM(트레몰로), Rotation(패닝), FM(비브라토)의 특별한 효과를 만들 수 있는 장치이며, 섹션 마다 기능을 On/Off 할 수 있는 버튼이 있습니다.

● AM

사운드의 레벨을 변조하여 트레몰로 효과를 만듭니다. 레벨은 Depth 슬라이더로 조정하며 기본 50%는 원음의 반을 의미합니다. 변조 속도는 Tempo 섹션에서 결정하며, Sync를 Auto로 하면 템포에 일치시킬 수 있습니다. Hz 및 BPM 단위로 사이의 메뉴를 이용해서 배수 설정이 가능하며, Waveform에서 변조 파형을 선택합니다.

● Rotation

사운드를 Center 값을 기준으로 Range에서 설정한 각도로 회전시킵니다.

● FM

피치를 변화시켜 비브라토 효과를 만듭니다. Output 섹션에는 출력 레벨을 결정하는 Gain과 입/출력 비율을 조정하는 Mix 슬라이더가 있습니다.

MonoMod는 섹션을 개별적으로 사용하여 트레몰로, 회전, 비브라토 등의 효과를 만들기도 하고, 3가지를 합쳐서 존재하지 않는 사운드를 만드는데 응용 할 수 있지만, 믹싱 과정에서는 Depth 값을 작게 하여 트랙의 두께감이나 스테레오 확산감을 만드는데 많이 사용합니다. 특히, 모노 채널에서 유용합니다.

Waves 사의 S1 Stereo Imager는 스테레오 확산감을 만드는 장치입니다. 보통은 마스터링 과정에서 사용하지만, 믹싱 과정에서도 많이 사용합니다. 물론, 믹싱 과정에서 사운드를 좌/우로 벌리는 테크닉은 트랙을 복사해서 팬을 좌/우로 벌리거나 스테레오 딜레이를 이용하는 방법도 있지만, 조금씩 차이가 있으므로, 음악 장르나 소스에 따라 각각의 방법을 시도해보는 것이 좋습니다.

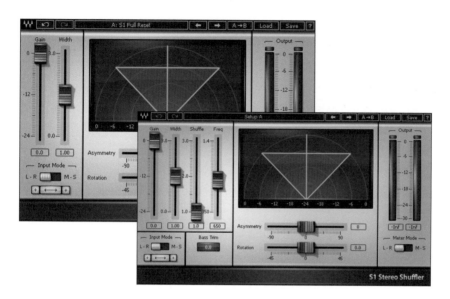

Gain : 입력 레벨을 조정합니다.

Input Mode : 인풋을 선택합니다. 스위치 아래 버튼을 클릭하여 좌/우 채널을 바꿀 수 있습니다.

Width : 스테레오 폭을 조정합니다.

Asymmetry : 좌/우 상대적 레벨을 조정합니다.

Rotation : 팬을 조정합니다.

Meter Mode : 레벨 미터의 채널을 선택합니다.

Waves S1은 Imager, Shuffler, MS Matrix의 3가지 모델이 하나의 패키지로 제공되는데, Shuffler는 저음역의 스테레오 폭을 좀 더 확장할 수 있는 Shuffler과 주파수를 설정하는 Frequency 슬라이더가 추가되어 있습니다.

MS Matrix는 별도의 컨트롤러가 없으며, 장착 즉시 채널을 바꾸는 역할을 합니다.

Massey Tape Head

아날로그 테이프를 시뮬레이션 하는 장치입니다. 플러그인들을 많이 사용하다 보면, 파라미터 수가 적은 장치가 효과가 좋다는 공통점을 발견하게 됩니다. Massey Tape-Head 역시 왜곡 값을 조정하는 Drive와 레벨을 조정하는 Trim의 두 파라미터의 간편한 조작으로 레벨을 올리지 않고 트랙을 부각시키고자 할 때 유용한 장치입니다.

▲ masseyplugins.com

Virtual Tape Machines

인터페이스만으로도 어떤 역할을 하는지 짐작할 수 있는 Slate Digital사의 Virtual Tape Machines은 NRG RECORDING의 2인치 16트랙 테이프 데크(A827)와 미스터링 엔지니어 Howie Weinberg의 1/2인치 2트랙 마스터링 테이프 데크(A80RC) 사운드를 완벽히 재현합니다. 테이프 타입으로는 1975년도에 도입된 FG 456과 그 이후에 좀 더 넓은 헤드룸을 가진 제품으로 많이 사용하던 GP9을 제공합니다.

4가지 타입으로 조합할 수 있으며, Input으로 세츄레이션 값을 조정하면 됩니다.

▲ slatedigital.com

● Settings

빨간색 Settings 버튼을 클릭하면 기본 환경을 설정할 수 있는 3개의 그룹 패널이 열립니다. 첫 번째 그룹은 테이프에서 발생하는 히즈 노이즈의 양을 결정하는 Noise Reduction, 테이프 내부에 포함되어 있는 미묘한 피치 및 진폭 변화의 양을 조정하는 Wow&Flutter, 머신에 따른 저음역 응답 레벨을 조정하는 Bass Alignment 슬라이더를 제공하며, 세 번째 그룹은 입력 신호가 없을 때 발생하는 히즈 노이즈의 양을 제어하는 Hiss Automute, 레벨 미터의 반응 속도를 제어하는 UV Ballistics 기본 그룹을 선택하는 Default Group 옵션이 있습니다.

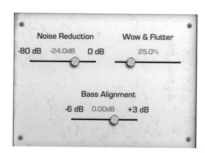

Settings 창의 두 번째 패널은 각 그룹별 레벨 미터의 피크 값을 설정합니다. 그룹은 Virtual Tape Machines을 여러 트랙에서 사용할 때 동일한 파라미터를 쉽게 선택할 수 있도록 하는 기능입니다. 예를 들어 1번 트랙에서 Group1을 선택하고, 파라미터를 설정했을 때, 2번 트랙에서 Group 1을 선택하면 1번 트랙과 동일한 파라미터 값을 적용할 수 있는 것입니다. 이때 In/Out 레벨은 제외되는데, 그룹 메뉴 오른쪽에 있는 Link 버튼을 On으로 하면, In/Out 레벨까지 동시에 컨트롤할 수 있습니다.

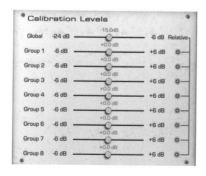
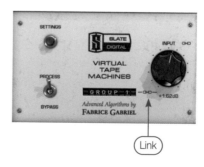

McDSP 사의 Analog Channel은 아날로그 콘솔을 시뮬레이션하는 AC101과 아날로그 테이프를 시뮬레이션하는 AC202가 패키지로 되어 있는 제품입니다.

플러그-인을 적용했을 때 사운드의 왜곡없이 두터운 톤을 만들 수 있기 때문에 모든 트랙에 사용하고 싶은 욕심이 생기는 장치이지만, 꼭 필요한 경우에만 사용할 수 있도록 합니다.

● AC 101

아날로그 콘솔의 게인 증폭을 시뮬레이션하는 장치로 클리핑을 방지하고, 신호를 부드럽게 증폭시켜 줍니다. 미디 사운드나 라인 입력 악기의 경우에는 Drive를 살짝 걸어서 사용하는 것만으로도 아날로그의 풍부함을 얻을 수 있기 때문에 요즘 음악 작업 스타일에서 빼놓을 수 없는 플러그-인입니다.

▲ mcdsp.com

In/Output : 입/출력 레벨을 조정합니다.

Drive : 앰프 효과의 강도를 조정합니다.

Curve : 컴프레서와 같은 효과로 압축 비율을 조정합니다.

Attack : 어택 타임을 조정합니다.

Release : 릴리즈 타임을 조정합니다.

● AC 202

국제 전기 기술 위원회(IEC) 모델 중에서 가장 인기 있었던 테이프 레코더를 시뮬레이션 하고 있는 장치입니다. 빈티지(Vintage)와 모던(Modern) 타입을 제공하고 있으며, Swiss, Japan, USA 국가별 헤드 종류로 Studer, Otari, MCI, Ampex, Sony, Tascam 제조사의 재생 시스템을 하나의 장치로 구현할 수 있습니다.

In/Output : 입/출력 레벨을 조정합니다.

Roll Off : 차단 주파수를 설정합니다.

Bump : 헤드 마찰에 의한 왜곡율을 조정합니다. Roll Off와 Bump는 Head Type에 따라 결과가 달라지며, AC202의 음질을 결정하는 핵심 컨트롤러입니다.

Head Type : 국가별 헤드 타입을 선택합니다. 각각 Studer A80 mkII, Otari Mx-80, MCI, Ampex MM 1200, Sony APR-5000, Tascam ATR60 모델을 구현합니다.

Bias : 고주파 증폭율을 조정합니다.

Release : 증폭된 레벨이 복구되는 타임을 설정합니다.

Speed : 테이프의 재생 속도를 선택합니다.

EQ Type : 미국 표준의 IEC2와 유럽 표준의 IEC1 타입을 선택합니다.

Type : 다이내믹 범위를 결정하는 Vintage와 Modern 타입을 제공합니다. Vintage는 6dB-9dB 범위이고, Modern은 9dB-12dB 범위로 Vintage 보다 넓습니다.

▲ Studer A80 mkII

▲ Sony APR-5000

▲ Tascam ATR60

EQ로 유명한 FabFilter사의 Saturn은 튜브 앰프, 테이프, 기타 앰프 등의 16가지 디스토션 스타일을 제공하는 멀티 밴드 타입의 세츄레이션 장치입니다. 일렉 기타에 최적화되어 있지만, 다양한 악기에 적용하여 아날로그의 따뜻함을 구현할 수 있습니다.

특히, 6 밴드 지원으로 주파수별 왜곡 사운드를 별도로 컨트롤할 수 있다는 장점이 있습니다. 밴드는 디스플레이 상단에 마우스를 위치하면 보이는 + 버튼을 클릭하여 추가할 수 있으며, 컨트롤 패널의 x 버튼을 클릭하여 삭제할 수 있습니다.

추가된 밴드는 선택한 밴드의 세팅 값이 복사되며, 주파수 범위는 세로 라인을 드래그하여 조정할 수 있습니다.

▲ fabfilter.com

● Band controls

선택한 밴드를 컨트롤합니다. Ctrl 및 Shift 키를 누른 상태에서 2개 이상의 밴드를 선택하여 동시에 컨트롤하는 것도 가능합니다.

On/Off : 밴드 사용 여부를 On/Off 합니다. Off 일 때는 해당 주파수 대역의 직접음은 그대로 통과됩니다.

Preset : 프리셋을 선택하며, Save As로 사용자 설정을 저장할 수 있습니다.

Style : 세츄레이션 장치를 선택합니다. 총 16가지를 제공합니다.

Mix : 신호 처리 전/후의 비율을 조정합니다.

Feedback-Freq : 피드백 레벨과 주파수를 설정합니다.

Dynamics : 노브를 오른쪽으로 돌리면 컴프레서로 동작하고, 왼쪽으로 돌리면 게이트 및 익스펜더로 동작합니다.

Drive : 세츄레이션 양을 조정합니다. 외각 노브를 돌려 팬을 조정할 수 있습니다.

Tone : 저음, 중음, 고음역의 레벨을 조정합니다.

Level : 출력 레벨을 조정합니다.

● Modulation

파라미터 변조 컨트롤러는 Add Source 버튼을 클릭하여 XY controllers, XLFOs, envelope generators, envelope followers, MIDI sources 타입을 추가할 수 있으며, 왼쪽 상단의 핸들을 드래그하여 연결할 수 있습니다.

각 변조 컨트롤러의 구성 요소와 사용 방법은 〈PART 5. 남들이 추천하는 딜레이〉편에서 살펴본 Fabfilter Timeless 2와 동일하므로, 생략합니다.

EchoBoy로 유명한 Sound Toys사의 아날로그 세츄레이션 장치입니다. Decapitator는 Neve, API, Ampex, EMI, Thermionic Culture 같은 실제 하드웨어 장치를 모델링하여 뛰어난 아날로그 사운드를 만들 수 있습니다.

- Style : 아날로그 모델을 의미하며, A는 AMPEX 350, E는 EMI TG, N은 Neve 1057, T는 Thermionic Culture의 3극 진공관, P는 Thermionic Culture의 5극 진공관 설정을 모델로 한 프리 앰프 입니다.
- Drive : 스타일에서 선택한 모델을 어느 정도 적용할 것인지를 결정합니다.
- Punish : 신호 이득을 20dB 증가시켜 확실한 왜곡을 만듭니다.
- Low Cut : 저음역 차단 주파수를 설정합니다. Thump 버튼은 아날로그 테이프의 head bump 와 유사한 기능으로 차단 주파수 이상의 저음역을 증가시킵니다.
- Tone : 톤을 조정합니다.
- High Cut : 고음역 차단 주파수를 설정합니다. Steep을 On으로 하면 하이 컷 필터의 기울기를 30dB의 급격하게 전환합니다. Off 일 때는 6dB입니다.
- Output : 출력 레벨을 조정합니다. Auto 버튼을 On으로 하면 압축 신호만큼 자동으로 레벨을 올립니다.
- Mix : 입/출력 신호의 비율을 조정합니다.

하드웨어 전문 업체 SPL의 TwinTube는 보컬 및 악기 트랙을 마법처럼 향상 시킬 수 있다는 평가를 받고 있는 장치로 튜브 앰프 (Saturation)의 따뜻함과 고음역(Harmonics)의 채도를 증가시켜 선명한 사운드를 만들 수 있는 두 가지 기능을 제공합니다.

컨트롤러는 각각의 제어량을 조정할 수 있는 노브와 On/Off 버튼, 그리고 Harmonics 주파수를 10(9.8KHz/BW:9.6KHz), 6(6.6 kHz/BW:5KHz), 3(2.8KHz/BW:9KHz), 2(1.9KHz/BW:4.7KHz) 선택할 수 있는 버튼을 제공합니다.

플러그-인을 사용하다 보면, 간단한 구성으로 사용 목적이 정확한 제품이 좋은 결과를 만든다는 사실을 경험하게 됩니다. SPL 제품은 이를 증명하듯 TwinTube 외에도 EQ Rangers, Dual-Band De-Esser 등이 모두 같은 랙 타입으로 판매되고 있습니다.

그 중에서 Transient Designer는 복잡한 사운드 편집 프로그램을 이용하지 않고도 사운드의 어택과 서스테인을 조정할 수 있는 유용한 제품입니다. 컨트롤러 역시 이 둘을 조정할 수 있는 노브만 제공되고 있습니다.

EDM 타임 프로세싱

EDM과 같은 댄스 음악은 타임 장치를 적게 사용해야 한다고 알려져 있습니다. 하지만, 여기서 적게 사용해야 한다는 의미는 장치의 수를 말하는 것이 아니라 타임 값을 의미하는 것입니다.

Drums

스튜디오에서 녹음한 사운드나 VST 악기의 샘플은 근접 마이킹으로 수음을 하기 때문에 공간감이 부족 합니다. 대형 스튜디오에서는 엠비언스를 따로 녹음해서 믹스하는 기법으로 이를 보완하기도 하지만, 실습곡과 같이 미디로 작업한 음악은 딜레이와 리버브 등의 타임 장치를 추가해서 공간감을 인위적으로 연출합니다.

단, EDM과 같은 댄스 음악의 경우에는 자칫 사운드를 흐리게 할 수 있기 때문에 가급적 사용을 하지 않거나 매우 짧은 타임을 적용하는 등의 요령이 필요하며, 미디 음원을 사용하는 경우에는 악기의 리버브를 Off 시켜야 합니다.

본서의 샘플 곡은 모두 XLN Audio사의 Addictive Drums 2 음원을 사용하고 있으며, Send FX의 FX1과 FX2를 Off 시키고 있습니다. 어떤 음원을 사용하든 트랙 믹스다운 전에 항상 체크하기 바랍니다.

FX Off

실습 곡과 같은 미디 음원의 공간감을 자연스럽게 연출하고자 할 때는 실제 공간을 샘플링한 컨볼루션(Convolution) 타입, 가상 공간을 계산해서 구현하는 디지털 알고리즘(Algorithmic) 타입, 실제 아날로그 장치를 복각한 모델링(Modelling) 타입 중에서 성격이 다른 두 개의 장치를 믹스해서 사용하는 기법을 많이 사용합니다.

하나의 장치라도 큰 공간의 Hall과 작은 공간의 Studio와 같이 서로 다른 공간을 믹스하는 방법도 흔하게 사용하는 기법이므로, 다양하게 시도해보기 바랍니다.

실습에서는 샘플링 방식의 Audioease Altiverb와 디지털 방식의 IK Multimedia CRS Plate Reverb로 서로 다른 장치를 믹스하는 방법을 이용하겠습니다. 이를 바탕으로 독자가 선호하는 모델을 이용해도 좋습니다.

CRS Plate Reverb를 FX 트랙에 인서트합니다. 독자가 선호하는 Plate 계열의 리버브를 이용해도 좋습니다. 기본값에서 Diffusion을 15%로 작게 설정하여 직접음에 잔향이 살짝 공급되게 합니다.

계속해서 RVB Time은 1.1초, Low Time은 1.0X, High Freq는 20KHz로 설정합니다. 필터는 걸지 않고, 잔향의 길이도 8비트 정도로 짧게 설정한 것입니다.

Altiverb를 인서트합니다. Altiverb는 실제 공간을 샘플링한 IR 방식의 리버브 입니다. 장치에 보이는 그림을 클릭하여 브라우저 창을 열고, Concert Hall을 선택합니다.

Altiverb 사용자라면 다른 공간들을 선택해보면서 소리가 어떻게 달라지는지 모니터해보는 시간을 가져 보기 바랍니다.

Reverb Time은 80%로 줄이고, Time 패널의 early를 Off 합니다. CRS Plate Reverb로 초기 반사음 early를 만들고, Altiverb로 잔향 tail을 만드는 것입니다.

이처럼 두 개의 장치로 early와 tail을 나누어 컨트롤하면 불규칙적으로 형성되는 자연스러운 잔향을 모방할 수 있습니다.

Positionar 페이지를 열고, 기능을 On으로 합니다. 스피커 그림을 드래그하여 뒤쪽에 배치합니다. 대형 스튜디오에서 엠비언스 마이크를 설치하여 드럼을 녹음한 것과 같은 공간감을 연출하는 것입니다.

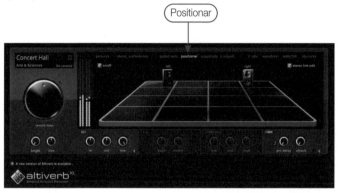

큐베이스 Studio EQ를 인서트하여 1번 밴드를 Low Cut으로 설정합니다. 그리고 130Hz 이하의 잔향을 차단합니다. 리버브에서 제공하는 EQ를 사용하지 않고, 별도의 EQ를 인서트하여 사용하고 있습니다. 두 개 이상의 리버브 장치를 연결해서 사용할 때 깔끔한 사운드를 얻을 수 있는 방법입니다.

일반적으로 자연스러운 공간감을 연출하기 위해서는 10KHz 이상의 고음역도 3dB 정도 줄여주는 것이 좋지만, 드럼 트랙에서는 별 의미 없으므로, 저음역 차단으로 마무리합니다. 이제 Kick을 제외한 나머지 드럼 구성의 Sends 값을 -20에서 -30dB 범위로 설정하여 공간감을 구현해 봅니다. 참고로 EDM과 같은 댄스 음악에서는 Kick 드럼에 리버브를 걸지 않지만, 너무 전면에서 연주되고 있다고 느껴지는 경우에는 살짝 넣어도 좋습니다. Ballade나 Rock에서는 Kick과 Snare를 같은 위치에 배치합니다.

Kick이나 Bass와 같은 저음역 악기는 타임 계열 장치를 사용하지 않는 것이 일반적이지만, 음원에 따라 약간의 딜레이와 리버브가 필요한 경우도 있습니다. 특히, 샘플 곡과 같이 미디 음원을 사용한 경우에는 아날로그 사운드를 시뮬레이션 할 수 있는 장치와 함께 사용하는 것이 좋습니다.

실습에서는 McDSP Analog Channel을 사용하겠습니다. (독자가 선호하는 앰프 시뮬레이터를 사용해도 좋고, 큐베이스 7 이상 사용자라면 Bass Amp를 추천합니다.)

McDSP AC101을 EQ 전에 인서트하고, Drive를 6dB 정도로 조정합니다.

Curve는 기본값 2.00을 그대로 두고, Attack은 0.8ms, Release는 110ms 정도로 베이스 피킹 연주만 살짝 압축되도록 합니다.

McDSP AC202를 리미터 전에 인서트합니다. 신호 경로는 AC101-EQ-Comp-AC202-Limiter가 됩니다. 베이스를 리얼 연주하여 녹음한 경우에는 컴프레서로 레벨을 다듬고, EQ를 적용하는 경우도 있으므로, 다양하게 실험을 해봅니다.

실습 곡에서는 Bump를 15dB 정도 증가시키고, Head Type에서 USA M을 선택합니다. Head Type에 따라 음질이 달라지므로, 각각의 모델을 선택해보고 마음에 드는 것을 적용해도 좋습니다. Bias를 6dB 증가시키고, Release는 150ms로 정도로 줄입니다. EQ Type은 IEC2로 선택합니다. 라인을 살짝 뚜렷하게 만들고 있는 것입니다.

짧은 딜레이 신호를 센드로 걸어서 베이스 음색을 좀 더 두껍게 만들겠습니다.

Waves Super Tap을 사용하겠습니다. (독자가 선호하는 모델을 사용해도 좋습니다.)

BMP을 템포 값 128로 설정하고, Direct 신호를 Off 합니다.

왼쪽 딜레이 신호를 On으로 하고, Gain은 0dB, Rotate는 0으로 센터에 위치시킵니다. 그리고 Delay를 1로 설정하여 16비트 타임으로 지연되게 합니다.

EQ Section을 On으로 하고 Type은 Hihg Pass, Freq는 0.1KHz로 설정합니다.

Feedback을 On으로 놓고, Gain은 16으로 설정합니다.

Delay는 2로 설정하여 잔향음이 8비트 간격으로 반복되게 합니다.

딜레이 설정이 완료되면 베이스 트랙의 Send 값을 -26dB 정도로 작게 설정합니다.

전체 음악을 모니터하면, 딜레이 사운드는 들리지 않지만, 베이스 음색이 두꺼워진 것을 확인할 수 있습니다. 실제 작업을 할 때는 Send 값을 0dB로 설정해두고, 딜레이 사운드를 모니터하면서 조정한 다음에 Send 값을 줄이는 것도 요령입니다.

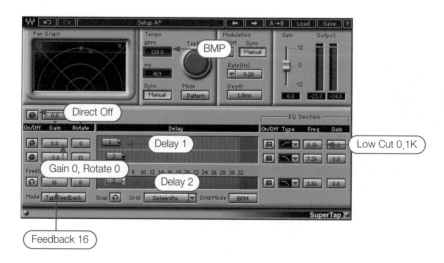

Synth Delay는 리듬을 연주하는 Synth와 Lead Synth 트랙에서 공통으로 사용합니다. 입문자는 Synth 트랙의 Sends 값을 0dB로 놓고, 딜레이 사운드를 확실하게 모니터 하면서 조정합니다. 모델 은 템포 딜레이 설정에 편리한 Waves 사의 Super Tap를 사용하겠습니다. (독자가 선호하는 모델 을 사용해도 좋습니다.)

BMP을 템포 값 128로 설정하고, Driect는 On으로 설정합니다.

양쪽 채널 모두 On으로 하고, Gain을 0dB로 올립니다. Rotate는 왼쪽 -45, 오른쪽 45로 딜레이 사운드를 좌/우로 벌립니다. Delay 탭은 왼쪽 4, 오른쪽 2로 8분 음표 간격으로 좌/우가 차례로 들 리게 합니다.

양쪽 채널의 EQ Section을 모두 On으로 하고, Type은 Hihg Pass, Freq는 0.4KHz로 설정하여 저음역에는 딜레이가 걸리지 않게 합니다.

Feedback의 Gain은 8, 탭은 7로 설정하여 반복 사운드가 좌/우로 이동되게 합니다.

Sends값은 Synth에서 -3dB, Lead Synth에서 -7dB 정도로 조정합니다.

Synth Reverb

리버브는 Synth 트랙에서 딜레이 다음에 적용하여 왼쪽은 4비트, 오른쪽은 8비트 프리 타임이 적용되게하는 테크닉 입니다. FX 트랙을 추가하고, 큐베이스 Room Works를 인서트 합니다. (독자가 선호하는 리버브를 사용해도 좋습니다.)

Pre Delay를 0으로 하고, Reverb Time은 4.5초로 길게 줍니다. Size도 50으로 크게 잡고, Damping 섹션의 Freq를 Lo는 100Hz를 10으로 줄이고, Hi는 2.3KHz를 50으로 설정합니다. 잔향으로 사운드가 흐려지지 않게 밝은 톤을 만드는 것입니다.

Mix를 100으로 설정하고, Synth 트랙의 Send 값을 -3dB 정도로 조정합니다. 코드 연주가 좌/우 8비트 간격으로 잔향이 걸려 자연스러운 공감감이 연출됩니다.

리드 신스는 아날로그 세츄레이션 장치를 인서트하여 파워를 부여하는 것도 좋습니다. 큐베이스 7 이상 사용자라면 Magento II를 인서트하고, Saturation 값을 50%로 증가시킵니다. 간단한 사용으로 확실한 존재감을 얻을 수 있습니다.

큐베이스 5 또는 로직을 사용하는 경우라면 Massey사의 Tape Head 장치도 좋습니다. Drive 값을 5로 조정합니다. 다만, 음량이 살짝 커지고 있으므로, Trim을 -6dB 정도로 줄입니다. Steinberg Magento II와 같은 효과를 얻을 수 있습니다.

Sends 파라미터에서 Synth Delay를 선택하고, -7dB 정도로 조정합니다.

EDM 실습에서는 드럼 리버브, 베이스 딜레이, 신스 딜레이와 리버브, 보컬 딜레이와 리버브로 6개의 FX 트랙을 사용하고 있습니다. 이론적으로는 하나의 공간을 연출해야 한다고 하지만, 실제로는 3-4개 이상의 장치를 사용하는 것입니다.

패드 사운드의 스테레오 폭을 넓히기 위해서 트랙을 복사하거나 딜레이를 거는 경우가 많은데, 잘 못하면 음원이 센터로 이동하거나 오버 더빙으로 전면에 배치되는 오류가 발생할 수 있습니다. 가장 간단한 방법은 스테레오 폭을 넓혀주는 플러그-인을 사용하는 것입니다. 실습에서는 Waves S1 Stereo Imager를 사용하겠습니다. (독자가 선호하는 모델을 이용해도 좋습니다.)

Width 슬라이더를 증가시켜 스테레오 폭을 넓힙니다. 실습에서는 2.0으로 증가시키고 있습니다. 좌/우 밸런스가 동일하면 자연스럽지가 않으므로, Asymmetry 슬라이더로 살짝 기울입니다.

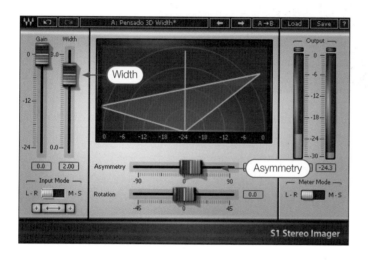

Imager 플러그-인은 쉽고 간단하게 스테레오 확산감을 만들 수 있지만, 너무 많이 사용하면 오히려 사운드가 비는 현상이 발생할 수 있습니다. 패드나 스트링 정도의 한 두 트랙으로 사용을 제한하는 것이 좋습니다. 특히, 저음역 악기에 사용하는 것은 피하는 것이 좋기 때문에 마스터링 작업에서 사용할 때는 멀티 밴드 타입의 Imager를 사용하거나 High Pass Filter 조합이 필요합니다.

보컬의 타임 베이스는 더블링 효과를 위한 딜레이, 배음역 캐릭터를 위한 세츄레이션 장치, 잔향을 위한 리버브를 조합해서 사용합니다. 특별한 경우가 아니라면 보컬 딜레이는 템포와 일치시키는 것이 자연스럽습니다.

Massey Tape Head를 EQ 이전에 걸고 Drive 값을 5로 조정합니다. 그리고 Trim을 -6dB 정도로 줄입니다.

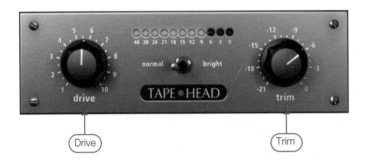

FX 트랙에 Waves Super Tap을 인서트하고, BPM을 템포 값으로 설정합니다.
Direct를 Off하고, 왼쪽 채널을 On으로 합니다.
Rotate는 0으로 설정하고 Delay 탭을 4로 설정하여 더블링 효과를 만듭니다.
EQ은 High pass 타입으로 Freq를 0.4K로 설정하여 저음역을 차단합니다.
Feedback의 Gain은 25 정도로 설정하고, Mode를 Norm로 선택합니다.

FX 트랙을 추가하고, 큐베이스 EQ를 인서트 합니다. 보컬에 따라 다르겠지만, 원음을 그대로 리버브에 전송하게 되면, 저음역과 고음역 울림이 많아져 음색이 택해질 수 있습니다. 이를 방지하기 위한 목적으로 리버브 앞에 EQ를 적용하는 것입니다.

1번 밴드를 Low Cut으로 선택하고, 350Hz 이하를 차단합니다.
4번 밴드를 High Cut으로 선택하고, 8KHz 이상을 차단합니다.

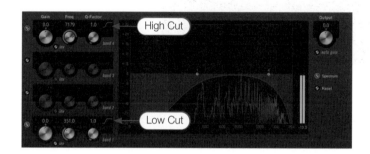

Altberb를 인서트 하고, 이미지를 클릭하여 브라우저를 엽니다. 그리고 Concert Hall을 선택합니다.

Size를 80%로 정도로 줄이고, Time Sync 버튼을 On으로 합니다.

Pre delay는 16분 음표를 선택합니다. 확장 패널을 열고, early 옵션을 해제합니다.

Positioner 페이지를 열고, 스피커를 중앙에 위치시킵니다.

보컬 리버브의 정위를 줄이는 이유는 양쪽으로 배치되어 있는 악기 리버브와 분리시켜 보컬의 잔향이 제대로 들리게 하기 위한 것입니다. 특히, 보컬 뒤에서 잔향이 울리기를 원할 때 자주 사용하는 테크닉입니다.

큐베이스 사용자는 믹서의 팬을 Stereo Combined Panner 타입으로 바꿔서 스테레오 폭을 조정해도 좋으며, 보컬이 여럿일 때 위치별로 리버브를 패닝시켜 각 보컬의 음색을 실릴 수 있는 유용한 기능입니다.

보컬 트랙 Send에서 리버브는 -12dB, 딜레이는 -14dB 정도로 설정합니다.

코러스 트랙은 딜레이를 0dB로 설정하여 리드 보컬보다 깊게 걸어줍니다.

코러스를 풍성하게 만드는 가장 좋은 방법은 많은 인원을 동원하여 녹음하는 것입니다. 하지만, 개인 작업자들에게는 불가능합니다. 차선책으로 선택할 수 있는 방법은 녹음을 수 차례 반복하는 것이지만, 보컬과 코러스가 같은 사람이라면 효과가 크지 않습니다. 차라리 성부별로 좌/우 두 트랙 정도만 녹음을 하고, 모듈레이션으로 확장하는 것이 좋은 경우가 더 많습니다.

실습 트랙을 복사하여 팬을 좌/우로 나눕니다. 그리고 큐베이스의 Cloner를 인서트합니다. (독자가 선호하는 코러스 계열의 장치를 이용해도 좋습니다.)

Spatial과 Detune 값을 70-80 정도로 증가시킵니다. detune과 delay의 Static 옵션을 해제하고, Humanize 값을 70-80 정도로 조정합니다.

복사한 트랙에도 같은 장치를 인서트하고 Detune과 Delay 값을 다르게 설정합니다. 여기에 좌/우 타임이 다른 보컬 딜레이를 Sends로 걸어주면 수십명의 인원을 동원한 듯한 효과를 손쉽게 만들 수 있습니다.

Chapter

09

R&B 타임 프로세싱

R&B는 라이브 녹음으로 타임 프로세싱을 최소화하는 것이 일반적입니다. 미디 작업자의 경우에는 이를 시뮬레이션 하기 위해서 샘플링 또는 모델링 계열의 타임 베이스 장치를 많이 사용합니다.

Drums

모든 음악 장르에서 드럼 섹션은 리버브나 딜레이 사용을 최소화하는 것이 원칙입니다. 특히, R&B의 경우에는 엠비언스 마이킹을 믹스하는 것만으로 작업을 마무리하기도 합니다. 미디 음원에서도 이를 시뮬레이션하기 위해 리버브나 딜레이 타임을 짧게 설정하는 것이 요령입니다.

장치는 샘플링 계열의 큐베이스 Reverence를 이용하겠습니다. (독자가 선호하는 모델을 이용해도 좋습니다.)

타입은 기본 설정의 LA Studio에서 Pre-delay를 23ms로 설정하고, Time Scaling을 45%로 조정합니다. EQ 항목을 On으로 하고, Low Freq를 130Hz 이하를 차단할 수 있게 Gain을 -24dB로 설정합니다. 조금 디테일한 설정이 필요하다면 EQ를 별도로 추가해도 좋지만, 0.5초의 짧은 타임이므로, 큰 차이는 없습니다.

Kick을 제외한 드럼 섹션의 Send 값을 17dB 정도로 조정합니다.

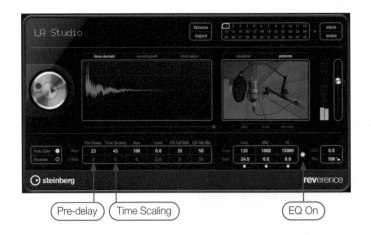

Bass

본서의 샘플 곡은 모두 Spectrasonics사의 Trilian 베이스 음원을 사용하고 있습니다. 많은 유저들에게 사랑을 받고는 있지만, 라인을 부각시키기엔 조금 아쉽기 때문에 앰프 시뮬레이터 장치를 사용하는 것이 일반적입니다. 실습곡에서는 기타 및 베이스 연주를 라인으로 녹음할 때도 유용한 Native-Instruments 사의 Guitar Rig를 사용하고 있습니다. (자세한 내용은 Guitar Rig 3 서적을 참조하기 바랍니다.)

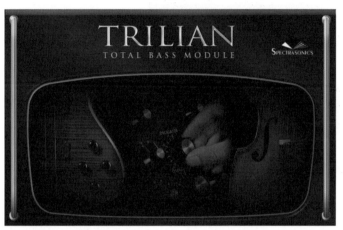

▲ spectrasonics.net(Trilian)

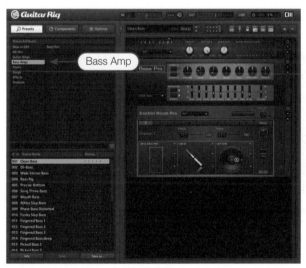

▲ native-instruments.com(Guitar Rig)

VST 음원은 살짝 얇은 사운드가 아쉽기 때문에 세츄레이션 장치를 거의 습관처럼 사용합니다. EQ 앞에 Slatedigital Virtual Tape Machines을 인서트하고, Input을 3dB 정도로 설정합니다. VST 음원이지만, 실제 악기를 라인으로 녹음한 듯한 효과가 연출됩니다. (장치는 독자가 선호하는 모델을 사용해도 좋습니다.)

리버브는 디지털 계열의 Waves Renaissance Reverberator와 샘플링 계열의 Audio Ease Altiverb 를 사용하겠습니다. (독자가 선호하는 모델을 사용해도 좋습니다.)
Predelay는 비트 보다 살짝 긴 50ms 정도로 설정하여 잔향이 직접음 뒤에 들리게 합니다. Time 은 1.2초, Size는 30정도로 작게 설정합니다.

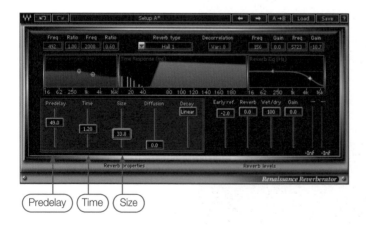

Earlyref를 -24dB로 줄여 잔향음만 사용하게 하고, High Freq의 Gain을 0dB로 설정하여 EQ는 끕니다.

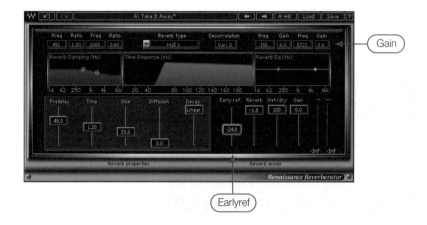

FX 채널을 추가하고, Audio Ease Altiverb를 인서트 합니다.

Reverb Time은 62%, Size는 70% 정도로 줄입니다. Time 패널을 열고, Tail을 Off 합니다. Waves Renaissance Reverberator에서 잔향음을 만들고, Audio Ease Altiverb에서 초기 반사음을 만드는 것입니다.

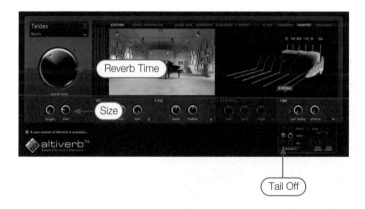

Positioner 페이지를 열고, On/Off 옵션을 체크합니다. 스피커를 드래그하여 맨 뒤 좌/우 구역에 배치합니다. 초기 반사음이 멀리서 들려오고, Waves Renaissance Reverberator의 잔향이 바로 따라붙게하여 사운드의 선명도는 유지하면서 충분한 공간감을 만들고 있는 것입니다.

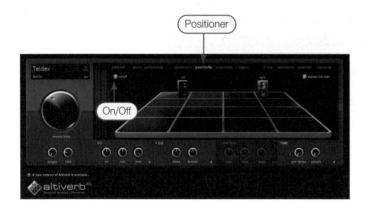

리버브 다음 슬롯에 EQ를 로딩합니다. 200Hz 포인트는 6dB/Oct로 Low Cut하고, 4KHz 포인트는 High Cut 합니다. Waves Renaissance Reverberator의 EQ 기능을 끄고, 별도의 EQ를 사용하고 있는 것입니다.

Piano 센드 슬롯에서 Waves Renaissance Reverberator는 -9dB 정도, Audio Ease Altive는 -20dB로 출력합니다.

Strings 트랙에서도 각각 -3dB, -12dB 정도의 출력으로 사용합니다.

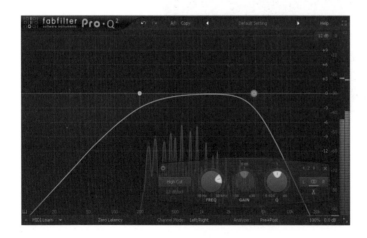

스트링 트랙이 여러 개라면 리버브 만으로도 충분하지만, 실습 곡과 같이 한 트랙이라면 딜레이를 추가하여 인위적인 확산감을 만듭니다. 물론, EDM 실습에서와 같이 Imager 플러그-인을 이용하는 것도 좋지만, 여기서는 딜레이를 사용하겠습니다.

장치는 딜레이 엔벨로프를 조정할 수 있는 FabFilter사의 Timeless를 이용하겠습니다. (독자가 선호하는 모델을 사용해도 좋습니다.)

프리셋 목록에서 Clean을 선택하여 기본 설정 값을 초기화 합니다.

FabFilter Timeless의 프리셋은 많은 엔지니어들에게 호평을 받고 있으므로, 틈틈이 모니터 해보길 권장합니다.

딜레이는 센드로 사용할 것이므로, Dry Level을 -INF dB로 조정합니다.

Delay Time을 왼쪽은 4비트, 오른쪽은 8비트로 설정하여 시간차가 발생하게 하고, Delay Pan을 왼쪽은 9시 방향, 오른쪽은 3시 방향으로 조정합니다. 단일 트랙은 딜레이를 완전히 벌리면, 소리가 센터로 모이기 때문입니다.

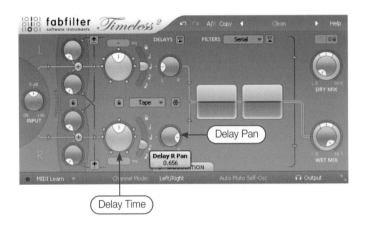

필터 그래프를 클릭하여 패널을 열고, Filter 1 캐릭터를 Smooth로 선택합니다. 타입을 HP로 선택하고, Freq를 400Hz 정도로 조정합니다. Filter 2는 Gentle 캐릭터, LP 타입이 기본적으로 선택되어 있는 상태로 Freq만 16KHz 정도로 조정합니다. 저음역과 고음역의 딜레이를 차단하여 보다 자연스러운 딜레이 사운드를 만드는 것입니다.

Modulation 패널을 열고, New Envleope Generator를 추가합니다. 그리고 핸들을 드래그하여
Wet Mix 노브에 연결합니다.

Wet Level을 0.9 정도로 증가시키고, Sustain을 0dB로 올립니다. Threshold는 -16dB 정도로 설정
하여 그 이상의 레벨에서 딜레이가 길게 걸리게 합니다. Feedback은 Link 버튼을 On으로 하고, 3
시 방향으로 조정합니다. 딜레이를 리버브 전에 인서트하고, -12dB 정도로 설정합니다. 딜레이 사
운드는 들리지 않지만, 좌/우 타임 및 레벨에 따라 달라지는 자연스러운 잔향으로 Strings 섹션의
깊이를 더 할 수 있습니다.

일렉 기타 연주자들은 딜레이, 코러스, 플랜저, 디스토션 등의 장치들을 거의 기본 톤으로 여기고 있으며, 청취자들도 이러한 기타 톤에 익숙하기 때문에 미디 연주자들은 톤 메이킹이 많은 관심을 가져야 할 것입니다.

딜레이는 Strings Delay를 -12dB 정도, 리버브는 Piano Reverb를 -6dB 정도 Sends로 적용하고, 톤 메이킹 장치들은 인서트 슬롯의 Compressor 전에 적용합니다. 즉, EQ 다음에 톤을 조정하고, 컴프레서로 압축하는 것입니다.

먼저, 큐베이스 Flanger를 로딩합니다. (독자가 선호하는 모델을 사용해도 좋습니다.)

Rate의 Sync 버튼을 Off하고, 값을 0.5로 정도로 조정합니다.

Range는 Lo를 18, Hi를 76 정도로 조정합니다.

Feedback을 70, Spatial을 100으로 증가시키고, Mix 값은 30으로 줄입니다. 그리고 Delay 값은 0.6으로 설정합니다.

위상 변조로 인한 독특한 사운드가 만들어졌습니다. 여기에 큐베이스 Rotary를 추가하여 고전 느낌을 만들어 보겠습니다. (독자가 선호하는 앰프 시뮬레이션 장치를 이용해도 좋습니다.)

Overdrive를 20 정도로 조금 증가시키고, CrossOver 값을 200 정도로 줄입니다.

위쪽의 Horn 컨트롤 노브를 Slow는 60, Fast는 200, Acel은 120, Amp Mod는 100, Freq Mod는 50 정도로 조정하고, 아래쪽 Bass 컨트롤 노브는 Slow 80, Fast 300, Accel 180, Amp Mod는 0, Level은 0으로 조정합니다.

Mics 컨트롤의 Phase를 100으로 설정하고, Distance를 20 정도로 조정합니다. Output은 70 정도로 증가시키고, Mix 값은 50으로 설정합니다. 실제 로타리 스피커로 녹음한 듯한 효과를 연출하고 있는 것입니다. 단독으로는 조금 튀는 느낌이 들지만, 타임 장치를 센드로 추가하면 전체적으로 어울리는 사운드가 됩니다.

보컬은 빈티지 사운드를 연출하기 위해서 딜레이만 적용하겠습니다. 이때 주의해야 할 것은 반드시 템포 딜레이로 아주 작게 걸어야 촌스럽지 않습니다.

템포 딜레이 설정에 편리한 Waves Super Tap을 이용하겠습니다.

FX 트랙에 장치를 로딩하고, Sync 버튼을 Auto 버튼로 설정하여 템포와 일치시킵니다. 그리고 Direct 버튼을 Off 합니다.

왼쪽 딜레이를 On으로 하고, Gain을 0dB로 설정합니다. Rotate는 0을 설정하여 딜레이 사운드를 중앙에 배치하고, Delay 탭은 4 비트로 조정합니다.

Feedback을 On으로 하고 Gaine을 20dB 정도로 설정합니다. 반복되는 사운드가 살짝 크지만, Sends 값을 -26dB 정도로 작게 설정하여 작은 레벨에서는 거의 느낄 수 없게 됩니다.

딜레이 트랙에 EQ을 추가하고, 200Hz 이하를 차단합니다.

보컬 딜레이는 코러스 트랙에서도 사용되며, 코러스 트랙은 리드 보컬보다 레벨이 작으므로, Sends 값을 -15dB 정도로 조금 크게 설정합니다.

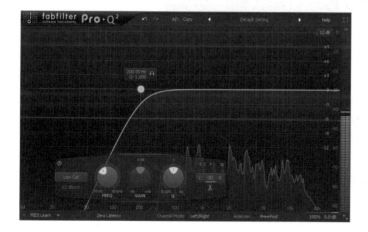

Hip Hop 타임 프로세싱

힙합에서는 타임 장치를 사용하지 않는 것으로 오해하는 경우가 있는데, 전송 레벨이 작을 뿐, 장치 경로는 다른 장르와 동일합니다. 그래서 타임 장치를 컨트롤할 때는 모니터 볼륨을 조금 크게 하는 것이 좋습니다.

Drums

FX 트랙의 타임 작업을 진행하기 전에 Kick과 Snare 드럼에 아날로그 세츄레이션 장치를 인서트하여 사운드를 조금 더 두껍게 만들겠습니다. 이 부분은 개인의 취향이 크게 반영되는 부분이기 때문에 꼭 사용하라고 권장하기에는 무리가 있지만, 학습을 하는 지금 단계에서는 테스트를 해보고 결정하는 것이 좋습니다.

Kick 드럼에는 Slate Digital 사의 Virtual Tape Machines을 사용하겠습니다.
장치를 인서트하고, Input을 3dB 정도 증가시킵니다.

스네어 드럼에는 McDSP 사의 Analog Channel AC101를 사용하겠습니다.
참고로 사운드의 색깔을 결정하는 세츄레이션 장치는 인서트 패널의 첫 번째 슬롯에 사용하는 것이 일반적입니다. 즉, PART 1의 이퀄라이징은 AC101을 인서트한 후에 컨트롤한 것이며, 학습 순서에 따라 여기서 살펴보는 것뿐입니다.

사운드 왜곡이 발생하지 않는 한도로 Drive 값을 증가시킵니다. 실습에서는 6dB 정도로 증가시키고 있습니다.

어택과 릴리즈 타임을 컨트롤하는 방법은 컴프레서와 동일합니다. 실습에서는 Attack을 0.6ms, Relase를 190ms 정도로 조정하고 있습니다.

세츄레이션 장치는 배음역을 추가하여 아날로그 라인으로 녹음한 듯한 효과를 만드는 것이 목적이므로, 적용 후에 레벨이 커지는 것은 피하는 것이 좋습니다.

잔향은 샘플링 방식의 Altiverb를 이용하겠습니다. FX 트랙에 장치를 인서트하고, 이미지를 클릭하여 Studio 카테고리의 SARM Studios를 선택합니다.

Size를 120%로 늘리고, Pre Delay 타임을 90ms 정도로 길게 줍니다. 그리고 Time 패널을 열어 early를 해제합니다.

Positionar 페이지를 열고, 스피커를 뒤쪽에 배치합니다. 실제 잔향음은 들리지 않지만, 스튜디오의 엠비언스를 재현하는 것입니다.

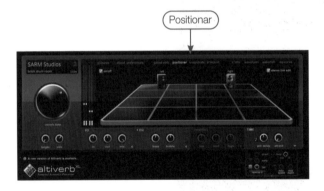

EQ를 인서트하고, 100Hz 이하와 3KHz 이상의 잔향을 차단합니다. 그리고 Kick 드럼을 포함한 모든 드럼 파트의 센드 값을 -12dB에서 -16dB 범위로 전송합니다.

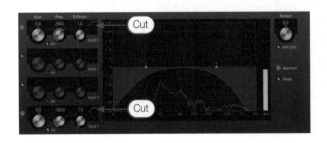

Rock 뮤지션들이 돈이 좀 들더라도 기타 연주만큼은 리얼로 녹음하려고 하듯이 힙합 뮤지션들도 베이스 기타만큼은 리얼 녹음을 선호합니다. 그 만큼 힙합에서 가장 큰 위치를 차지하며, 개인의 음악 색깔을 결정짓는 파트이기 때문입니다. 그러나 미디 음원도 신경을 써서 작업하면 실제 연주 만큼 효과를 볼 수 있습니다.

아날로그 세츄레이션 장치인 Soundtorys를 인서트합니다. (큐베이스의 Magento II를 이용해도 좋고, 독자가 선호하는 모델을 사용해도 좋습니다.)
Punish 버튼을 On으로 하여 게인을 증가시키고, Drive 값을 3dB 정도로 조정합니다. 스타일은 기본 값으로 선택되어 있는 AMPEX(A) 모델입니다.

Tone을 왼쪽으로 돌려 살짝 어둡게 만들고, Mix 노브를 12시 방향으로 조정하여 다이렉트 사운드와 세츄레이션 사운드의 비율이 5:5가 되게 합니다.
확실한 톤의 변화를 느낄 수 있습니다.

신스 트랙도 딜레이를 따로 걸겠습니다. 장치는 아날로그 세츄레이션 기능이 포함되어 있어서 힙합 엔지니어들이 자주 사용하는 Soundtoys 사의 EchoBoy 입니다.

FX 트랙에 장치를 인서트하고, Mix 노브를 Wet로 돌립니다.
Echo Time은 1/16th으로 설정하고, Feedback을 10시 방향으로 조정합니다.
High Cut 노브르 2시 방향으로 조정하여 고음역 에코를 차단합니다.

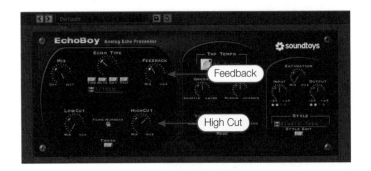

Tweak 버튼을 클릭하여 패널을 열고, Width와 L/R Offset 노브를 최대 값으로 설정합니다. 좌/우 폭을 넓히고, 에코 사운드를 지연시키는 것입니다.

Saturation 노브를 3시 방향으로 조정하고, Style은 목록을 열어 마음에 드는 모델을 선택합니다. 실습에서는 Master Tape을 선택하고 있습니다.

Synth 트랙의 Sends 레벨은 -3dB 정도로 조정합니다.

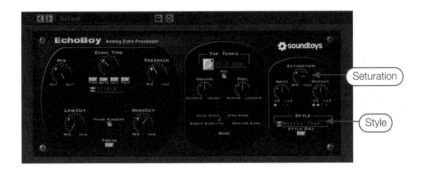

Waves S1 Stereo Imager를 추가하고, Width와 Asymmetery 값을 조정하여 딜레이 사운드를 좀 더 확장 합니다. 사이드 딜레이를 적용한 효과를 얻을 수 있습니다. 트랙을 복사하여 팬을 벌려도 비슷한 효과를 얻을 수 있지만, 에코음이 센터의 보컬을 간섭하기 때문에 Imager를 사용한 것입니다. 트랙을 복사해서 팬을 나누는 기법도 자주 사용하므로, 두 가지 모두 테스트를 해보기 바랍니다.

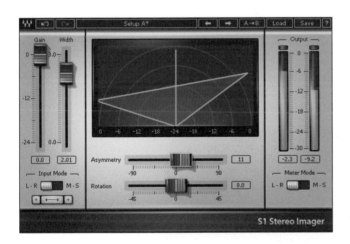

대부분의 래퍼는 다이내믹 마이크를 선호합니다. 습관인 경우도 많지만, 단단한 사운드 때문이기도 합니다. 결국, 콘덴서 마이크로 녹음한 사운드는 아날로그 세츄레이션 장치를 사용하여 이를 보충해야 합니다.

Slate Digital Virtual Tape Machines를 인서트하고, Speed를 15ips로 설정합니다.
장치를 인서트하는 것만으로도 충분하기 때문에 레벨은 조정하지 않습니다.

랩은 타임 장치를 사용하지 않는 것으로 오해하는 경우가 있는데, 실제로는 더 많이 사용합니다. 실습에서도 리버브 2트랙, 딜레이 2트랙, 하모니 트랙으로 5개의 FX 트랙을 사용하겠습니다. 먼저 리버브는 Lexicon 사의 RandomHall을 사용하겠습니다.
장치를 로딩하고, Preset에서 Lagre RHall 3 타입을 선택합니다.

Predealy를 33ms로 증가시키고, Reverb Time을 2.4 초 정도로 줄입니다. 잔향음이 뒤쪽에서 울려 엠비언스 효과를 만드는 것입니다.

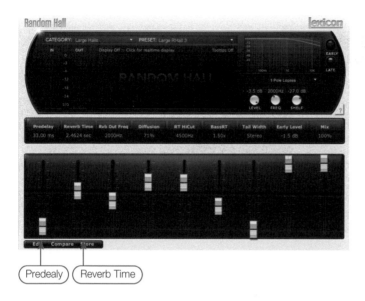

리버브 다음에 EQ를 장착하고 300Hz 이하를 차단합니다.

실습에서는 500Hz 부근을 2dB 정도 추가로 감소시켜 랩이 연주되는 실음역에서는 잔향이 발생하지 않게 하고 있습니다. Sends 레벨은 -20dB 정도로 설정합니다.

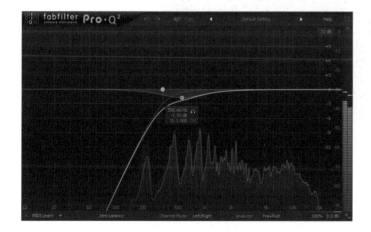

FX 트랙을 추가하고, Waves Renaissance Reverberator를 인서트 합니다.

Reverb Type은 Plate 1을 선택합니다. Rexicon과 같은 계열이지만, 서로 다른 공간을 믹스하는 기법입니다.

Predelay를 89ms 정도로 큰 공간감을 만들고, Time은 1.2 초로 짧게 줄입니다.

Size를 50%로 줄이고, Reverb EQ의 High Freq 포인트를 드래그하여 4KHz 대역으로 조정합니다.

앞의 Rexicon과 혼합하여 실제 공간감을 연출하는 것입니다.

Sends 레벨은 -20dB 정도로 비슷하게 조정합니다.

딜레이 설정을 위한 FX 트랙을 추가하고, 힙합 엔지니어들이 좋아하는 Soundtoys 사의 EchoBoy
를 인서트 합니다. (독자가 선호하는 모델을 사용해도 좋습니다.)

Mix 노브를 Wet로 돌리고 Echo Time은 1/32nd로 짧게 설정합니다.

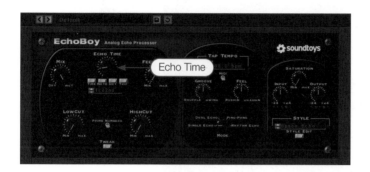

Low Cut 노브를 12시 방향으로 조정하여 저음역 딜레이를 차단하고, 세츄레이션 패널의 Style에
서 Space Echo를 선택합니다.
Sends 레벨은 -20dB 정도로 조정합니다.

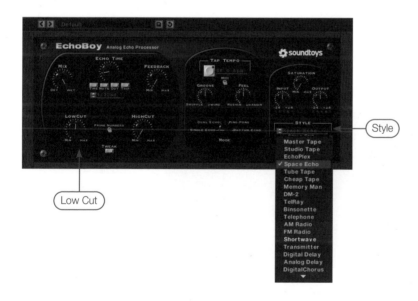

FX 트랙을 추가하고, 큐베이스 Cloner를 인서트 합니다. 그리고 프리셋 목록에서 Sweet Vocal Chorus를 선택합니다.

다음 슬롯에 EQ를 로딩하고, 250Hz 이하를 차단합니다. 그리고 Channel Mode를 클릭하여 Mid/ Side 모드로 변경합니다. 사이드의 저음역을 차단하는 것입니다. Sends 레벨은 -20dB 정도로 설 정합니다.

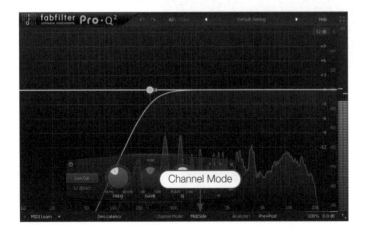

FX 트랙을 추가하고, 앞에서 적용했던 Space Echo를 복사합니다. 그리고 Echo Time 값을 1/4 Note로 변경합니다.

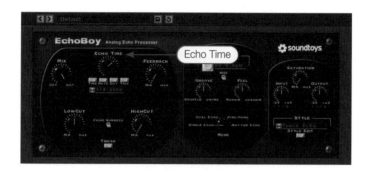

다음 슬롯에 EQ를 로딩하고, 1KHz 이하는 12dB/Oct 슬로프 곡선으로 차단하고, 5KHz 이상은 18dB/Oct 슬로프 곡선으로 차단합니다.
Sends 레벨은 -22dB 정도로 조정합니다.
지금까지 랩 트랙을 위한 5개의 FX 트랙 작업을 진행한 것입니다.

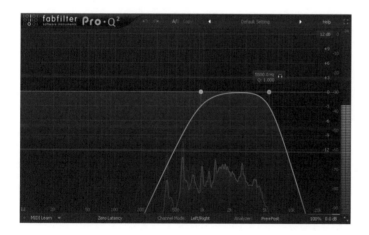

Rock 타임 프로세싱

록 음악은 리얼 녹음으로 진행하는 경우가 많고, 타임 장치를 라인 단계에서 사용하기 때문에 믹싱에서 생략되는 경우가 많습니다. 실습은 미디 곡이지만, 리얼 녹음에 응용할 수 있는 방법을 함께 살펴보겠습니다.

Drums

리얼 녹음에서 오버헤드 트랙은 높은 압축으로 사운드를 살짝 뒤로 밀고, 파트 트랙과 믹스하는 방법으로 공간감을 확보합니다. 이때 조금 수고스럽더라도 작업 공간을 확대하여 오버헤드 트랙과 Kick 트랙의 위상차를 확인하고, 벗어나 있다면 인스펙터 창의 트랙 딜레이(Track Delay) 기능을 이용하여 맞추는 것이 좋습니다. 물론, 트랙을 직접 드래그 하여 맞춰도 좋습니다.

다음 그림은 트랙을 복사해서 사용하는 실습과는 무관하지만, 작업 공간을 확대하여 오버헤드 트랙과 Kick 트랙과의 타임이 벗어난 예를 보이고 있습니다.

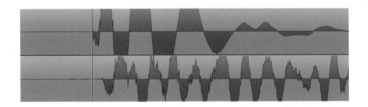

다음 그림은 오버헤드 트랙을 드래그하여 타임을 일치시키고 있는 경우입니다.
이것이 항상 좋은 결과를 만드는 것은 아니지만, 댐핑감은 확실이 증가되므로, 리얼로 녹음한 드럼을 믹싱할 때 꼭 한번쯤은 확인을 하는 것이 좋습니다.

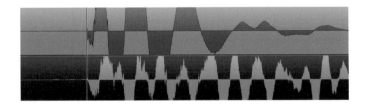

실습에서는 드럼 그룹 트랙을 복사하여 오버헤드 트랙을 시뮬레이션 합니다.

FX 타임 작업을 진행하기 전에 콘솔 시뮬레이터와 테이프 세츄레이션 장치를 인서트하여 아날로 그 배음을 추가합니다. 미디 작업에서는 필수적으로 사용하며, 리얼 녹음에서도 흔하게 사용하는 플러그-인입니다.

콘솔 시뮬레이터는 MCDsp 사의 AC101을 사용하겠습니다. 게인 리덕션이 4-5dB 정도가 되게 Drive 값을 조정하고, Release 타임을 비트에 맞춥니다.

테이프 세츄레이션 장치는 Massey사의 Tape Head를 사용하겠습니다. Drive를 5-6dB 정도 증가 시키고, Trim을 -9dB 정도로 감소시킵니다.

콘솔 시뮬레이터 및 테이프 세츄레이션 장치는 독자가 선호하는 제품을 사용해도 좋으며, 기회가 되면, 다양한 장치를 테스트 해보길 권장합니다.

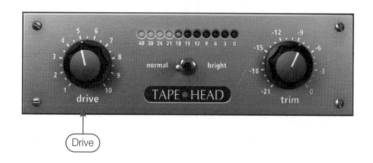

록 연주자들은 템포 딜레이에 매우 익숙합니다. 실제 딜레이 사운드는 들리지 않지만, 풍부한 공간감을 만들 수 있기 때문입니다.

FX 트랙을 만들어 Waves Super Tap을 인서트 합니다. Sync 버튼을 On으로 하여 템포에 맞추고, Direct 버튼을 Off 합니다.

좌/우 딜레이를 모두 On으로 하고, 왼쪽은 Gain 0dB, Rotate -45, Delay 2로 설정합니다. 오른쪽은 Gain -1dB, Rotate 45, Delay 4로 설정합니다. 왼쪽에서 8비트 느리게, 오른쪽에서 4비트 느리게 한 번씩 반복되는 것입니다. 오버헤드 트랙의 Sends 값을 -29dB로 조정하고 모니터를 해보면, 실제 딜레이 사운드는 들리지 않지만, 울림이 커진 것을 느낄 수 있습니다. 익숙하지 않은 초보자는 팬을 한쪽으로 돌려 모니터해보면 보다 확실한 차이를 느낄 수 있을 것입니다.

딜레이 울림을 확산시켜 공간감을 확보할 수 있는 리버브를 사용하겠습니다. FX 트랙을 추가하고
Waves Renaissance Reverberator를 인서트 합니다. (독자가 선호하는 디지털 모델을 사용해도 좋
습니다.)

Time을 1, Size를 36 정도로 줄이고, Diffusion을 50 정도로 증가시킵니다. Decay는 리니어
(Linear)로 되어 있으며, 이것을 게이트 리버브라고 합니다.

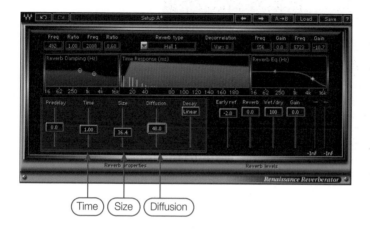

EQ의 저음역 포인트를 드래그하여 240Hz 이하를 -4.5dB 정도 낮추고, 고음역 포인트를 드래그하
여 7KHz 이상을 -6dB 정도 낮춥니다.

오버헤드 트랙의 Sends 슬롯에서 딜레이 다음에 리버브 전송 레벨을 -11dB 정도로 설정합니다. 프
리 딜레이는 0 이지만, 왼쪽 채널은 8비트 늦게, 오른쪽 채널은 4비트 늦게 잔향이 만들어지는 것
입니다.

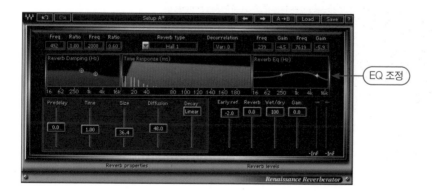

Waves Renaissance Reverberator를 인서트한 FX 트랙에 큐베이스 Reverence를 추가합니다. (독자가 선호하는 샘플링 리버브 모델을 사용해도 좋습니다.)

프리셋에서 Small Hall을 검색하여 선택합니다. 좀 더 큰 공간을 선택하고 타임을 줄이는 것이 효과적일 수 있으므로, 다른 프리셋들도 테스트를 해보기 바랍니다.

Pre Delay를 100으로 조정하여 큰 공간을 만들고, ER Tail Mix를 100으로 설정합니다. EQ를 On으로 하고, Low는 400Hz 이하, Hi는 6KHz 이상을 각각 -6dB 정도 차단합니다. 딜레이 다음에 리버브를 적용하여 좌/우 타임이 다른 자연스러운 잔향을 만들고, 여운을 조금 더 만들어 공간감을 확산하는 것입니다. 타임 장치는 모두 오버헤드 트랙에 사용되고 있기 때문에 실제 리얼로 녹음한 듯한 효과가 연출됩니다.

이미 몇 차례 사용했던 기법이므로 자신의 곡에 응용할 수 있을 것이라 믿습니다.

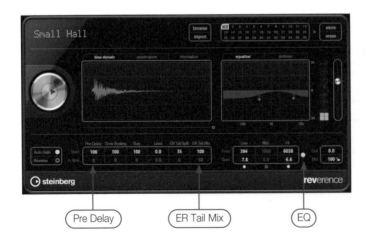

Bass

저음역에서 연주되는 Kick과 Bass에 타임 장치를 사용하면 부자연스럽지만, 본서는 모든 베이스 트랙에서 타임 장치를 사용하고 있습니다. 이것은 트랙이 많지 않기 때문에 가능한 것이며, 사운드를 풍부하게 만드는 역할을 합니다.

다른 장르보다 트랙 수가 더 적은 Rock 실습에서는 Drums의 타임 딜레이를 -30dB 정도로 전송하고, 리버브를 추가합니다.

FX 트랙을 만들고, 큐베이스의 Reverence를 인서트 합니다. Time Scaling을 50%로 줄입니다. 기본 값이 1초 정도이므로, 0.5초 정도의 짧은 잔향을 만드는 것입니다.

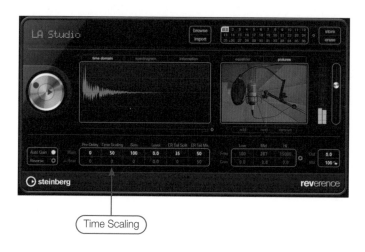

Time Scaling

리버브 다음에 EQ를 걸고, 350Hz 부근을 Q:1.5 폭으로 -3dB 정도 감소시킵니다.

베이스의 트랙의 Sends 슬롯에서 Drums의 타임 딜레이 다음에 리버브를 선택하고, 레벨을 -12dB 정도로 설정합니다. 저음역 악기에 타임 장치를 사용하지 않는 것이 좋다는 이론과는 다르게 음색이 선명해지는 것을 느낄 수 있습니다.

믹싱을 하는 입장에서는 기타의 페달 이펙트를 사용하지 않고, 그냥 라인으로 녹음하는 것이 가장 좋습니다. 하지만, 연주자 입장에서는 감성 또는 습관 때문에 페달 이펙트 사용을 선호합니다. 가장 좋은 해결책은 이펙트를 센드로 걸어서 연주자는 모니터를 할 수 있게 하고, 실제 녹음은 되지 않도록 하는 것입니다. 특히, 타임 계열의 장치는 인서트로 걸어서 녹음하는 것을 피해야 할 것입니다.

실습의 기타 연주는 모두 미디 음원으로 작업을 하고, Guitar Rig로 톤을 만들어 놓은 것이라 실제 연주와는 차이는 있겠지만, 어치피 실제 기타도 연주나 또는 모델 마다 톤이 다르기 때문에 리얼 연주 믹싱을 연습하는 것과 큰 차이는 없을 것입니다.

FX 트랙을 만들고, Waves Super Tap을 인서트합니다. Tempo의 Sync 버튼을 On으로 하고, Direct 버튼을 Off 합니다. 딜레이 타임은 자칫 사운드를 지저분하게 만들 수 있기 때문에 본서의 모든 실습에서는 딜레이 타임을 템포에 맞추고 있습니다. 하지만, 곡에 따라 프리 타임이 어울리는 경우도 많으므로, Manual 모드에서 마우스로 Tap Pad를 클릭하여 조정해보는 실습도 해보기 바랍니다.

좌/우 모두 On으로 하고, Rotate를 각각 -45/45로 설정합니다. 그리고 Delay 값을 왼쪽은 1로 16비트 지연되게 하고, 오른쪽은 2로 8비트 지연되게 합니다. 드럼에서 사용했던 딜레이 보다 지연 타임을 좀 더 빠르게 설정한 것입니다. 만일, 좀 더 길게 주고 싶다면, 드럼의 딜레이 타임을 사용하는 것도 좋습니다. Sends 값을 -15dB 정도로 설정하고, 두 가지 모두를 모니터해보기 바랍니다.

록 계열의 보컬 타임 장치는 디레이를 살짝 길게 걸어서 올드한 사운드를 만드는 것이 가장 잘 어울립니다. 물론, 개인 취향이나 보컬 음색에 따라 다르겠지만, 강렬한 디스토션이 걸려있는 기타 사운드 때문에 타임이 길어도 어색하지 않고, 오히려 보컬이 선명해지는 효과가 있기 때문입니다. 일단 큐베이스의 Magneto II, Messey의 TapeHead와 같은 아날로그 배음을 만들 수 있는 테이프 세츄레이션 장치를 인서트 합니다. 실습에서는 Slate Digital사의 Virtual Tape Machines를 인서트 하여 Input을 3dB 정도로 설정하고 있습니다.

딜레이는 Waves Super Tap을 이용하겠습니다.
Mode를 Tempo로 바꾸고, TapPad를 마우스로 한 박자 비트에 맞추어 클릭하면서 수동으로 조정합니다. 그리고 Direct는 Off 합니다.

좌/우 딜레이를 모두 On으로 합니다. Gain과 Rotate는 기본값을 그대로 사용하겠습니다. Delay 는 왼쪽을 4, 오른쪽을 8로 설정하여 3 잇단음으로 설정한 효과를 만듭니다. EQ Section은 왼쪽 과 오른쪽 모두 Hi-Pass로 0.4KHz 이하를 차단합니다. 그리고 Feedback을 On으로 하고, Gain은 20, Delay는 4로 설정합니다.

보컬 트랙의 Sends 값은 -10dB 정도로 설정합니다. 보컬을 단독으로 모니터하면 노래방 같은 느 낌이 들어 살짝 촌스럽지만, 전체적으로는 어색하지 않습니다.

리버브는 큐베이스의 ReVerence를 사용하겠습니다. 장치를 인서트하고, 프리셋 목록에서 Plate At 2sec을 검색하여 선택합니다.

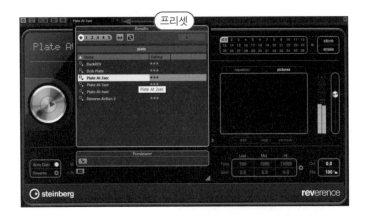

Pre-Delay를 57 정도로 길게 설정하고, Time Scaling은 10으로 짧게 설정합니다. 공간을 시뮬레이션 하는 엠비언스 효과를 만드는 것입니다.

Size는 145로 크게 설정하고, ER Tail Split을 50으로 설정합니다.

보컬 트랙의 Sends 값을 -10dB 정도로 설정하고, 모니터를 해보면, 딜레이의 확산감이 커진 것을 알 수 있습니다.

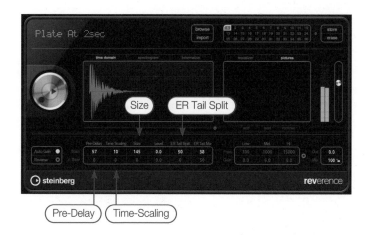

리버브 다음 슬롯에 EQ를 장착하고, 4KHz 이상의 고음역을 차단합니다.

EDM, Hip-Hop, R&B, Rock 장르별로 믹싱 실습을 해보았습니다. 장르가 다르다고 해서 기법이 달라지는 것은 아니지만, 가급적 다양한 연습을 해볼 수 있도록 한 것입니다. 사용 장치는 큐베이스 중심으로 진행하려고 노력했고, Best 10에 선정되어 있는 남들 추천 장치들도 한 번씩 다뤄보았습니다. 하지만, 여러 장치의 기능을 익히는 것보다는 한 가지라도 자기 것으로 만드는 것이 중요하므로, 다양하게 연습해 보기 바라며, 본서가 혼자서 공부하는 학생들에게 조금이라도 도움이 되었으면 합니다.

PART 04
마스터링

Chapter

01

음원 시대의 마스터링

팝은 패션입니다. 믹싱과 마스터링 기법도 시대에 따라 변하고 있기 때문에 지금의 음악 시장을 무작정 부정하고 비난하기 보다는 흐름을 수용하고 늘 새로 시작하는 마음으로 공부해야 할 것입니다.

과거에는 가수가 앨범을 발표할 때 10곡 정도의 음악을 한 장의 CD에 담아 출시를 했었습니다. 그래서 곡마다 작곡가와 편곡가는 물론, 연주자, 심지어는 녹음 스튜디오나 프로듀서가 다른 경우도 많았습니다. 결국, 각각의 곡은 색깔도 다르고, 레벨도 다를 수밖에 없었기 때문에 이를 한 장의 CD에 담기 위해서는 전체적으로 색깔과 레벨을 비슷하게 맞추는 후반 작업이 필요했습니다. 이를 CD를 찍어낼 때의 원판을 의미하는 마스터 CD(Stamper) 제작을 위한 마지막 작업이라고 해서 마스터링이라고 부르기 시작했습니다.

이처럼 마스터링은 서로 다른 색깔과 레벨을 가지고 있는 여러 곡을 한 장의 CD에 담기 위한 마무리 작업에서 시작된 것입니다. 그래서 앨범에 어울리지 않는 곡은 엄청난 비용이 들었음에도 불구하고 뺄 수밖에 없는 경우도 있었고, 타이틀 곡을 돋보이게 하기 위해서 전혀 다른 색깔의 음악을 연결하는 경우도 있었습니다. 즉, 과거 CD 시절의 마스터링은 한 장의 앨범에 담기는 각각의 곡들이 서로의 기준이 되었던 것입니다.

하지만, 요즘에는 온라인을 통해 한 곡씩 발표를 하고, 작곡, 편곡, 노래, 녹음. 믹싱, 마스터링 등의 음악 제작 과정을 혼자서 처리하는 시대가 되었기 때문에 예전과 같은 목적으로 마스터링을 하는 경우는 없습니다.
여러 가수의 곡들이 실시간으로 비교 되고 있기 때문에 음압 전쟁이라는 말이 생길 만큼 전혀 새로운 개념의 마스터링 작업이 진행되고 있는 것입니다. 앨범 색깔이 중요하던 과거와는 달리 무조건 다른 음악보다 세고 강하게 만들어야 한다는 자극성이 마스터링의 목적이 된 것입니다. 이러한 현상은 다이내믹이 중요한 발라드나 R&B 곡에서도 적용되고 있고, 누군가는 비난을 하는 경우도 있지만, 음악을 하겠다면 시장의 흐름과 패션에 따라 마스터링을 해야 할 것입니다.

그림은 과거에 마스터링의 표준이 되었던 마이클 잭슨의 CD 음악을 캡처한 화면으로 아직까지 수많은 엔지니어들에게 참고 자료가 되고 있습니다. 댄스 곡임에도 불구하고 평균 레벨이 -16dB을 넘지 않으면서도 넓은 다이내믹을 가지고 있습니다.

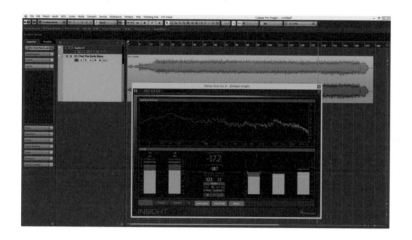

그림은 요즘에 발표되고 있는 음원을 캡처한 화면입니다. 발라드 곡임에도 평균 레벨이 -6dB로 과거에 비해서 3배 이상 높게 마스터링 되어 있습니다. 댄스 곡의 경우에는 피크 점을 초과하여 사운드가 일그러지는 경우도 있습니다. 이러한 현상은 음원이 발매되자 마자 다른 음악과 바로 경쟁이 붙고, 같은 퀄리티의 음악이라면 레벨이 클수록 좋게 들리기 때문입니다. 그래서 요즘의 마스터링은 어떡하면 피크가 발생하지 않은 -0.1dB까지 밸런스를 유지하면서 끌어 올릴 수 있는가에 초점을 두고 있습니다.

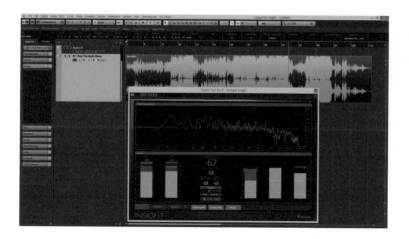

모니터 시스템

마스터링 엔지니어에게 가장 중요한 장비는 모니터 시스템입니다. 하지만, 무조건 비싼 제품을 선호하는 것 보다는 자신이 사용하고 있는 시스템의 특성을 정확하게 파악하는 것이 중요합니다.

타고난 시력이 아무리 좋다고 해도 일반 만원경으로 별을 볼 수는 없습니다. 최종 사운드를 점검하고 보정하는 마스터링 과정에서도 각 주파수 음을 정확하게 들을 수 있는 고성능 모니터 시스템을 갖추는 것이 필수입니다.

한 가지 다행인 것은 요즘 기술이 워낙 좋아서 30-40만원대 보급형 모니터 시스템과 200-300만원대 스튜디오 모니터 시스템 간의 차이가 크지 않다는 것입니다. 제품에 따라서 보급형이 스튜디오 모니터 보다 선명한 경우도 있습니다. 그러므로 무조건 비싼 제품을 선호하는 것 보다는 자신의 여력에 맞는 가격대에서 남들이 많은 사용하는 모델을 선택하는 것이 현명합니다.

제품을 갖춘 후에는 자신의 귀에 익숙해질 수 있도록 길을 들이기 과정이 필요합니다. 스피커는 벽에서 20cm 이상 띄우고, 간격은 90cm 이상으로 청취자와 삼각형이 되게 하며, 1KHz의 사인파가 귀 높이에서 들리게 배치하는 것이 정석입니다.

앞의 정석 외에도 음향 전문가들이 얘기하는 최적의 환경을 꾸미려면 최소한 6 제곱 미터 이상의 공간이 필요합니다. 전문 스튜디오를 운영하는 경우가 아니라면 현실적으로 불가능한 설계입니다. 특히, 방 크기가 3-4 제곱 미터도 안 되는 원룸에서 자취를 하면서 어렵게 공부하는 대부분의 학생들은 책상을 중앙에 배치하는 것조차 어려운 경우도 많습니다.

좁은 공간에서 최적의 모니터 환경을 꾸밀 수 있는 몇 가지 팁을 살펴보겠습니다.
우선 사용하고 있는 스피커의 덕트 위치를 확인합니다. 덕트는 원활한 저음 재생을 위한 바람 구멍으로 Kick 드럼의 구멍과 같은 원리입니다. 이것이 앞에 있다면 상관없지만, 뒤에 있다면 반드시 벽으로부터 20cm 이상의 거리를 두어야 합니다.

뒤에 위치

앞에 위치

책상은 방 구석에 두는 것이 일반적이겠지만, 벽에 붙이는 것은 좋지 않습니다. 여유가 된다면 스피커 옆면도 20cm 이상 떨어질 수 있게 합니다. 도저히 그럴 만한 공간이 없다면, 스피커가 가까운 한쪽 벽과 청취자 뒷벽에 흡음재를 붙입니다. 다만, 흡음재는 말 그대로 소리의 반사를 줄이는 것이므로, 방음 효과는 거의 없습니다. 그러므로 방음을 목적으로 방 안 전체를 도배할 필요는 없습니다. 오히려 중 고음역의 감소로 소리의 왜곡이 발생할 수 있기 때문에 잘못된 시공은 최악의 모니터 환경을 만들 수 있습니다. 그냥 음악을 조금 크게 틀어 놓고, 방 안을 한 바퀴 돌면서 반사음이 들리는 위치에만 붙이면 됩니다. 만일, 전반적으로 고르게 들린다면, 시공을 하지 않아도 됩니다. 특히, 셋방이라면 이사할 때 문제가 생기지 않도록 벽에 필름을 붙이고, 시공하는 등의 주의가 필요할 것입니다.

흡음 보드는 계란 판 모양의 흡음재에서부터 아트 보드, 목모 보드, 패브릭 등의 다양한 제품들이 있고, 인터넷으로 쉽게 구매가 가능합니다. 참고로 같은 두께라면 타공이 되어 있는 제품이 반사음을 좀 더 줄일 수 있다고 알려져 있습니다.

▲ 계란판으로 알려진 흡음재

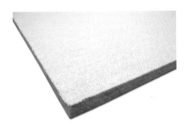
▲ 패브릭 흡음재

▲ 아트 보드

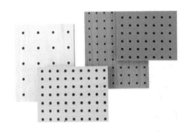
▲ 목재 보드

하지만, 어떤 제품이든 방음 효과는 거의 없습니다. 방음이 필요한 경우라면 흡음재를 붙이기 전에 별도의 방음 공사를 해야 합니다.

가장 효과적인 방음을 위해서는 기존 벽에서 공간을 두고 새로운 벽을 세우는 것인데, 일반 가정에서는 불가능한 공사입니다.

만일, 방음이 꼭 필요한 경우라면 기존 벽에 긴 각목을 약 40cm 간격으로 설치하고, 각목 사이의 공간을 유리 섬유로 채운 다음에 그 위에 석고 보드와 합판을 붙입니다. 그리고 차음재와 흡음재로 마무리하면 약 20dB 이상의 감소 효과를 볼 수 있습니다.

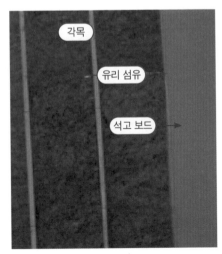

각목

유리 섬유

석고 보드

요즘에 셀프 인테리어가 유행을 하고 있고, 필요한 자재와 정보를 인터넷에서 쉽게 구할 수 있기 때문에 친구들의 도움을 받아 시도해 볼 수도 있는 공사입니다. 하지만, 천정과 바닥, 출입문과 창문까지 그리 만만한 작업은 아니므로, 단단히 마음먹어야 할 것입니다. 다만, 방음은 녹음을 할 때 외부 소음의 유입을 방지하는 것이 원래 목적이기 때문에 TV 볼륨 정도의 믹싱과 마스터링을 위해서 방음까지 할 필요는 없을 것이며, 녹음이 필요한 경우라면 가까운 연습실을 빌리는 것이 현명할 수 있습니다.

만일, 외부 소음이 너무 커서 방음을 꼭 해야 한다면, 창문과 출입문 정도만 해도 충분합니다. 창문은 기존 창에 창을 하나 더 다는 것이 좋지만, 여의치 않다면 기존 창문 사이를 흡음재로 채웁니다. 출입문도 안쪽에 문을 하나 더 달면 좋지만, 여의치 않다면 문 틈을 고무 패킹으로 막고, 흡음재를 붙입니다. 이것 만으로도 외부 소음을 크게 줄일 수 있기 때문에 믹싱과 마스터링 작업을 하는 데는 지장이 없을 것입니다.

스피커 위치가 결정되면, 스피커의 진동음을 제거할 수 있도록 해야 합니다. 가장 좋은 방법은 피아노 줄을 이용해서 천장에 매다는 것입니다. 다만, 설치에 어려움이 있고, 위험할 수도 있기 때문에 일반인들에게는 권장하지 않습니다.

보편적으로 많이 사용하는 방법은 스피커 아래쪽에 책이나 벽돌 등을 까는 방법입니다. 사실 어떤 재질 보다 좋은 것이 책이지만, 스피커를 귀 높이로 올리기 위해서는 많은 책이 필요하고, 조금 없어 보인다는 이유로 전용 받침대를 선호하는 편입니다.

받침대는 바닥과의 접촉면을 최소화 시키는 스파이크 타입, 우레탄 재질의 흡음재 타입, 공간을 띄우는 스탠드 타입 등, 다양한 제품이 있지만, 어떤 것이든 높이 조절이 가능한 제품을 선택하는 것이 편할 것입니다.

▲ 흡음재 타입

▲ 스파이크 타입

▲ 스탠드 타입

마스터링을 할 때 여유가 된다면 60Hz 이하를 모니터할 수 있는 서브 우퍼 시스템을 갖추는 것이 좋습니다. 특히, 저음 진동음 확인이 필수인 Rock이나 EDM 등의 클럽 음악을 하고 있다면 꼭 갖추길 권장합니다. 일부 엔지니어의 경우에는 서브 우퍼도 스테레오로 갖춰야 한다고 하지만, 대부분 2.1 또는 5.1로 1통이 기본 구성입니다.

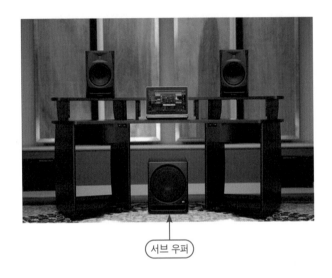

서브 우퍼

우퍼는 가급적 메인 스피커와 같은 제조사의 모델을 사용하는 것이 좋고, 위치는 책상 아래쪽에 두면 됩니다. 물론, 작업 공간이 크다면 음악을 재생시켜 놓고, 저음 성분이 가장 많은 위치를 찾아 놓는 것이 원칙입니다.

우퍼 레벨은 80dB 이상의 큰 소리를 낼 수 있는 스튜디오 공간이라면 메인 보다 -6dB 정도 작게 조정하는 것이 표준이지만, 그렇지 못한 환경이라면 메인 레벨과 비슷하게 조정을 하고, 살짝 뒤에 놓아도 좋습니다.

모니터 시스템을 갖춘 후에는 정확한 레벨링과 이퀄라이징이 필요합니다.

레벨링은 좌/우 밸런스를 의미하는 것으로 큐베이스의 Test Generator를 실행시켜 테스트 톤을 재생합니다. 스피커 전원을 하나씩 Off 시켜가면서 좌/우 볼륨이 일치하도록 조정합니다. 그리고 테스트 톤을 정 중앙에서 모니터 할 수 있게 스피커 각도를 세심하게 조정합니다.

모니터 이퀄라이징은 플래처 먼슨 그래프에 입각한 주파수 레벨을 조정하는 것입니다. 이때 사용되는 EQ 타입은 그래픽이 적합하며, 여유가 된다면 하드웨어를 권장합니다. 오디오 인터페이스 아웃과 모니터 인 사이에 하드웨어 그래픽 이퀄라이저를 연결하고, 각 슬라이더에 해당하는 프리퀀시를 Test Generator에서 재생하면서 평탄한 주파수가 될 수 있게 조정하는 것입니다. 물론, 큐베이스 마스터 트랙의 7-8번 Insert 슬롯에 GEQ-30을 장착하여 조정해도 좋습니다. 단, 믹싱과 마스터링 작업이 끝나고 믹스다운 할 때는 반드시 Bypass 시키는 것을 잊어서는 안 됩니다.

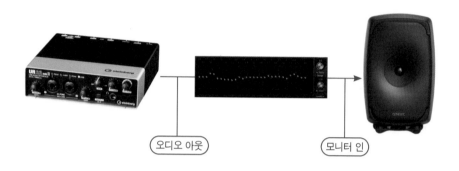

오디오 아웃   모니터 인

모니터 레벨링과 이퀄라이징 작업을 위해서는 이를 체크할 수 있는 스펙트럼 에널라이저가 필요합니다. 별도의 노트북을 가지고 있다면, EQ 학습 편에서 살펴본 iZotope 사의 Insight를 이용하면 되겠지만, 노트북이 없는 경우에는 스마트폰 어플을 이용해도 좋습니다. 참고로 입문자라면 모니터 이퀄라이징은 하지 않는 것이 좋을 수 있습니다. 그리고 현재 시스템에서 작업한 결과물이 핸드폰이나 카스테레오에서 어떻게 들리는지를 파악하는 것이 최우선입니다.

Chapter

03

마스터링의 기본

마스터링의 주요 작업은 주파수 밸런스와 다이내믹 조정입니다. 즉, 너무 밝은 고음과 피크가 튀는 레벨로 믹싱을 하면 마스터링에서 할 게 없습니다. 항상 여유 있는 믹싱이 마스터링의 기본이라는 점을 명심하기 바랍니다.

리미팅

마스터링 작업에서 컴프레서와 리미터의 사용 목적은 다소 다릅니다. 일반적으로 컴프레서는 악기 밸런스를 보정하는데 사용하고, 리미터는 레벨을 올리는데 사용합니다. 그래서 마스터링 작업에서는 리미터 사용 비율이 높고, 맥시마이저(Maximizer)라는 이름으로 출시되는 것도 있습니다. 게인 리덕션(GR)은 1-2dB로 조금씩 컨트롤하는 것이 요령이며, 최대 6dB 이상의 압축은 피하는 것이 좋습니다. 물론, Hip Hop이나 Rock에서와 같이 약간의 왜곡이 허용되는 경우에는 2-3개의 장치를 사용하거나 압축과 믹스 다운을 반복하는 것이 사운드 왜곡을 최소화 시킬 수 있는 방법입니다.

큐베이스는 리미터와 맥시마이저 두 가지 제품을 제공합니다.
어떤 장치를 사용하든 Output 레벨을 0dB로 설정하면 순간적으로 발생하는 피크를 제어하는 못하는 경우가 발생할 수 있기 때문에 -0.1dB에서 -0.3dB 정도의 여유를 두는 것이 일반적입니다.

▲ Limiter

▲ Maximizer

● Limiter

Input으로 레벨을 올리는 것이며, 게인 리덕션(GR) 레벨 미터가 1-2dB 이내로 조금씩 움직일 수 있게 설정하는 것이 좋습니다. 마스터링에서는 릴리즈 타임을 믹싱 작업 때 보다는 느리게 설정하는 것이 일반적이지만, 너무 느리면 사운드의 선명도가 떨어질 수 있으므로, 세심한 조정이 필요합니다.

표준 설정 방법은 컴프레서와 마찬가지로 GR 레벨 미터가 -10dB 이상이 될 수 있게 Input을 조정하고, 릴리즈 타임을 최소 값에서 서서히 늘리면서 GR 미터가 살짝 느리게 복구되는 값을 찾는 것입니다. 즉, Release Time을 먼저 찾고, Input을 조정하는 것이 Limiter의 사용 요령입니다. 자신 없는 입문자라면 익숙해질 때까지 Auto로 사용하는 것도 좋습니다.

● Maximizer

Optimize로 레벨을 올립니다.

대부분의 Maximizer는 제조사나 모델에 상관없이 리미터보다 반응 속도가 빨라서 피크 잡음을 전혀 발생시키지 않는다는 것으로 알려져 있습니다. 하지만, Output을 0dB로 설정하는 것은 권장하지 않습니다.

Soft Clip은 압축을 부드럽게 시작하여 튜브 앰프를 사용한 듯한 따뜻한 음질을 제공합니다. 물론, 확실한 튜브 앰프 음질을 원한다면, 이를 시뮬레이션 하는 장치를 별도로 인서트 하는 것이 효과적입니다.

큐베이스는 튜브 앰프를 시뮬레이션 하는 DaTube를 제공합니다.

시뮬레이션 양은 Drive로 조정하며, 원음과 튜브 톤과의 비율은 Mix로 조정합니다. Output은 최종 출력 레벨 조정 파라미터 입니다.

▲ DaTube

주파수 밸런스

주파수 밸런스는 믹싱 과정에서 어느 정도 완성이 되어 있는 상태이므로, 마스터링에서는 부족한 음역을 보충하는 정도면 됩니다. 다만, 특정 음역을 조정했을 때 그 주변 음역대는 물론이고, 배음역까지 영향을 끼칠 수 있기 때문에 아주 조금씩 컨트롤해야 하는 것이 포인트입니다. 그리고 마스터링에서의 이퀄라이징은 음악 색깔을 결정하는 중요한 요소가 되기 때문에 음악 장르는 둘째치고 개인 마다 테크닉이 존재한다고 봐도 무방합니다.

따라서 연습 단계에서는 스펙트럼 애널라이저에 의존할 수밖에 없지만, 시간이 날때마다 자신이 좋아하는 음악을 저, 중, 고음역으로 구분해서 모니터하는 연습을 꾸준히 하길 바랍니다. 절대 음감이 없는 경우라도 꾸준히 연습을 하면, 자신이 작업한 음악이나 외부에서 의뢰 받는 음악도 단한 번의 모니터로 어떻게 이퀄라이징을 해야 할 것인지를 판단할 수 있게 됩니다. 다만, 의뢰를 받은 경우에는 자신의 색깔 보다는 클라이언트가 우선이므로, 작업 전에 충분한 대화와 데모로 취향을 파악하고, 작업을 진행하면서도 자신의 색깔을 강요해서는 안 될 것입니다.

어떤 경우든 프로라면 클라이언트의 취향을 맞춰주는 것이 의무이며, 장르 구분없이 자신의 색깔을 강요하는 것은 스스로가 실력이 부족하다는 것을 증명하는 일입니다. 물론, 음악 장르나 취향이 너무 달라서 함께 작업하는 것이 어렵겠다면 정중히 거절하도 것도 좋습니다.

이처럼 마스터링 이퀄라이징은 음악 색깔을 확연히 바꿀 수 있기 때문에 Q 값 2 이상의 좁은 대역 보다는 0.5에서 0.7 정도의 넓은 대역으로 주파수 곡선이 자연스럽게 보정되도록 하는 것을 원칙으로 합니다. 그리고 직접음 보다는 상대 음역을 고려하여 조정하는 것이 좋습니다. 예를 들어 베이스가 부족하다고 해서 80Hz 저음역을 증가시키면 보컬 음역이 둔해질 수 있고, 250Hz의 중저음을 줄이면 5KHz 대역이 향상될 수 있는 것입니다.

즉, 저음을 올리면 고음이 둔해지고, 고음을 올리면 저음이 빈약해지는 현상이 발생할 수 있으므로, 부족한 음역을 1-2dB 증가시켜보고, 만족한 결과를 얻을 수 없다면 반대 음역을 1-2dB 감소시켜 보는 것이 현명합니다.

● Air Band

15-20KHz의 음역을 에어 밴드(Air Band)라고 하는데, 이 음역을 증가시키면 전체적으로 샤프한 음악을 만들 수 있습니다. 다만, 작은 레벨의 배음으로만 구성이 되어 있고, 나이가 들면 모니터 자체가 어려운 음역이기 때문에 자칫하면 시끄러운 사운드가 될 수도 있습니다.

그래서 입문자의 경우에는 이 음역을 건드리지 않는 것이 안전하며, 자신감이 붙은 후에도 인접 주파수의 변화를 최소화 시킬 수 있는 Baxandall 타입 EQ를 사용하는 것이 좋습니다. Baxandall 타입은 Shelving 타입보다 급격한 경사를 이루고 있기 때문에 인접 주파수의 영향을 줄이면서 에어 밴드를 컨트롤할 수 있도록 설계되어 있습니다. 쉘빙 타입도 20KHz에서 컨트롤하면 같은 효과를 볼 수 있습니다.

다음은 마스터링 실습에서 주로 사용하게 될 iZotope 사의 Dynamic EQ 입니다.
마스터링 용으로 출시된 제품답게 로우와 하이 밴드가 Baxandall 타입으로 제공되고 있으며, MS를 지원합니다.

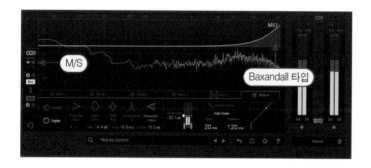

● MS EQ

이퀄라이징을 할 때 저음을 많이 증가시키면 보컬이 얇아지는 현상을 쉽게 체험할 수 있습니다. 그래서 고음을 감소시켜 보기도 하지만, 이것 만으로 해결이 안 되는 경우가 있습니다. 이때 사용할 수 있는 최선의 방법이 MS EQ를 이용하는 것입니다. MS는 미드(Mid)와 사이드(Side)의 준말로 가운데 채널과 좌/우 채널을 분리해서 컨트롤할 수 있는 장치입니다. 일반적으로 보컬은 가운데 채널에 위치하므로, 보컬 손상 없이 사이드의 저음을 증가시킬 수 있습니다.

iZotope Ozone

플러그인을 믹싱용과 마스터링용으로 구분하지는 않습니다. 그러나 마스터링 작업에 최적화되어 있는 것들이 있습니다. 그 중에서 가장 유명한 제품이 iZotope사의 Oznoe 입니다.

Standalone

Ozone은 큐베이스나 로직에서 플러그인으로 사용하거나 독립 프로그램(Standalone)으로 실행할 수 있습니다.

마스터링은 믹싱 작업이 끝난 음악을 스테레오 파일로 믹스다운해서 진행하기 때문에 큐베이스나 로직과 같은 무거운 툴 보다는 사운드포지(SoundForge)나 오디션(Auditon), 또는 웨이브랩(WaveLab)과 같은 마스터링 전문 툴을 이용하는 것이 일반적입니다. 특히, 마스터링 툴은 사운드를 정밀하게 편집할 수 있는 기능을 갖추고 있기 때문에 플러그인 효과만으로는 구현할 수 없는 사운드 디자인이 가능합니다.

하지만, 음악을 만들 때부터 귀에 거슬리는 사운드는 편집을 하고, 믹싱을 끝내는 경우가 대부분이기 때문에 마스터링 작업은 주파수 밸런스를 보정하고, 음압을 확보하는 정도로 끝내는 경우가 많습니다. 결국, 마스터링 작업에서 플러그인 외에 사용할 것이 없다면 Ozone을 독립적으로 실행하여 시스템을 확보하는 것도 요령입니다.

● 화면 구성
Ozone을 독립적으로 실행하면 메뉴 바, 툴 바, 오디오 파일 탭, 웨이브폼, 모듈 디스플레이, 모듈 브라우저, 마스터 섹션으로 구성된 창을 볼 수 있습니다.

1. 메뉴 바
File, Edit, Window, Help의 4가지 메뉴를 제공합니다.
File : 프로젝트를 열거나 저장하는 등의 파일 관리 메뉴를 제공합니다.
① Create New Project : 새로운 프로젝트를 만듭니다.

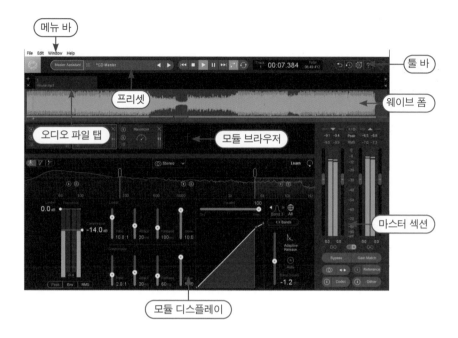

메뉴 바

File Edit Window Help

툴 바

프리셋

웨이브 폼

오디오 파일 탭

모듈 브라우저

마스터 섹션

모듈 디스플레이

② Open Project : 프로젝트 파일을 불러옵니다.

③ Open Recent Project : 최근에 작업한 프로젝트 이름이 서브 메뉴로 표시되며, 마우스 선택으로 빠르게 불러올 수 있습니다.

④ Save : 프로젝트를 저장합니다.

⑤ Save Project As : 불러온 프로젝트를 다른 이름으로 저장합니다.

⑥ Save (.OZN) As : 세션 세팅을 저장합니다.

⑦ Import Audio Files : 오디오 파일을 불러옵니다.

⑧ Export Audio Files : 오디오 파일을 만듭니다.

⑨ Close Project : 프로젝트를 닫습니다.

⑩ Quit Ozone : 프로그램을 종료합니다.

Edit : 환경을 설정할 수 있는 Preferences 창을 엽니다. 각 옵션은 모듈별로 살펴보겠습니다.

Window : Presets, History 및 오디오 아웃을 선택할 수 있는 Audio Devices 창을 엽니다.

Help : 도움말을 볼 수 있습니다.

2. 툴 바

오디오 재생 및 정지 등의 컨트롤 버튼을 갖추고 있습니다.

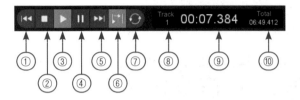

① Previous Track : 트랙이 하나일 경우에는 커서를 시작 위치로 이동시키고, 트랙이 두 개 이상인 경우에는 이전 트랙으로 이동시킵니다.

② Stop : 곡의 재생을 정지하며, 커서는 시작 위치로 돌아갑니다.

③ Play : 곡을 재생합니다. 단축키는 스페이스 바 키이며, 파형의 특정 위치를 클릭하면 해당 위치에서부터 재생됩니다.

④ Pause : 일시 정지 시킵니다.

⑤ Next Track : 트랙이 두 개 이상인 경우에는 다음 트랙으로 이동시킵니다.

⑥ Playhead Follows Playback : 정지 버튼을 누르면 커서는 시작 위치로 되돌아 가지만, 이 버튼이 On되어 있는 경우에는 정지 위치에 멈춥니다.

⑦ Loop : 오디오 파형은 마우스 드래그로 일정 구간을 선택하거나 파형 아래쪽의 리전 바를 클릭하여 선택할 수 있으며, Loop 버튼이 On되어 있는 경우에는 선택한 구간을 반복 재생합니다.

⑧ Track Number : 선택한 트랙 번호를 표시합니다.

⑨ Time Counter : 재생 위치의 시간을 표시합니다.

⑩ Total Time : 전체 트랙의 시간을 표시합니다.

3. 오디오 파일 탭

불러온 오디오 파일의 제목이 탭 형식으로 표시되며, 두 개 이상의 파일을 불러온 경우에 탭 선택으로 전환할 수 있습니다. 각 탭은 트랙으로 구분하며, Add 버튼을 클릭하거나 탐색기에서 파일을 드래그하여 추가할 수 있습니다. Remove 버튼은 트랙을 제거합니다.

4. 웨이브폼

불러온 오디오 파일의 파형을 표시하며, 마우스 클릭으로 특정 위치에 커서를 이동시키거나 마우스 드래그로 특정 구간을 선택할 수 있습니다.

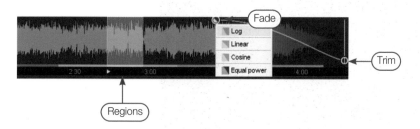

① Regions : 마우스 클릭으로 해당 구간을 선택합니다.
② Fade : 포인트를 드래그하여 페이드 인 및 페이드 아웃 효과를 만들 수 있으며, 마우스 오른쪽 버튼을 클릭하면 라인 타입을 선택할 수 있는 메뉴가 열립니다.
③ Trim : 오디오 파일의 길이를 조정합니다.

5. 모듈 디스플레이

선택한 모듈을 컨트롤할 수 있는 파라미터를 제공합니다. 각각의 역할은 이미 익숙하겠지만, 해당 장치편에서 다시 한번 살펴보겠습니다.

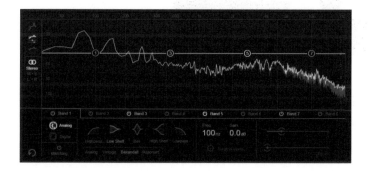

6. 모듈 브라우저

인서트한 모듈을 표시하며 신호는 왼쪽에서 오른쪽으로 이동합니다. 위치는 마우스 드래그로 변경할 수 있으며, Click to Insert module을 클릭하여 추가할 수 있습니다.

Ozone은 15가지 모듈을 제공하며, Plug-ins 모듈의 옵션 버튼을 클릭하여 타사의 플러그인을 추가할 수 있습니다.

플러그인은 Add 버튼을 클릭하여 사용자 컴퓨터에 설치되어 있는 플러그인 폴더를 선택하고, Scan Plug-ins 버튼으로 추가합니다.

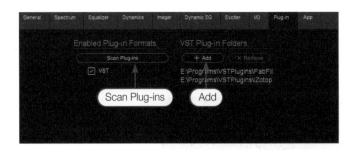

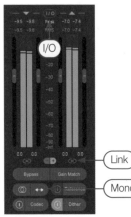

7. 마스터 섹션

입/출력 레벨을 조정할 수 있는 슬라이더를 제공합니다. Link 버튼을 Off하면 좌/우 채널을 따로 조정할 수 있고, I/O 버튼을 클릭하면 센터와 사이드 채널을 모니터할 수 있는 Source와 레벨 타입(Type)을 변경할 수 있는 메뉴가 열립니다.

① Bypass : 플러그인 적용 전후의 사운드를 비교해볼 수 있는 버튼입니다.

② Gain Match : Bypass 전후의 레벨을 매칭시킵니다.

③ Mono : 모노 신호를 체크할 수 있습니다.

④ Swap : 좌우 채널을 바꿉니다.

⑤ Codec : MP3 및 AAC 파일로 제작할 때의 사운드를 모니터 해볼 수 있는 옵션 창을 엽니다. 국내 온라인 음악 사이트의 음원은 320kbps 전송률을 가진 MP3 파일이 대부분이지만, 다양한 Bit-Rate로 모니터 가능합니다. Solo Codec Artiacts는 각 전송률에 따라 소멸되는 사운드를 모니터해볼 수 있는 기능입니다.

⑤ Dither : 다운 비트로 익스포팅할 때 발생할 수 있는 디지털 잡음을 제거합니다. 버튼을 클릭하면 다양한 옵션을 선택할 수 있는 창이 열립니다.

Bit Depth - 익스포팅 비트 수를 선택합니다. Auto-Blanking은 오디오 신호가 없는 구간에서 디더링을 정지시켜 무음 구간에서는 아예 잡음이 발생하지 않도록 합니다.

Dither Amount - 디더링 적용 값을 선택하며, Limit Peaks는 피크를 제한합니다.

Noise Shaping - 디더링 잡음을 어떤 주파수 대역으로 이동시킬 것인지를 결정합니다. 선택 옵션은 상단 그래프로 표시됩니다.

8. 프리셋

Ozone뿐만 아니라 모든 플러그인은 사전에 설정되어 있는 프리셋을 선택하는 것에서부터 작업을 시작하는 것이 좋습니다. 특히, Ozone의 프리셋은 실제 작업에 그대로 사용할 수 있다는 호평을 받고 있습니다.

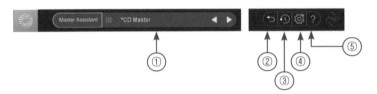

① Load Preset : 프리셋 창을 엽니다. 하단의 버튼은 왼쪽에서부터 Add, Delete, New, Change, Save 이며 역할은 다음과 같습니다.

Add - 프리셋을 추가합니다.

Delete - 선택한 프리셋을 삭제합니다.

New - 새 폴더를 만듭니다.

Change - 프리셋 폴더를 선택합니다.

Save - 사용자 설정을 저장합니다.

Show at startup - 실행할 때 프리셋 창을 엽니다.
모듈 프리셋은 모듈 브라우저의 프리셋 버튼으로 불러올 수 있습니다.

② Undo : 이전 작업을 취소합니다.

③ Undo History : 작업 내용이 기록된 히스토리 창을 엽니다. 목록을 선택하여 한 번에 취소하거나 되돌릴 수 있으며, A-D 버튼에 목록을 기억시켜 빠른 전환이 가능합니다.

④ Options : Edit 메뉴의 Preferences와 동일한 옵션 창을 엽니다.

⑤ Help : 도움말 창을 엽니다.

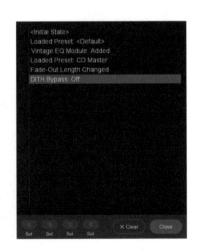

Equalizer는 컨트롤러를 핸들에 표시하는 Spectrum View와 하단에 표시하는 All Band View를 제공하며, 왼쪽 상단의 View 버튼을 클릭하여 선택합니다.

모듈을 로딩하면 Spectrum View로 열리며, 핸들을 선택하면 EQ 타입과 Freq 및 Gain 등을 컨트롤할 수 있는 창이 열립니다.

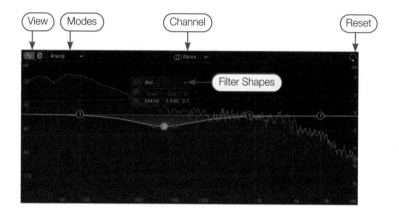

① Filter Shapes : 밴드 타입과 형태를 선택합니다. 각 타입마다 선택할 수 있는 형태는 다음과 같습니다. 디지털 모드에서는 극단적인 EQ 작업에 적합한 Surgical Mode를 선택할 수 있습니다.

Highpass Filters	Low-Shelf Filters	Bell Filters	High-Shelf Filters	Lowpass Filters
Flat Resonant Brickwall	Analog Vintage Baxandall Resonant	Peak Proportional Q Band Shelf	Analog Vintage Baxandall Resonant	Flat Resonant Brickwall

② Frequency/Gain/Q : 선택한 밴드의 핸들을 드래그하여 주파수, 게인, 폭을 조정합니다. Shift 키를 누른 상태에서는 Gain만 조정할 수 있고, 마우스 휠을 돌려 Q 값을 조정할 수 있습니다. 디지털 모드에서는 위상 조정 슬라이더인 Phase를 사용할 수 있습니다. 값이 높아질 수록 아날로그의 위상 범위를 모방합니다.

③ Modes : EQ의 알고리즘 유형(Analog/Digital)을 선택합니다. Analog는 각 밴드 사이에 왜곡이 발생하지만, 아날로그 고유의 음색을 유지할 수 있고, Digital은 왜곡 없는 주파수 보정이 가능하지만, 조금 인위적인 색채를 가지고 있습니다. 일반적으로 아날로그 모드를 이용하며, 변화폭이 큰 이퀄라이징에서 디지털 모드를 사용합니다.

④ Channel : 기본적으로 스테레오 모드이지만, 센터와 사이드를 조정할 수 있는 Mid/Side 모드로 전환하거나 좌/우 채널을 조정할 수 있는 Left/Right 모드로 전환할 수 있습니다. 중앙은 Mid, 양쪽 채널은 Side를 선택하여 개별적으로 조정하거나 Channel Link 버튼을 On으로 하여 함께 조정할 수 있습니다. 그리고 각각 Bypass 및 Solo 버튼을 제공합니다.

⑤ View : 지구본 모양의 버튼을 클릭하면 모든 밴드의 Freq, Gain, Q 값을 한 번에 컨트롤할 수 있는 All Bands View로 전환할 수 있습니다.

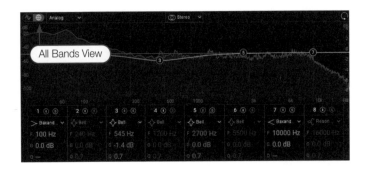

⑥ Reset : 모든 조정 값을 초기화 합니다.

자신이 원하는 견본 음악에 맞추어 이퀄라이징을 할 수 있는 모듈입니다.

견본 음악은 Reference Audio의 Capture 버튼을 클릭하여 추출하고, 모듈의 Presets버튼을 클릭하여 저장합니다. 필요하다면 디스플레이 양쪽의 Cutoff 핸들을 드래그하여 적용 범위를 설정할 수 있습니다.

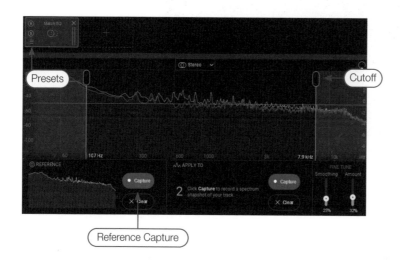

작업할 음악에서 저장한 Reference 프리셋을 불러오고, Target Audio Capture 버튼을 클릭하여 추출합니다. Reference 라인은 주황색, Target 라인은 파란색으로 표시됩니다. Fine Tune 패널의 Amount로 적용 범위와 Smoothing로 라인을 수정할 수 있으며, 흰색 라인으로 표시됩니다.

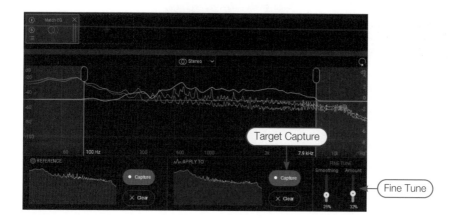

● Equalizer Options

Equlizer 및 Match EQ에 적용되는 옵션입니다.

① Specturm

EQ의 좀 더 정확한 컨트롤을 위해 핸들을 Alt 키를 누른 상태로 클릭하면 해당 주파수 대역만 모니터 할 수 있는 기능을 제공합니다. 이때 적용될 대역폭(Alt-Solo Filter Q)을 설정합니다.

② Performance

클리핑 레벨의 표시 여부를 선택하는 Soft Saturation 옵션과 사용자 시스템에 적합한 버퍼 사이즈(Buffer Size)와 해상도(Freq Resolution)를 결정할 수 있는 옵션을 제공합니다. 선택한 값에 따라 처리되는 샘플 사이즈는 Filter Size로 표시됩니다.

일반적인 EQ와 동일합니다. 다만, Threshold를 통과한 레벨만 증/감 되게 하는 방식입니다. 예를 들어 특정 주파수 대역의 Threshold를 -30dB로 설정했다면, 그 주파수 대역에서 -30dB 이상의 레벨이 검출되었을 때 EQ 설정이 적용되는 것입니다. Threshold 오른쪽의 삼각형을 클릭하면 Attack, Release, Offset을 조정할 수 있는 고급 패널이 열립니다.

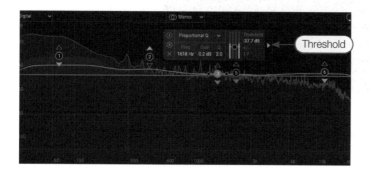

● Dynamic EQ Options

Dynamic EQ에 적용되는 옵션입니다.

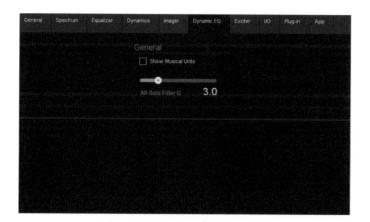

① Show Musical Units : 주파수를 음계로 구분할 수 있는 노트를 표시합니다.
② Alt-Solo Filter Q : Alt 키를 누른 상태로 모니터할 때의 대역폭을 설정합니다.

Pultec EQP-1A와 Pultec MEQ-5를 시뮬레이션 하고 있는 아날로그 EQ 입니다.

상단은 저음과 고음을 위한 Pultec EQP-1A 모델을 시뮬레이션 합니다.
저음역은 20 Hz, 30 Hz, 45 Hz, 60 Hz, 100 Hz을 선택하여 증감시킬 수 있은 Low Boost 및 Cut
슬라이더를 제공합니다.
고음역은 3 kHz, 4 kHz, 5 kHz, 8 kHz, 10 kHz, 12 kHz, 16 kHz를 선택하여 증가시킬 수 있는
High Boost와 5 kHz, 10 kHz, 20kHz를 선택하여 감소시킬 수 있는 High Cut 슬라이더를 제공합
니다. High Boost는 대역폭을 설정할 수 있는 High Q 슬라이더가 있습니다.

하단은 중음역을 위한 Pultec MEQ-5 모델을 시뮬레이션 합니다.
중 저음역은 200 Hz, 300 Hz, 500 Hz, 700 Hz, 1000 Hz를 선택하여 증가시킬 수 있는 LM Boost
슬라이더와 200 Hz, 300 Hz, 500 Hz, 700 Hz, 1 kHz, 1.5kHz, 2 kHz, 3 kHz, 4 kHz, 5 kHz, and
7 kHz를 선택하여 감소시킬 수 있는 Mid Cut 슬라이더를 제공합니다.
중 고음역은 1.5 kHz, 2 kHz, 3 kHz, 4 kHz, 5 kHz를 선택하여 증가시킬 수 있는 HM Boost 슬
라이더를 제공합니다.

Imager, Master Rebaince, Maximizer, Vintage Limiter, Vintage Tape 장치를 제외한 모든 모듈
은 왼쪽과 오른쪽 채널을 개별적으로 조정할 수 있는 Left/Right 및 중앙과 사이드 채널을 개별적
으로 조정할 수 있는 Mid/Side 모드를 지원합니다.

Dynamics ──

Ozone이 지금의 명성을 갖게 된 주요 장치가 다이내믹 모듈입니다. 1-4밴드로 사용자가 원하는 주파수 대역을 나누어 압축할 수 있는 멀티 컴프레서와 피크 잡음을 차단하는 리미터가 결합된 타입으로 Clossover View, Gain Reduction Trance, Detection Filter를 제공합니다.

● Clossover View

모듈을 로딩했을 때 볼 수 있는 기본 뷰는 주파수 영역을 설정할 수 있는 Clossover View 입니다. 최대 4밴드를 제공하며, 상단의 빈 공간에 마우스를 가져가면 밴드를 추가할 수 있는 + 기호가 보입니다.

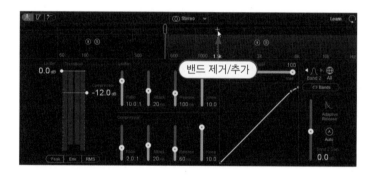

각 밴드의 범위는 크로스 라인의 핸들을 드래그하여 수동으로 설정하거나 Learn 버튼을 클릭하여 자동으로 설정합니다. 재생 음악을 자동으로 분석하는 Learn 기능은 멀티 컴프레서에 자신없는 입문자에게 유용한 기능이 될 것입니다.

디스플레이 아래쪽에는 선택한 밴드의 Threshold, Ratio, Attack, Release, Knee 등, 이미 익숙한
컴프레서와 리미터 컨트롤을 제공합니다.

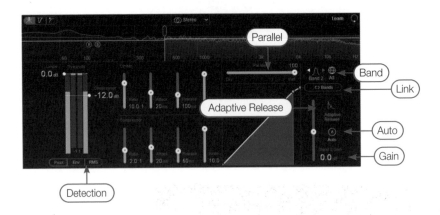

① Band : 밴드는 그래프 창에서 원하는 밴드를 클릭하거나 Band 버튼으로 선택할 수 있습니다.

② Link : 버튼을 On으로 하면, 하나의 컨트롤로 모든 밴드의 컨트롤을 동작시킬 수 있습니다.

③ Detection : 레벨 검출 방식을 선택하는 모드 버튼입니다. 피크 레벨로 검출하는 Peak, 평균 레
벨로 검출하는 RMS가 있고, 동작 방식은 RMS와 같지만, 신호가 겹치는 부분에서 발생할 수 있는
왜곡 현상을 최소화한 Envelope 입니다.

④ Parallel : 원음과 다이내믹 적용 비율을 조정합니다.

⑤ Adaptive Release : 릴리즈 타임이 자동으로 조정되게 합니다.

⑥ Auto : 압축된 레벨을 자동으로 올려줍니다.

⑦ All : 4밴드를 한 화면에서 컨트롤할 수 있게 합니다.

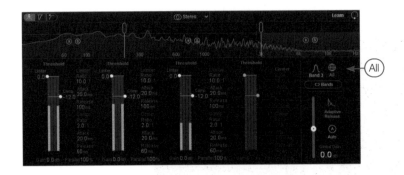

● Gain Reduction Trance

사운드가 압축되는 양을 실시간으로 표시합니다. 왼쪽의 dB 표시자 위치에서 마우스 휠을 움직여 범위를 조정할 수 있고, 마우스 드래그로 표시 위치를 변경할 수 있습니다.

dB 표시자

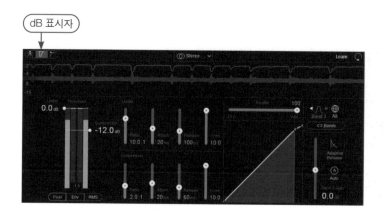

● Detection Filter

저음역에 컴프레서를 적용하지 않도록 Highpass 필터를 걸거나 저음역은 유지하고, 고음역을 증가시키는 Tilt 곡선으로 적용할 수 있는 옵션을 제공합니다.

Highpass의 Slope는 마우스 클릭으로 6-48dB 범위의 기울기를 선택하고, Tilt의 양은 Amount 값으로 조정합니다.

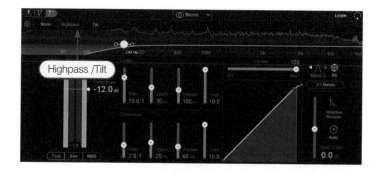

Vintage Compressor

아날로그 컴프레서를 시뮬레이션한 장치로 사용자가 원하는 음역대를 지정할 수 할 수 있는 필터 기능을 제공합니다. Detection Filter 뷰의 솔로 버튼을 클릭하면 필터링 신호를 모니터 할 수 있습니다.

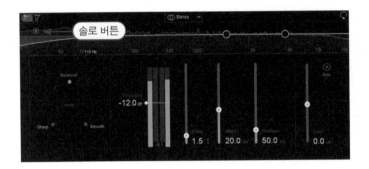

Vintage Compressor는 Sharp, Balanced, Smooth의 3가지 모드를 지원합니다. 일반 컴프레서의 Knee 필드와 비슷한 역할로 이해해도 좋습니다. 그 외의 컨트롤러는 이미 익숙할 것이므로 생략합니다.

Sharp : 강한 압축이 필요한 음악에 적합합니다. 트레숄드 이하의 사운드가 왜곡되는 현상을 최소화하면서 밝은 사운드를 얻을 수 있습니다.
Balanced : 일반적인 압축을 시도합니다. 트레숄드 이하의 사운드와 압축 사운드의 밸런스를 유지합니다.
Smooth : 부드러운 압축이 필요한 음악에 적합합니다.

게인 감소량을 실시간으로 모니터 할 수 있는 Gain Reduction Trace 뷰를 제공합니다. 어택과 릴리즈 타임을 눈으로 모니터할 수 있기 때문에 입문자도 실수 없는 컨트롤이 가능합니다.

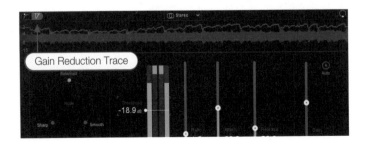

Imager

Imager는 스테레오 폭을 넓혀주는 장치입니다. 일반적으로 저음역과 중음역에서는 위상 변위가 발생하거나 선명도가 떨어지는 등의 문제가 생길 수 있기 때문에 High-Pass Filter를 이용해서 보컬 음역 이상의 고음역에서 적용하는데, Oznoe Imager는 멀티 밴드 타입으로 별도의 HPF 없이 원하는 음역을 확산시킬 수 있습니다

● Clossover View

모듈을 로딩했을 때 볼 수 있는 기본 뷰는 주파수 영역을 설정할 수 있는 Clossover View 입니다. 컴프레서와 동일하게 + 버튼을 클릭하여 밴드를 추가할 수 있으며, 각 밴드의 음역은 크로스 라인 핸들을 드래그하여 수동으로 조정하거나 Learn 버튼을 클릭하여 자동으로 설정할 수 있습니다.

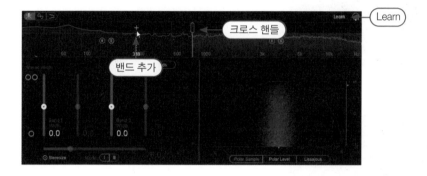

● Vectorscope

스테레오 폭을 모니터할 수 있는 Vectorscope는 Polar Sample, Polar Level, Lissajous의 3가지 타입을 제공합니다.

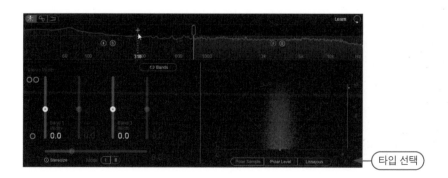

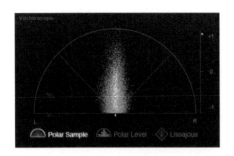

Polar Sample

오디오 신호를 점으로 표시하여 좌/우 비율을 정확하게 모니터할 수 있습니다. 45도 라인은 위상 안전선이며, 이를 벗어나는 것은 위상이 반전되고 있음을 나타냅니다.

Polar Level

오디오 신호를 라인으로 표시하며, 좌/우 평균 레벨을 모니터하기 적합합니다. 위상 라인은 Polar Sample 타입과 동일합니다.

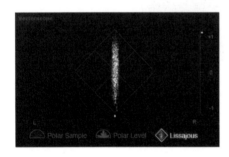

Lissajous

위상을 모니터할 때 적합합니다. 위상이 반전되는 경우에는 가로로 표시되어 한 눈에 위상 문제를 체크할 수 있습니다.

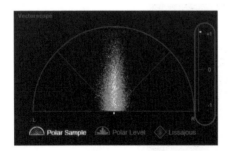

Correlation Meter

Vectorscope 오른쪽에는 위상을 모니터 할 수 있는 Correlation Meter를 별도로 제공합니다. 0 이하로 떨어질 때 위상 반전 현상이 일어나고 있는 것입니다.

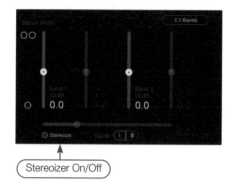

Stereoizer On/Off

● Stereo Width Controls

각 밴드의 스테레오 폭을 조정합니다. 100이 완전히 벌린 것이고, -100은 모노입니다. 아래쪽의 Stereoizer 슬라이더는 모노 채널을 스테레오로 만들 때 사용합니다.

● Stereo Width Spectrum

중심 라인을 기준으로 각 음역대의 스테레오 폭을 모니터할 수 있습니다. 왼쪽이 저음, 오른쪽이 고음역 입니다.

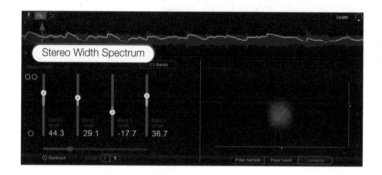

Stereo Width Spectrum

● Correlation Trace

시간의 흐름에 따라 발생하는 위상 반전을 체크할 수 있습니다. 위상의 반전 상태는 빨간색 라인 (-1)으로 표시합니다.

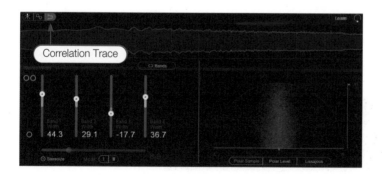

Correlation Trace

Exciter는 4개의 밴드로 나누어 사운드의 밝기를 조정하거나 아날로그의 따뜻함을 추가하는 등, 다양한 효과를 재현할 수 있는 세츄레이션(Saturation) 장치입니다.

● Exciter Modes

Warm, Retro, Tape, Tube, Triode, Dual Triode의 6가지 모드를 지원하며, 값을 조정할 수 있는 Amount와 비율을 조정할 수 있는 Mix 슬라이더를 제공합니다.

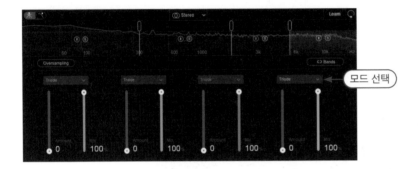

Warm : 짧은 배음을 생성하여 따뜻한 사운드를 재현합니다.

Retro : 긴 배음을 생성하여 트랜지스터 라디오 사운드를 재현합니다.

Tape : 고음역의 밝기를 증가시킬 수 있는 아날로그 테이프를 재현합니다.

Tube : 사운드 어택을 강조할 수 있는 튜브 앰프를 재현합니다.

Triode : 풍부한 사운드를 만들 수 있는 트라이오드 진공관 앰프를 재현합니다.

Dual Triode : 듀얼 트라이오드 진공관 앰프를 재현합니다.

Oversampling : 스위치를 On으로 하여 효과를 증가시킬 수 있습니다.

● Post Filter View

Exciter 적용으로 고음역 사운드가 너무 밝아질 경우 포인트를 드래그하여 고음역을 감소시킬 수 있는 High Shelf 타입의 필터를 제공합니다.

스테레오 채널의 Studer A810 릴 테이프를 시뮬레이션하는 장치입니다.

디지털 샘플을 이용하는 요즘 댄스 음악에서 아날로그의 따뜻함을 표현하기 위해서 Vintage Tape과 같은 세츄레이션 장치는 거의 필수품이 되어 있는 상태입니다.

댄스 음악을 하는 사람이라면 반드시 시도해보기 바랍니다.

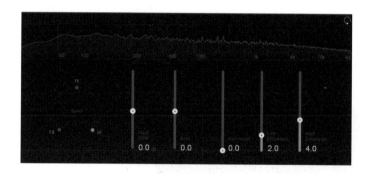

Speed : 테이프의 재생 속도를 선택합니다. 15 ips 속도에서는 1KHz 신호에 왜곡 현상이 발생하고, 30 ips 속도에서는 2KHz 신호에 왜곡 현상이 발생합니다.

Input Drive : 시뮬레이션 양을 조정합니다.

Bias : 실제로 다이내믹 폭이 적은 아날로그 테이프로 녹음을 하면 고음역에 왜곡이 발생하게 됩니다. 이러한 현상을 시뮬레이션하는 컨트롤러 입니다.

Harmonics : 왜곡 주파수의 배음을 추가합니다.

Low Emphasis : 아날로그 테이프 헤드의 저음역 손실 레벨을 보상합니다.

High Emphasis : 아날로그 테이프 헤드의 고음역 손실 레벨을 보상합니다.

피크 레벨을 제한하면서 레벨을 올릴 수 있는 리미터 계열의 모듈입니다.

맥시마이저가 리미터보다 높은 압축율을 제공하고 있다고 하지만, 제작사마다 다르게 부르고 있을 뿐이며, 같은 역할로 보아도 좋습니다.

● Limiting Modes

4가지 IRC(Intelligent Release Control) 모드를 지원합니다. 각 모드에 따라 처리 방식이 다르기 때문에 4가지 모델을 제공하고 있다고 보아도 좋습니다. 결과물은 음악에 따라 달라지므로 각각의 모드를 모니터 해보면서 선택합니다.

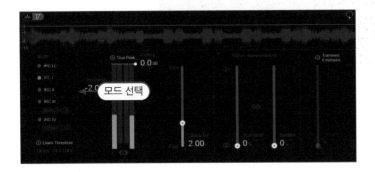

IRC I : 기본 모드로 신호를 빠르게 분석하여 사운드의 왜곡을 방지합니다.

IRC II : 기본 모드 보다 지속 타임이 길어서 피크 잡음을 최대한 방지합니다.

IRC III : 신호를 미리 검출하여 분석하는 타입으로 높은 압축에 최적화되어 있는 모드 입니다. 단, 시스템 점유율이 높기 때문에 낮은 사양에는 적합하지 않습니다.

Clipping - 가장 공격적인 스타일로 과한 압축에 효과적입니다.

Crisp - 높은 압축으로 발생할 수 있는 펌핑 현상을 제한합니다.

Balanced - 대부분의 소스에 적합한 모드 입니다.

Pumping - 펌핑이 발생할 수 있지만, 압축을 지속시킬 수 있습니다.

IRC IV : 음악 스타일에 최적화된 스타일을 제공합니다.

Classic - 전통 스타일로 전체 믹스 레벨을 향상시킵니다.

Modern - 클래식 스타일보다 상세한 분석으로 명료도를 향상시킵니다.

Transient - 빠른 곡에서도 사운드 왜곡 없이 압축이 가능한 모드입니다.

● Controls

컨트롤 사용법은 리미터와 비슷합니다. Threshold로 적용 레벨을 설정하고, Ceiling으로 제한 레벨을 설정합니다. 출력 레벨은 압축되는 게인 리덕션 레벨만큼 자동으로 증가됩니다.

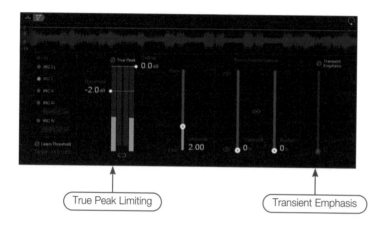

True Peak Limiting

Transient Emphasis

True Peak Limiting

Threshold 컨트롤러 아래쪽의 True Peak Limiting은 Ceiling을 0dB로 설정했을 때 발생할 수 있는 피크 잡음을 제한하는 옵션입니다. 하지만, 제작사는 옵션 보다는 Ceiling 값을 -0.3dB 이하로 설정할 것을 권장하고 있으며, MP3와 같은 컨버팅 작업이 필요한 경우에는 -0.6dB에서 -0.8dB을 추천하고 있습니다.

Character

맥시마이저의 응답 속도를 결정합니다. 보통 곡의 템포나 압축 레벨에 따라 속도를 조정하면 큰 문제가 없습니다.

Stereo Unlink

맥시마이저는 기본적으로 스테레오 채널로 적용되지만, 이 값을 100%로 하여 스테레오 링크를 해제하면 좌/우 채널이 개별적으로 압축됩니다.

Transient Emphasis

과도한 압축으로 일그러질 수 있는 어택을 회복시켜주는 슬라이더 입니다.

마스터 컴프레싱

마스터링 작업에서 다이내믹은 1-2dB의 작은 압축으로 조금씩 진행하는 것이 요령이며, 장르에 따라 EQ 작업 만으로 끝내는 경우도 많습니다. 실습을 진행하기 전에 다이내믹 장치의 사용 요령을 간단하게 정리하겠습니다.

마스터링 작업을 마스터 트랙에서 진행하는 경우도 있지만, 보통은 믹싱이 끝난 음악을 믹스다운 해서 스테레오 채널로 진행하는 것이 좋습니다. 시스템 확보로 수월한 진행이 가능하다는 것도 있지만, 파형의 변화를 시작적으로 모니터하거나 과부하로 인한 디지털 오류를 방지하는 등의 다양한 장점이 있습니다.

파라미터 설정 요령

마스터 컴프레싱이라고 해서 믹싱에서의 작업과 크게 다르지 않습니다. 다만, 레벨을 아주 크게 했을 때나 느낄 수 있을 정도의 작은 값으로 조금씩 컨트롤하는 것이 요령입니다. 이것은 이퀄라이징에서도 마찬가지입니다.

다만, 그 변화를 느끼기 어렵기 때문에 일단은 압축을 크게 하여 컨트롤하는 것이 요령입니다. 우선 믹싱 곡에서 레벨이 가장 큰 부분을 루프로 모니터할 수 있게 해 놓고, Ratio를 8:1 이상으로 설정합니다. 그리고 평소 모니터 레벨에서도 사운드가 압축되는 것을 느낄 수 있을 만큼 Threshold를 낮춥니다.

마스터링에서 어택은 느리게 릴리즈는 빠르게 설정하는 것이 기본입니다.

먼저 어택을 가장 빠르게 놓고, 사운드가 완전히 뭉개진 상태를 만듭니다. 그리고 천천히 값을 올리면서 원음으로 살아나는 부분을 찾습니다.

릴리즈 타임은 어택과 반대로 타임을 가장 느리게 설정하여 사운드가 뭉개진 상태를 만들고, 천천히 값을 줄이면서 원음이 살아나는 부분을 찾습니다.

이제 Ratio를 2:1 이하로 작게 설정하고, GR 레벨 미터가 2dB 이하로 작게 움직일 수 있게 Threshold를 조정합니다. 아주 작은 값이라 바로 비교가 어렵겠지만, 하루 이틀 쉬었다가 비교해 보면 차이를 느낄 수 있을 것입니다.

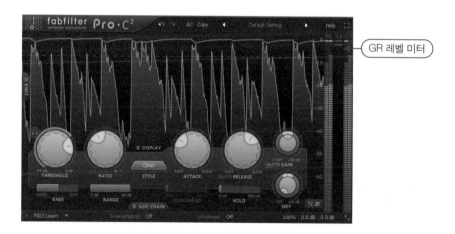

GR 레벨 미터

대부분의 컴프레서는 출력 레벨을 조정하는 Gain이 압축된 레벨을 보상할 수 있게 Auto로 설정되어 있습니다. 하지만, 마스터링에서의 컴프레싱은 작은 압축만을 시도하고, 최종 출력은 0dB에 가깝기 올리기 때문에 피크 잡음을 제어하는데 어려움이 있습니다. 그래서 컴프레서의 Auto Gain을 Off로 하고, 리미터를 추가해서 레벨을 보상하는 것이 일반적입니다. 즉, 마스터링 작업에서는 컴프레서와 리미터를 하나의 짝으로 보면 됩니다.

같은 설정이라도 모델이 다르면 결과도 미묘하게 달라집니다. 믹싱과 마스터링을 공부하는 학생에게는 다양한 모델로 테스트해볼 것을 권장합니다. 이것은 거의 사용자 취향으로 결정되는 사항이기 때문에 자신이 좋아하는 사운드를 찾을 때까지는 작업을 할 때마다 시도해보기 바랍니다. 참고로 본서에서 소개하고 있는 남들이 추천하는 장치들은 세계 Top 10으로 선정된 제품들이지만, 1-2년 후에는 더욱 새롭고 퀄리티 높은 제품들이 출시될 것입니다. 하지만, 진짜 좋은 것은 세월이 흘러도 변함이 없으므로, 자신에게 맞는 제품을 찾았다면 미세한 변화까지 모니터 할 수 있을 정도로 익숙해져야 할 것입니다. 자칫 새로움만 찾는 콜렉터가 되지 않길 바랍니다.

하이퍼 컴프레션 기법

믹싱 과정에서 트랙별로 4-8dB을 압축했기 때문에 마스터링에서는 가급적 컴프레서를 사용하지 않고, 필요하다면 전체적인 레벨을 다듬는다는 기분으로 2-3dB 이상의 압축은 시도하지 않는다는 것이 기본입니다. 이유는 아무리 좋은 장치라도 많이 사용하면 사운드의 왜곡을 피할 수 없기 때문입니다. 하지만, 실제 POP 시장에서는 약간의 왜곡을 감수하더라도 음압을 올리는 것이 현실이며, 전자 음색을 많이 사용하는 댄스 음악에서는 과도한 왜곡이 오히려 익숙합니다.

프로 엔지니어들은 하나의 장치로 높은 압축을 시도하는 것 보다는 모델이 다른 두 세 개의 장치로 나누어 압축하는 하이퍼 컴프레션(Hyper Compression) 기법을 많이 사용합니다. 실제로 댄스 음악에서는 마스터링을 할 때 10-12dB의 높은 압축으로 음압을 올릴 수 있게 헤드룸을 충분히 벌어 놓는 것이 일반적인데, 하나의 장치로 시도하는 것 보다는 5-6dB씩 두 개의 장치로 나누거나 3-4dB씩 세 개의 장치로 나누었을 때 좋은 결과를 얻을 경우가 많습니다. 이때 디지털 계열과 빈티지 계열을 연결하거나 아날로그 테이프 및 튜브와 같은 세츄레이션 장치를 혼합하는 등, 성격이 다른 모델을 사용하는 것이 효과적입니다.

▲ 세츄레이션 컴프레서 (PSP Vintage Warmer)

한 곡의 음악을 완성하는데 녹음, 믹싱, 마스터링 과정을 거치면서 다수의 컴프레서를 사용하게 된다는 것을 알게 되었습니다. 어쩔 수 없이 주파수 대역별로 불규칙한 다이내믹을 가질 수밖에 없습니다. 이것은 보통 EQ를 이용해서 다듬지만, 필요한 주파수 대역만 압축할 수 있는 멀티 밴드 타입 컴프레서를 이용하는 것이 좀 더 좋은 결과를 얻는 경우가 많습니다.

입문자의 경우에는 3-4 밴드로 구성되어 있는 멀티 밴드 컴프레서를 보면 일단 겁부터 내는 경우가 있는데, 멀티 밴드 컴프레서라고 해서 모든 음역을 조정하는 경우는 거의 없으므로, 부담을 가질 필요는 전혀 없습니다. 만일, 모든 음역을 건드려야 할 필요가 있다면, 믹싱이 잘못된 것이므로, 다시 체크해야 할 것입니다.

멀티 밴드 컴프레서에 익숙하지 않은 사용자는 주파수 대역을 나누는 것을 가장 어려워하므로, 기본 값을 그대로 이용하거나 마스터링 실습에서 사용할 Ozone Dyanamic와 같이 주파수를 자동으로 나눠주는 Learn 기능을 갖추고 있는 제품을 권장합니다. 그리고 익숙해질 때까지는 음역을 저, 중, 고의 3밴드로 시작하는 것이 좋습니다.

음압을 확보할 목적이라면 저음역의 Band 1을 제외한 나머지를 Off 합니다. Dance나 Hip Hop 음악을 하는 대부분의 사람들은 저음역이 과한 경우가 많기 때문에 저음역을 살짝 압축하고, 리미터로 음압을 확보하는 것입니다.
사운드 디자인이 목적이라면 중음역 Band2를 제외한 나머지를 Off 합니다. 마스터링 마지막 단계에서 중음역을 살짝 압축하면 음악이 선명해지는 경우가 많습니다.

마스터 컴프레싱 작업이 끝나면 최종적으로 리미터나 맥시마이저를 이용해서 레벨을 올립니다. 원래 리미터는 피크 레벨을 방지하는 목적으로 만들어졌지만, 믹싱과 마스터링 작업에서는 레벨을 끌어올리는 목적으로 많이 사용합니다.

리미터로 가장 유명한 제품은 Waves 사의 L 시리즈이며, 초기 버전의 L1보다는 L3가 사운드 왜곡율이 적습니다. 그러나 Dance나 Rack 음악에서는 약간의 왜곡이 오히려 기분 좋은 경우가 있기 때문에 L1이나 L2를 선호하는 사람도 많으므로 음악 장르에 따라 테스트를 해보기 바랍니다.

파라미터의 구성은 매우 간단합니다. Out Ceiling에서 최종 출력 레벨을 설정하고, Threshold에서 올리고자 하는 레벨만큼 값을 내리면 됩니다. 보통 완벽하게 피크를 잡지 못한다는 이론 때문에 Out Ceililing은 0dB이 아닌 -0.3dB로 설정하는 것이 일반적이며, Threshold도 Atten이 -3dB을 넘지 않도록 해야 사운드의 왜곡을 최소화할 수 있습니다. Release는 ARC(자동) 모드로 사용하면 무난합니다.

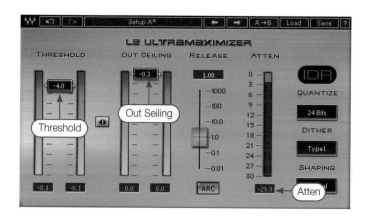

물론, 약간의 사운드 왜곡이 상관없다면 Threshold를 낮춰 음압을 좀 더 확보할 수 있습니다. 그러나 많은 값의 Atten이 필요한 경우에는 멀티 밴드 컴프레서나 EQ를 앞에 걸어서 레벨이 가장 큰 저음역을 깎는 것이 전체 음압을 확보하는 요령입니다.
참고로 큐베이스에서 제공하는 장치와 같이 In/Output 파라미터로 구성되어 있는 리미터나 맥시마이저는 Input을 올려서 레벨을 확보합니다.

Chapter

06

마스터 이퀄라이징

마스터링에서 EQ는 반드시 필요한 작업이지만, 아쉬운 음역을 살짝 올리거나 넘치는 음역을 살짝 내리는 등, 한 두 포인트만 컨트롤하는 것이 핵심이며, 애널라이저를 열어놓고 진행하는 것이 좋습니다.

음악 장르나 편곡에 따라 EQ 포인트는 달라지지만, 프로 엔지니어들이 추천하는 음역대별 포인트가 있습니다. 입문자는 각 포인트를 기억해두면 큰 실수 없이 마스터링 이퀄라이징을 할 수 있게 될 것입니다.

저음역 포인트

저음역의 주요 포인트는 60Hz입니다. 사운드의 저음이 다소 아쉽다고 생각될 때 60Hz 부근을 2-3dB 증가시키는 것만으로 큰 효과를 얻을 수 있습니다. 배음에 해당하는 120-240Hz 부근을 2-3dB 정도 감소시키면, 보다 풍부한 저음역을 확보할 수 있습니다. 이때 증가 EQ와 감소 EQ의 모델이 다른 것을 사용해보는 것도 의외의 좋은 결과를 만들 수 있으므로, 시도해보기 바랍니다.

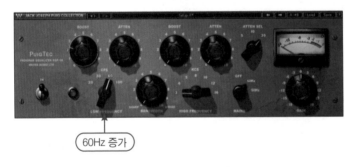

60Hz 증가

200Hz 감소

중음역 포인트

중음역의 주요 포인트는 2-3KHz입니다. 다만, 악기가 집중되어 있는 부분이기 때문에 증가시키는 것 보다는 감소시키는 것이 좋은 경우가 많습니다. 이 부분을 넓은 대역으로 2-3dB 정도 감소시키면 전체적으로 사운드가 부드러워지면서 보컬이 선명해지는 효과를 얻을 수 있습니다. 특히, 남성 보컬에 효과적입니다.

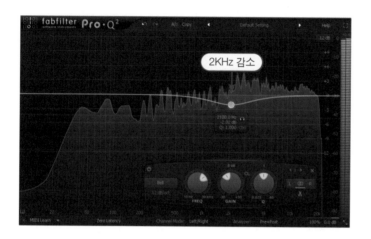

고음역 포인트

고음역의 주요 포인트는 8KHz입니다. 그림은 Softube사의 Abbey Road Studios Brilliance Pack에 포함되어 있는 RS135 모델입니다. 아예 8KHz 대역을 증가시킬 수 있도록 만들어진 제품으로 수많은 엔지니어들이 8KHz 대역을 얼마나 자주 만지는지 알 수 있습니다.

이 대역은 사운드를 밝게 만들며, 여성 보컬을 선명하게 만드는 효과가 있습니다. 다만, 많이 증가시키면 전체적으로 시끄러운 음악이 될 수 있으므로 주의해야 합니다.

지금까지 살펴본 음역대별 포인트가 모든 음악에 어울리는 것은 아니지만, 널리 알려진 사항이므로, 마스터 이퀄라이징의 출발점으로 잡으면 유용할 것입니다.

EDM 마스터링

앨범 마스터링과 음원 마스터링은 분명한 차이가 있습니다. 지금은 음원 시대이므로, 여기에 초점을 맞추어 실습을 진행하겠습니다. 특히, EDM은 사운드가 다소 찌그러지더라도 무조건 크게 하는 것을 선호합니다.

마스터링은 EQ를 이용해서 주파수 밸런스를 보정하고, 컴프레서와 리미터를 이용해서 다이내믹을 조정하는 작업으로 완성된 음악을 다듬는 것뿐입니다. 즉, 음악의 99%는 이미 믹싱 단계에서 완성되는 것입니다. 다만, 명품은 1%의 차이로 만든다는 말이 있듯이 마스터링은 음악의 완성도를 결정하는 중요한 요소이기 때문에 가볍게 접근해서는 안 될 것입니다. 실제로 외국의 경우에는 마스터링 엔지니어가 따로 존재할 만큼 전문성을 인정받고 있는 추세입니다.

국내의 경우에는 믹싱과 마스터링 엔지니어가 구분되어 있지 않고, 인디 음악을 하는 개인 작업자의 경우에는 작/편곡에서부터 믹싱과 마스터링까지 혼자 처리해야 하는 경우도 많기 때문에 해외 음반과 같은 사운드를 구현하기는 현실적으로 어렵습니다. 그러나 꾸준히 연습을 한다면, 최소한 좋은 음악을 믹싱과 마스터링 작업으로 망치는 실수는 피할 수 있으며, 상업 음반 못지않은 사운드를 집에서 구현할 수 있습니다.

실습은 2차로 나누어서 진행할 것입니다. 믹싱도 실제로는 가믹싱 단계를 거쳐서 진행하듯이 마스터링도 프리 마스터링 단계를 거치게 됩니다. 물론, 개인의 작업 습관에 따라 다르기 때문에 꼭 2차로 나누어 진행해야 한다는 것은 아니지만, 최종 목표 0dB을 기준으로 한다면, 가믹싱 단계에서 -6dB, 본 믹싱 단계에서 -4dB, 프리 마스터링 단계에서 -2dB로 조금씩 다가가는 것이 안전하기 때문입니다.

참고로 개인 작업자의 경우에는 음악을 만드는 단계에서 가믹싱이 이루어지고, 어느 정도 작업이 익숙한 사용자는 마스터 트랙의 프리셋을 만들어 놓는 것이 일반적이기 때문에 믹싱과 마스터링 작업의 구분이 모호해지는 경우가 있지만, 가급적 두 작업을 명확하게 구분해두고, 믹싱이 끝나면 하루 이상 충분히 쉬었다가 마스터링 작업을 진행하는 것이 객관성을 가질 수 있는 좋은 습관입니다.

사운드 캐릭터를 결정하는 프리 마스터링은 음악 장르 구분없이 모두 동일하기 때문에 여기서만 살펴보겠습니다. 나머지 R&B, Hip-Hop, Rock에서는 이 작업을 먼저하고 실습을 진행하면 됩니다.

스튜디오에 마스터링 작업을 의뢰하면 사용자가 가지고 간 데이터로 바로 진행하는 것이 아니라 데이터를 재생하여 스튜디오에 마련되어 있는 콘솔, 아웃보드, 오디오 인터페이스 등의 입/출력 라인을 거치는 데이터 컨버팅 작업을 먼저 합니다. 여기서 스튜디오 캐릭터가 결정되는 것이며, 1차 작업은 이를 시뮬레이션 하는 것입니다.

1차 작업도 세부적으로 아날로그 시뮬레이션 작업, EQ 작업, 컴프레서 작업의 3단계로 나누어 진행합니다. 각각 2-3개의 플러그-인을 사용하게 될 것이므로, 세츄레이션 장치는 스테레오 믹스 파일을 임포트한 트랙에서 인서트하고, 나머지 EQ와 컴프레서는 마스터 트랙에서 인서트 합니다.

● 세츄레이션
튜브 앰프와 테이프 머신 등의 세츄레이션 장치를 이용하여 아날로그 질감을 만듭니다. 앰프 시뮬레이터 장치는 SPL TwinTube Processor를 이용하겠습니다.

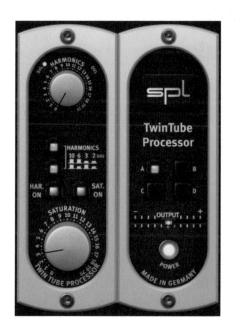

Satuation 노브를 2-3dB 정도로 살짝 올려 레벨 변화없이 질감만 연출합니다.
큐베이스에서 제공하는 DeTube를 20-30%로 적용해도 좋습니다.

▲ 큐베이스 - DeTube

테이프 시뮬레이션 장치는 Slate Digital사의 Virtual Tape Mashines를 이용하겠습니다. Input을 2-3dB로 살짝 올려 아날로그 특유의 배음을 만들어냅니다.

큐베이스에서 제공하는 Magneto II의 Saturation 값을 20-30%로 적용해도 좋습니다.

▲ 큐베이스 - Magneto II

R&B, Hip-Hop, Rock에서는 앞의 두 장치만으로도 충분하지만, EDM은 Massey Tape Head를 추가하여 배음을 증가시키는 것도 좋습니다.

Drive는 2-3dB 정도로 조정하며, Trim은 당연히 0dB입니다.

● EQ

세츄레이션 작업으로 음악이 적당히 기분 좋게 들리지만, 이대로 2차 작업을 진행하면, 사운드가 왜곡될 수 있기 때문에 1차 작업에서 중저역을 줄여주는 것이 좋습니다. 특히, 세츄레이션 장치를 추가한 EMD의 경우에는 꼭 필요합니다.

장치는 큐베이스에서 제공하는 EQ를 이용해도 좋지만, 포인트 작업에 편리한 Waves 사의 Puigtec EQP1A/MEQ5와 Softube 사의 RS135를 이용하겠습니다.

Puigtec - EQP1A를 인서트하여 Low Frequency를 60Hz로 선택하고, Atten을 2dB 정도로 조정하여 60Hz를 조금 줄입니다.

Puigtec - MEQ5를 인서트하여 Dip 항목의 Mid Frequency를 300Hz로 선택하고, Cut 노브를 1dB 정도로 조정하여 300Hz를 조금 줄입니다.

끝으로 Abbey Road Studios Brillance Pack에 포함되어 있는 RS135를 인서트하여 2dB 정도 증가시킵니다. 이 장치는 8KHz에 고정되어 있는 포인트 EQ로 음악을 전체적으로 샤프하게 만듭니다.

● 컴프레서

믹싱 결과에 따라 달라지겠지만, 세츄레이션 및 EQ 작업으로 특정 음역이 부스트 될 수 있습니다. 이것을 평탄하게 만들어줘야 2차 작업을 안전하게 진행할 수 있습니다.

보통은 멀티 컴프레서를 이용하지만, 음악에 따라 조정 값이 달라지기 때문에 여기서는 1밴드 타입의 스테레오 컴프레서를 이용합니다. 실습은 Fabfilter ProC2 제품으로 진행하겠습니다. 큐베이스에서 제공하는 Compressor나 사용자가 선호하는 모델을 이용해도 좋습니다.

장치를 인서트하고, Ratio를 2:1로 설정합니다. 그리고 GR 레벨 미터가 2-3dB 정도로 압축될 수 있게 Threshold 값을 조정합니다. 즉, Threshold 값은 실습 음악마다 다르게 설정되는 것입니다.

마스터링에서 어택은 느리게, 릴리즈는 빠르게 설정하는 것이 기본입니다. 이것 역시 GR 레벨 미터를 모니터하면서 조정하면, 엔벨로프의 왜곡 없이 밸런스를 유지할 수 있습니다. 우선 Attack을 가장 빠르게 왼쪽으로 돌리면, GR 레벨 미터 값이 증가하는 것을 알 수 있습니다. 노브를 천천히 오른쪽으로 돌리면서 GR 레벨 미터가 처음에 결정했던 2-3dB을 넘지 않게 합니다.

Release 타임도 동일한 방법으로 조정하면 됩니다. 노브를 가장 느리게 오른쪽으로 돌리면, RG 레벨 미터 값이 증가합니다. 노브를 천천히 왼쪽으로 돌리면서 GR 레벨 미터가 2-3dB을 넘지 않게 하면 됩니다. 즉, 샘플 마다 Threshold, Attack, Release 값은 다르지만, 압축 레벨을 2-3dB로 한다는 것에 주의하면 됩니다.

끝으로 컴프레서의 Auto Gain은 Off하고, 리미터를 이용하여 감소된 레벨을 보충합니다. 제품은 Waves L2 모델을 사용하겠습니다. 큐베이스에서 제공하는 리미터나 독자가 선호하는 모델을 이용해도 좋습니다.

Out Ceiling은 -0.3dB로 설정하고, Atten 레벨 미터가 컴프레서에서 압축한 2-3dB을 보충할 수 있게 Threshold 값을 조정합니다. 리미터의 Threshold 값 역시 실습 음악마다 다르지만, Atten 레벨을 2-3dB로 한다는 것에 주의하면 됩니다.
Release 타임은 ARC 버튼을 On으로 하여 자동으로 설정되게 합니다.

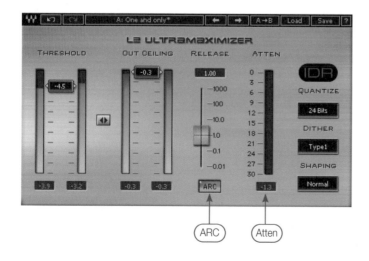

본격적인 마스터링 작업을 진행하겠습니다.

프리 마스터 작업을 스테레오 파일로 믹스 다운하여 진행합니다.

장치는 앞에서 살펴보았던 iZotope사의 Oznone을 주로 하겠습니다. 물론, 큐베이스에서 제공되는 장치나 독자가 선호하는 제품을 이용해도 좋습니다.

Ozone을 인서트하면 기본적으로 마스터링 작업에 필요한 Equalizer와 Dynamics모듈이 로딩되어 있습니다. Maximizer 모듈은 Off 시켜 놓고, Gain Match와 Dither 버튼은 On으로 합니다.

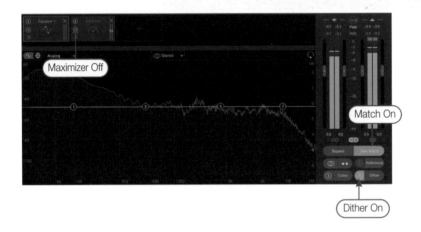

Match는 Bypass 전/후의 레벨을 일치시켜 주는 기능입니다.

EQ나 다이내믹 작업을 진행하다가 보면, 레벨이 커질 수밖에 없기 때문에 Bypass로 프로세스 적용 전/후의 사운드를 비교할 때 무조건 잘 된 것처럼 착각할 수 있습니다. 그러므로 Match 버튼을 On으로 하여 이러한 착각에 빠지지 않게 합니다.

Dither는 16비트 이상의 프로젝트 환경에서 작업한 음악을 16비트로 믹스다운 할 때나 포맷이 다른 MP3 파일로 믹스다운 할 때 발생할 수 있는 디지털 잡음을 제거하는 기능입니다. 물론, Dither를 Off 상태로 믹스 다운을 해도 귀에 거슬리는 잡음이 발생하는 경우는 드물지만, 시스템 성능이나 음악 장르에 따라 차이가 있으므로, 습관적으로 On 하는 것이 안전합니다. 큐베이스에서 제공하는 장치로 마스터링 작업을 진행하고 있다면, 마지막 슬롯에 Lin One Dither를 사용합니다.

EDM은 클럽 재생을 목적으로 만드는 것이 대부분입니다. 그래서 저음역을 강조하게 되는데, 자칫 중음역의 감소로 사운드가 답답해질 수 있으므로 주의해야 합니다.

Low Shelf 타입의 Band1을 Analog로 선택하고, 포인트를 들어올려 베이스의 어택이 강조되는 음역을 찾습니다. 실습에서는 130Hz 부근을 3dB 정도 증가시키고, 마우스 휠을 돌려 Q 값을 14정도로 조정하고 있습니다.

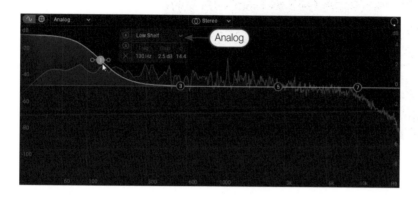

저음역 증가로 감소될 수 있는 보컬 음역을 찾아 증가시킵니다.
실습에서는 3번 밴드를 Bell로 선택하고, 220Hz 부근을 Q:0.7 폭으로 1.5dB 정도 증가시키고, 5번 밴드를 Bell로 선택하고, 1.3KHz 부근을 Q:0.4 폭으로 1.5dB 정도 증가시키고 있습니다. 보컬이 증가되면서 전체적으로 따뜻한 느낌이 됩니다.
살짝 어두어진 사운드는 7번 밴드를 Peak로 선택하고, 5.6KHz를 Q:2.5 폭으로 0.5dB 정도 증가시켜 보충합니다.

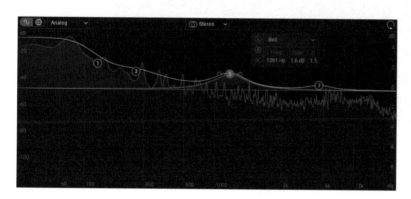

Dynamics 모듈을 추가하고, 저음역 라인을 드래그하여 앞의 EQ 적용으로 증가된 저음역 포인트를 찾습니다. 실습에서는 120Hz 부근으로 설정하고 있습니다. 나머지 음역은 모두 Off 합니다. 저음역만 압축을 하겠다는 것입니다.

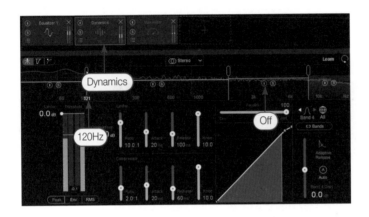

Ratio를 최대값 30:1로 설정하고, 붕붕거리는 Kick 사운드의 울림이 감소될 때까지 Threshold를 낮춥니다. 실습에서는 -41dB 정도로 설정하고 있습니다. 마스터링을 할 때 어택을 충분히 열어주고, 릴리즈 타임을 짧게 하는 것이 원칙입니다.

실습에서는 Attack을 70ms, Release를 1ms로 설정하고 있습니다. 하이퍼 컴프레싱 기법으로 저음역이 단단해지는 것을 느낄 수 있을 것입니다. 물론, 압축 비율은 취향에 따라 결정합니다.

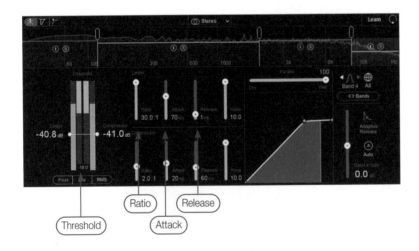

Click to Insert Module를 클릭하여 Dynamic EQ를 추가하고, Mazimizer 왼쪽으로 드래그하여 이동합니다.

Band 3 포인트를 드래그하여 비트가 강하게 느껴지는 대역을 찾아 증가시킵니다.
실습에서는 1.3KHz 부근을 3dB 정도 증가시키고 있습니다.
마우스 휠을 돌려 Q값을 0.5 정도로 넓게 설정합니다.

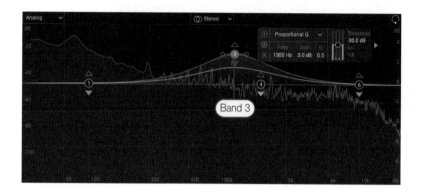

Offset을 -4dB로 설정하고, Threshold는 -20dB 정도로 설정합니다. 미들 음역이 강조되면 자칫 깡통 소리가 될 수 있기 때문에 오버되는 레벨을 압축하는 것입니다.
Attack은 70ms, Release는 5ms 정도로 설정합니다.

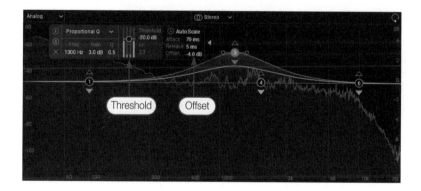

Band 4 포인트를 드래그하여 음악이 선명해지는 음역을 찾아 증가시킵니다.
실습에서는 6KHz 부근을 7dB 정도 증가시키고 있습니다.
마우스 휠을 돌려 Q 값을 1 정도로 설정합니다.

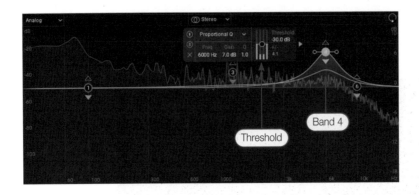

Offset은 -8dB로 설정하고, Threshold는 -37dB 정도로 조정합니다. 고음역이 강조되면 자칫 귀를
자극할 수 있기 때문에 오버되는 레벨을 압축하는 것입니다.
Attack은 70ms, Release는 5ms 정도로 설정합니다.

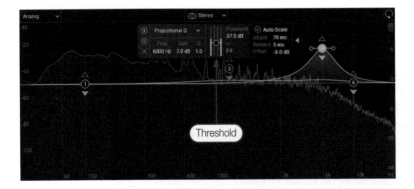

Band 6 포인트를 드래그하여 16KHz 이상을 7dB 정도 증가시킵니다.
전체적으로 음악을 밝게 만드는 에어 음역을 강조하는 것입니다.
Offset은 -8dB 로 설정하고, Threshold는 -40dB 정도로 조정합니다.
Attack은 70ms, Release는 5ms 정도로 설정합니다.

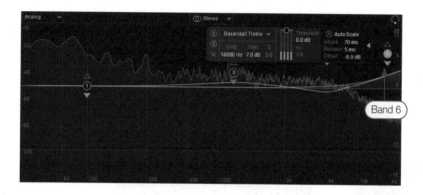

Maximizer 모듈을 On으로 하고, Threshold를 -4dB 정도로 설정합니다. 전체 레벨을 증가시키는
것입니다. 이것으로 EMD 믹싱과 마스터링 실습을 마칩니다.
음악은 시대에 따라 달라지고, 또 같은 시대라도 개인 취향에 따라 차이는 있겠지만, 현재 EDM
및 댄스 음악에서 보편적으로 적용할 수 있는 믹싱과 마스터링 테크닉을 실습한 것입니다. 이것을
기준으로 다양한 연습을 해보기 바랍니다.
참고로 클럽용의 경우에는 Dynamics에서 저음역을 좀 더 압축하고, Maximizer에서 -10dB 정도
로 압축을 하기도 합니다.

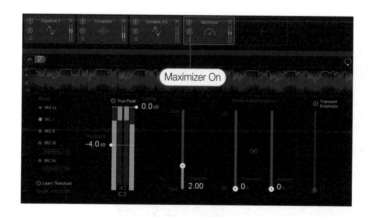

R&B 마스터링

레벨을 다듬는 마스터링은 장르에 상관없이 거의 비슷합니다. 하지만, 설정 값에
따라 큰 차이가 발생하므로, 연습은 모두 하는 것이 좋습니다. 프리 마스터 작업을
EDM편과 동일하게 진행하고, 작업을 진행합니다.

Equalizer 모듈의 Band 1을 Low Shelf Analog로 선택하고, 포인트를 들어올려 베이스의 어택이
강조되는 음역을 찾습니다. 실습에서는 160Hz 부근을 4dB 정도 증가시키고, 마우스 휠을 돌려 Q
값을 9정도로 조정하고 있습니다.

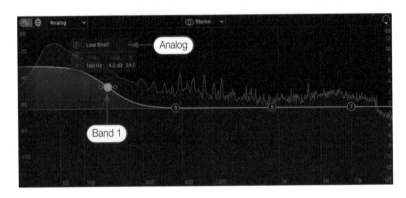

저음역 증가로 감소될 수 있는 보컬 음역을 찾아 증가시킵니다. 실습에서는 3번 밴드를 Bell로 선
택하고, 430Hz 부근을 Q:0.7 폭으로 1.5dB 정도 증가시키고 있습니다.

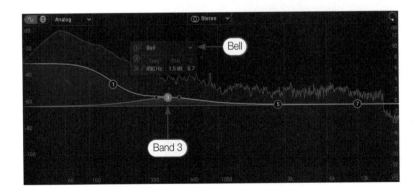

Band 5의 타입은 Bell로 선택합니다. 보컬이 반주에 묻히지 않게 어택이 강한 부분을 찾아 증가 시킵니다. 실습에서는 18KHz 부근을 Q:1.0 폭으로 0.5dB 정도 증가시키고 있습니다. 큰 변화는 없어 보이지만, 마지막에 맥시마이저로 전체 레벨을 올렸을 때 보컬이 반주에 묻히는 결과를 피할 수 있습니다.

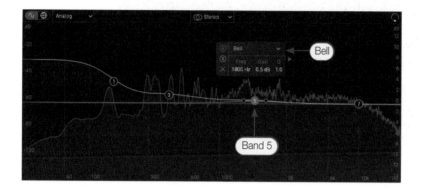

Band 7번 타입을 Low-Pass Flat으로 선택하고, 16KHz 이상을 차단합니다. 고음역이 살짝 많게 믹 싱이 되어서 나중에 리미터를 걸었을 때 시끄러울 수 있는 현상을 방지하는 것입니다. 실습은 리 미터까지 걸고나서 수정한 사항이기 때문에 이대로 진행을 하지만, 개인 취향에 따라 살짝 마음에 걸리는 부분이 있다면, 마지막에 리미터를 걸고 믹스 다운을 하기 전에 TV 소리보다 작게 한 번, 아주 크게 한 번 정도 체크해보는 습관을 갖길 바랍니다. 만일, 고음역이 크게 거슬리지 않는다면 Band 7번을 Off로 Bypass 해도 좋습니다. 그리고 믹스다운 음악은 반드시 스마트 폰으로 모니터 해보는 습관도 잊기 말기 바랍니다.

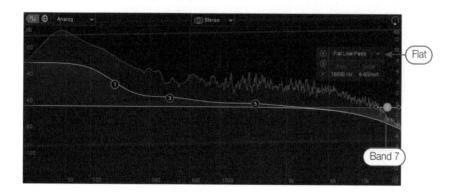

Dynamics 모듈을 추가하고 크로스 핸들을 드래그하여 EQ 적용으로 증가된 저음역 포인트를 찾습니다. 솔로 버튼을 On으로 놓으면 보다 쉽게 모니터할 수 있습니다. 실습에서는 120Hz 부근으로 설정하고 있습니다.

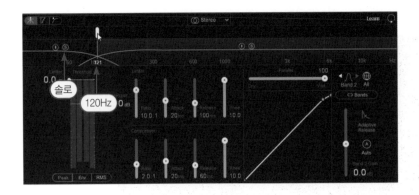

Ratio를 최대값 30:1로 설정하고, 붕붕거리는 Kick 사운드의 울림이 감소될 때까지 Threshold를 낮춥니다. 실습에서는 -40dB 정도로 설정하고 있습니다.

Attack은 기본값 20ms를 그대로 두고, Release를 1ms로 설정합니다.

하이퍼 컴프레싱 기법으로 저음역이 단단해지는 것을 느낄 수 있을 것입니다.

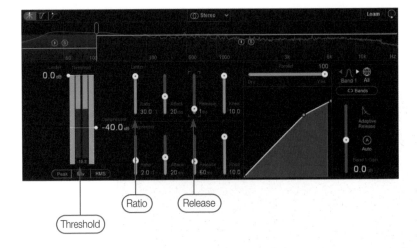

Dynamic EQ를 추가하고, Band 6 포인트를 드래그하여 16KHz 이상을 4dB 정도 증가시킵니다. Offset은 -6dB로 설정하고, Threshold를 -30dB 정도로 조정합니다.

Attack과 Release는 모두 빠르게 5ms 정도로 설정합니다.

에어 음역만 살짝 증가시켜 사운드가 너무 어두워지지 않게 하는 것입니다.

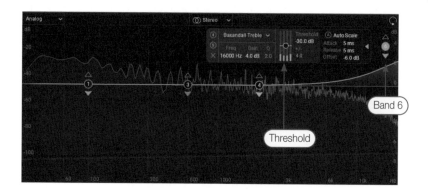

R&B 실습에서는 마지막 단계의 Maximizer를 Waves L2 모델로 사용해보겠습니다. 동일한 역할을 하는 것이지만, 모델이 다를 때 결과의 차이가 있다는 것을 경험해보기 위한 것이므로, Ozone의 Maximizer로도 테스트를 해보고 비교해보기 바랍니다.

장치를 인서트하고, Atten이 5-6dB 정도가 되게 Threshold를 조정합니다. 실습에서는 -5.4dB로 조정하고 있습니다. 사운드의 왜곡이 가장 적은 리미터로 알려져 있지만, 장치의 선택은 전적으로 개인의 취향입니다.

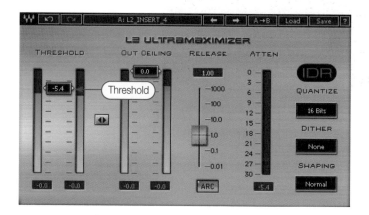

Hip Hop 마스터링

힙합은 다른 장르보다 음역대가 낮기 때문에 마스터링을 잘못하면 답답한 사운드가 될 수 있으므로 주의해야 합니다. EDM 편의 프리 마스터 작업을 완료하여 스테레오 믹스 파일을 만들고 최종 마스터링 작업을 진행합니다.

힙합 마스터링 실습에서는 Equalizer를 믹싱 실습에서 많이 사용했던 FabFilter Pro Q2로 진행을 해보겠습니다. 특별히 좋아서가 아니라 다른 모델을 사용했을 때의 차이점을 경험하기 위한 것입니다.

디스플레이 창 왼쪽을 클릭하여 Low Shelf 타입을 포인트를 만들고, 베이스의 어택이 크게 들리는 대역을 찾아 증가시킵니다. 다른 장르의 마스터링 EQ 작업을 할 때 Kick 포인트를 찾았던 것과는 차이가 있습니다. 실습에서는 160Hz 부근을 4dB 정도 증가시키고 있습니다.

힙합에서 포인트를 Kick으로 하지 않고 베이스를 기준으로 하는 이유는 낮은 음역에서 노래하고 있는 랩이 묻힐 가능성이 있기 때문입니다. 다른 장르와 보컬의 음역대가 다르다는 것이 가장 큰 차이점입니다.

힙합 마스터링에서 또 한가지 주의할 점은 낮은 음역의 랩을 증가시키는 것입니다. 물론, 해당 음역을 증가시켜 효과를 볼 수 있지만, 이것은 믹싱에서 처리할 문제이며, 마스터링에서는 전체 레벨을 평균화 시키는 것이 목적이기 때문에 오히려 배음역에 해당하는 1.6KHz를 감소시키는 것이 더욱 효율적입니다. 실습에서는 이 대역을 -2dB 정도 감소시키고 있는데, 랩이 좀 더 타이트해지는 것을 느낄 수 있습니다.

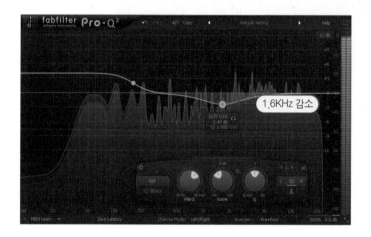

미들 음역 감소로 어두워질 수 있는 사운드는 고음역을 증가시켜 보충합니다. 실습에서는 4KHz 대역을 1.5dB 정도 증가시키고, 20KHz를 3dB 정도 증가시켜 Ozone EQ의 Baxandall 타입을 시뮬레이션 합니다. Baxandall 타입은 주변 주파수에 영향을 덜 주면서 에어 음역을 증가시킬 수 있는 EQ 타입입니다.

Oznoe의 Equalizer 모듈은 Off하고, Dynamics 모듈을 추가합니다. 크로스 핸들을 추가하여 EQ 적용으로 증가된 저음역 포인트를 찾습니다. 실습에서는 120Hz 부근으로 설정하고 있습니다.

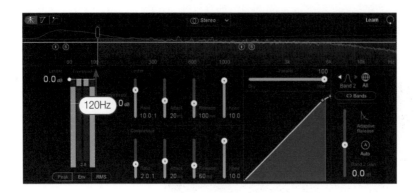

Ratio를 최대값 30:1로 설정하고, 붕붕거리는 Kick 사운드의 울림이 감소될 때까지 Threshold를 낮춥니다. 실습에서는 -47dB 정도로 설정하고 있습니다.

Attack은 70ms로 설정하고, Release를 1ms로 설정합니다.

다소 감소된 레벨은 Gain을 4dB 정도 증가시켜 보충합니다.

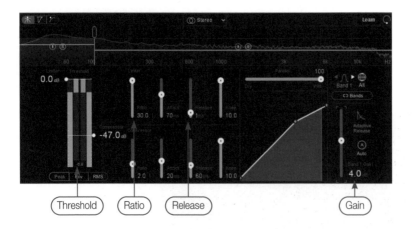

Dynamic EQ를 추가하고, Band 4 포인트를 드래그하여 1.5KHz 부근을 Q:0.5 폭으로 4dB 정도 증가시킵니다. Offset은 -6dB로 설정하고, Threshold를 -14dB 정도로 조정합니다. Attack은 70ms 정도로 설정하고, Release 10ms 정도로 설정합니다.

랩이 선명하게 들릴 수 있도록 배음역을 증가시키고 있는 것입니다.

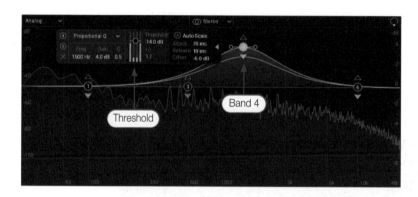

Maximizer 모듈에서 Threshold를 -4dB 정도로 설정하여 전체 레벨을 증가시킵니다. HIP-HOP 마스터링은 베이스 연주에 초점을 맞추어 진행한 것으로 전체적으로 단단해진 베이스 톤을 느낄 수 있습니다. 반드시 전/후 사운드를 비교해보면서 자신의 취향에 따라 컨트롤할 수 있도록 훈련하기 바랍니다.

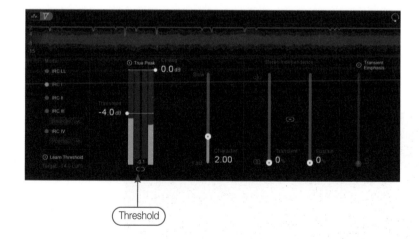

Rock 마스터링

믹싱과 마스터링의 마지막 실습입니다. 상업적으로는 비주류이지만, 인디 음악을
하는 학생들의 학습 선호도 1위로 선정된 장르이기도 합니다.
EDM 편의 프리 마스터링 작업에 이어서 실습을 진행합니다.

Equalizer 모듈의 Band 1 포인트를 들어올려 킥 드럼이 강조되는 음역을 찾아 증가시킵니다. 실습
에서는 120Hz 부근을 6dB 정도 증가시키고 있습니다.

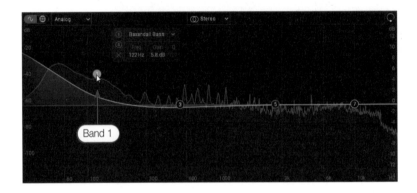

록 계열의 음악은 대부분의 악기가 미들 음역에 집중되어 있기 때문에 자칫 피곤한 사운드가 될
수 있습니다. 5번 밴드로 미들 음역의 포인트 지점인 2KHz 대역을 -3dB 정도 줄입니다. Q 값은
0.5 정도로 넓게 설정하고 있습니다.

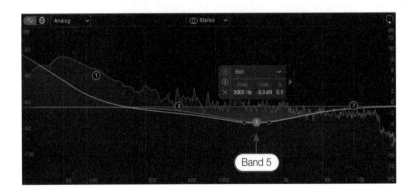

400

사운드가 살짝 답답하게 느껴지는 것은 Band 7 포인트에서 4KHz 이상을 2dB 정도 증가시켜 보충합니다. 남성 보컬이 선명해지는 것을 느낄 수 있습니다. 보통 남성 보컬을 강조할 때 4KHz 이상을 증가시키고, 여성 보컬을 강조할 때는 8KHz 이상을 증가시키지만, 보컬 마다 차이가 있으므로 고정 관념은 버려야 할 것입니다.

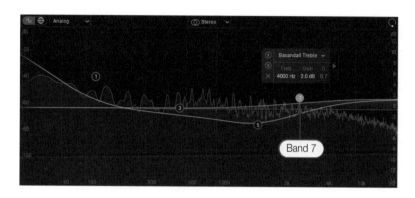

Dynamics 모듈을 추가하고 저음역 라인을 드래그하여 EQ 적용으로 증가된 저음역 포인트를 찾습니다. 솔로 버튼을 On으로 놓으면 보다 쉽게 모니터할 수 있습니다. 실습에서는 120Hz 부근으로 설정하고 있습니다. 나머지 음역은 모두 Off 합니다.

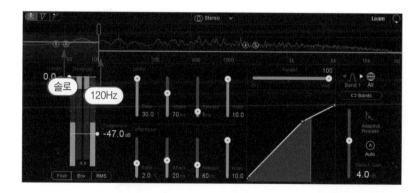

Ratio를 최대값 30:1로 설정하고, 붕붕거리는 Kick 사운드의 울림이 감소될 때까지 Threshold를 낮춥니다. 실습에서는 -35dB 정도로 설정하고 있습니다.

Attack은 70ms 정도로 설정하고, Release를 1ms로 설정합니다.

Gain은 4.6dB 정도로 증가시킵니다.

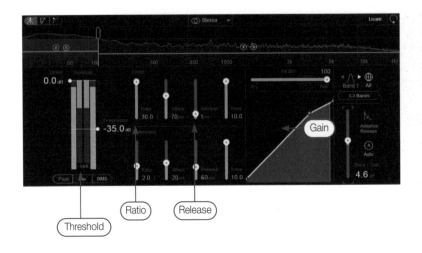

Dynamic EQ를 추가하고, Band 4 포인트를 드래그하여 1.7KHz 부근을 Q:0.9 폭으로 4dB 정도 증가시킵니다. Offset은 -6dB로 설정하고, Threshold를 -14dB 정도로 조정합니다. Attack은 70ms, Release 10ms 정도로 설정합니다.

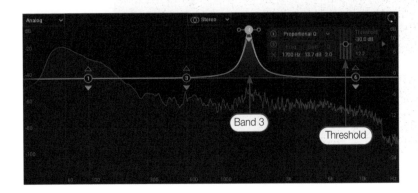

Band 6번 포인트를 드래그하여 8KHz 이상을 5dB 정도 증가시킵니다. Offset은 -6dB로 설정하고, Threshold를 -35dB 정도로 조정합니다. Attack은 70ms, Release 6ms 정도로 설정합니다.

Maximizer 모듈에서 Threshold를 -4dB 정도로 설정하여 전체 레벨을 증가시키는 것으로 Rock 마스터링 실습을 마칩니다.

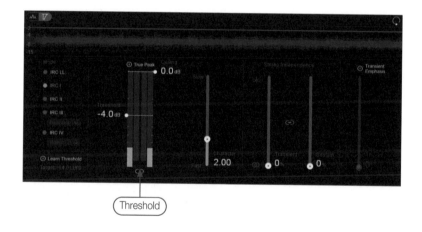

※ EDM, HIP-HOP, R&B, Rock으로 장르를 구분하여 믹싱과 마스터링 실습을 해보았습니다. 그러나 실제 믹싱과 마스터링 작업을 음악 장르로 구분해서 진행하는 경우는 없습니다. 실습을 하면서도 느꼈겠지만, 장치 컨트롤의 핵심은 무엇에 포인트로 두고, 어떻게 자신의 색깔을 입힐 것인지를 고민하는 것에서부터 시작하는 것입니다. 본서가 혼자서 고민하는 이들을 위한 작은 도움이 되었으면 합니다.

Chapter

11

Auto-Tune

큐베이스나 로직은 음정을 튜닝할 수 있는 기능을 자체적으로 제공하고 있지만, 별도의 플러그인을 사용하는 경우가 더 많습니다. 그 중에서 가장 많이 사용되고 있는 Auto-Tune과 Melodyne을 차례로 살펴보겠습니다.

음정과 박자를 보정하는데 사용하는 Antares사의 Auto-Tune은 음악을 하지 않는 사람들도 알고 있을 만큼 유명한 툴로 음정을 자동으로 보정할 수 있는 Auto Mode와 정밀한 편집이 가능한 Graph Mode의 두 가지 인터페이스를 제공합니다.

Auto-Tune은 Pro, Artist, EFX+의 3가지 버전과 꼭 필요한 기능만 갖춘 Access 및 Pro-Tools 전용의 Hybrid 버전이 있습니다. 일반적으로 Artist와 EFX+ 버전을 사용하는 경우도 있지만, 학습은 모든 기능을 갖추고 있는 Pro 버전을 기준으로 진행합니다.

	Pro	Artist	EFX+
Humanize 기능	O	O	O
Retune Speed와 Humanize 컨트롤	O	O	O
자동 포먼트 보정	O	O	O
실시간 피치 시프트	O	O	O
조정이 가능한 Throat 모델링	O	O	O
Auto-Tune 5 사운드를 위한 클래식 모드	O	O	
Flex-Tune 투명성과 유연한 음정 보정	O	O	
비브라토 생성 및 조정	O	O	
실시간 MIDI 컨트롤	O	O	
4개의 모듈식 효과 랙 및 멜로디 패턴 생성기			O
그래픽 피치 및 타임 편집	O		
MIDI에서 음조 오브젝트 생성	O		
개별 음조에서 튜닝 매개 변수 조정	O		
ARA2 지원	O		

자동 모드 사용하기

Auto-Tune은 Auto-Mode로 실행되며, 음악을 재생할 때 음정을 자동으로 보정하기 때문에 별다른 지식 없이 쉽게 사용할 수 있다는 장점을 가지고 있습니다. 하지만, Auto-Mode 화면에서 제공하는 파라미터의 역할을 알아 두면 좀 더 자연스러운 보정이 가능해질 것입니다.

화면은 상단의 Command 바와 빠른 엑세스가 가능한 Main Controls 섹션으로 구성되어 있으며, 하단의 Advanced를 선택하여 Vibrato와 Scale 섹션을 열 수 있습니다.

● Command

Command 바에는 Tracking, Input Type, Key/Scale, Preset, Correction Mode, Formant, Transpose, Detune, Mix 등의 다양한 파라미터들을 제공하지만, 주로 사용하는 것은 보정하고자 하는 소스의 종류를 선택하는 Input Type과 키를 선택하는 Key/Scale 정도일 것입니다.

▶ Tracking : 입력 소스의 피치 검출 속도를 조정합니다. 보통은 기본값 50을 변경할 이유는 없지만, 호흡 소리나 팝핑 등의 잡음이 크게 녹음된 경우라면 값을 올려(Relaxed) 노래와 잡음을 구분할 수 있도록 해야 결과가 좋습니다.

▶ Input Type : 입력 소스의 종류를 선택합니다. 일반적으로 여성 보컬은 Soprano, 남성 보컬은 Alto/Tenor를 선택합니다. 남성 베이스 보컬에 적합한 Low Male과 악기 보정에 적합한 Instruments 및 Bass Inst도 제공되며, Learn 버튼을 클릭하여 자동으로 감지할 수 있습니다.

▶ Select Pitch Ref : 스테레오 채널에서 검출 채널을 선택합니다. 보컬이나 기타와 같은 모노 채널에서는 의미 없지만, 건반과 같은 스테레오 채널이라면 좀 더 깨끗하게 녹음된 채널을 선택해야 좋은 결과를 얻을 수 있습니다.

▶ Key/Scale : 키와 스케일을 선택합니다. 예를 들어 Eb에 가깝게 노래한 음이 있다면, 기본값 C Chromatic 상태에서는 Eb으로 보정을 하지만, C Major로 설정을 하면 C 메이저 스케일에 Eb이라는 음이 존재하지 않으므로, 가까운 E 음으로 보정을 하게 됩니다. Auto-Tune은 다양한 모드의 스케일을 제공하지만, 가요나 팝에서는 Major와 Minor 또는 Chromatic 정도의 스케일만으로 충분합니다. 특별한 경우에는 화면 중앙의 Scale Graph 섹션에서 수동으로 설정합니다.

▶ Preset : 소스에 적합한 사전 설정 목록을 제공합니다.

▶ Pitch Correction : 소스 분석 알고리즘을 선택합니다. Classic은 오토 튠에서 가장 인기가 있었던 버전 5의 알고리즘을 사용합니다.

▶ Formant : 성대의 길이를 조정하는 노브로 음성의 톤을 조정하는 것으로 이해하면 됩니다. 예를 들어 값을 70으로 설정하면 성대의 길이가 30% 짧아져 톤이 높아지고, 120으로 설정하면 20% 길어져 톤이 굵어지는 것입니다. Transpose로 음정을 조정하면 톤이 변하는데, 이것을 보정하고자 할 때 유용합니다.

▶ Transpose : 보정한 피치의 음정을 조정합니다. 1의 값은 반음이며, 최대 한 옥타브(+/-12) 범위로 조정할 수 있습니다.

▶ Detune : 피치를 검출하는데 필요한 기본 튠을 결정합니다. 서양 음악은 A4=440Hz이 표준이기 때문에 이 값을 변경할 이유는 없지만, 극단적으로 튠이 잘못 녹음된 소스의 경우에는 최대 +/-100Sents(반음) 범위로 조정할 수 있습니다.

▶ Mix : 보정 전/후의 출력 비율을 조정합니다.

● Undo/Redo : 오토-튠은 조정한 값을 취소하거나 다시 실행할 수 있습니다. 취소 단축키는 Ctrl+Z, 취소한 것을 다시 실행하는 단축키는 Ctrl+Shift+Z 입니다.

▶ Settings : Preferences를 선택하여 오토-튠의 사용 환경을 설정할 수 있는 창을 열 수 있습니다. 특별히 기본 설정을 변경할 이유는 없지만, 각 옵션의 역할을 정리합니다.

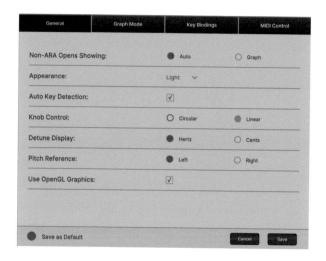

▶ General : 오토 튠의 기본 환경을 설정합니다.
● Non-ARA Opens Showing : 오토 튠을 열 때 ARA 비활성 창을 선택합니다.
● Appearance : 화면 색상을 선택합니다.
● Auto Key Detection : Auto Key로부터 키 및 스케일 정보를 받을 수 있습니다.
● Knob Control : 노브 컨트롤의 조정 방향을 선택합니다.
● Detuen Display : Detune 창의 표시 단위를 선택합니다.
● Pitch Reference : 스테레오 채널에서 피치 분석 채널을 선택합니다.
● Use OpenGL Graphic : 그래픽 가속 기능의 사용 여부를 선택합니다.

▶ Graph Mode : 수동 모드 환경을 설정합니다.

● After Tracking : 오디오 분석 후 노트를 만들 것인지(Make Note Objects), 커브를 만들 것인지 (MakeCurve), 자동 모드 설정을 가져 올 것인지(Import Setting From Auto Mode), 아무것도 하지 않을 것인지(No Noting)를 선택합니다.

● Play Tone When Moving Note Objects : 노트를 편집할 때 소리가 들리게 합니다.

● Time Ruler Displays : 룰러 라인의 표시 단위를 시간 및 비트 중에서 선택합니다.

● Show Waveform in Main Graph : 오디오 파형을 표시합니다.

● Show Waveform in Note Objects : 노트에 오디오 파형을 표시합니다.

● Show Waveform Graph : 메인 창 아래쪽에 파형 그래프를 표시합니다.

● Waveform Graph Shows : 편집 파형(위)과 원본 파형(아래)을 함께 표시할 것인지를 선택합니다. 단일 파형인 경우에는 편집 내용이 반영됩니다.

● Show Input Pitch Cruves : 빨간색의 입력 피치 곡선을 표시합니다.

● Show Output Pitch Curves : 녹색의 출력 피치 곡선을 표시합니다.

● Display Vertical Line at Cursor Position : 커서 위치에 세로 라인을 표시합니다.

● Scroll Graph : 화면을 페이지 단위로 넘길 것인지, 재생 위치를 따라가게 할 것인지 선택합니다.

● Vertical Scrolling : 마우스 휠의 스크롤 동작을 선택합니다.

● Use Custom Cursors for Editing Tools : 커서를 선택한 편집 도구 모양으로 표시합니다.

● Disable Cursors While Playing : 재생 중일 때 커서를 표시하지 않게 합니다.

● Show Note Labels On : 건반 노트를 모두 표시할 것인지, 근음만 표시할 것인지 선택합니다.

● Default Retune Speed for : 각 개체의 기본 재생 속도를 설정합니다.

▶ Key Bindings : 문자열의 숫자 키를 이용해서 선택할 수 있는 도구를 할당할 수 있습니다.

▶ MIDI Control : 컨트롤 마다 제어할 미디 정보를 할당할 수 있습니다.

▶ Save as Default : 변경한 옵션을 기본값으로 저장합니다. 옵션을 일시적으로 사용하겠다면 체크 옵션을 해제합니다.

● Main Control

피치 교정 디스플레이와 빠르게 컨트롤 할 수 있는 Retune Speed, Flex Tune, Natural Vibrato, Humanize의 4가지 노브를 제공합니다. 음정을 얼마나 빠르고, 자연스럽게 보정할 것인지를 결정하는 오토 모드의 핵심 컨트롤러입니다.

▶ Retune Speed : 피치 보정 속도를 조정합니다. 10 이하는 급격한 변화로 부자연스럽게 들리고, 50 이상으로 여유를 두면, 결과가 만족스럽지 못할 수 있습니다. 물론, 0으로 설정하여 기계적인 소리를 만들기도 하지만, 제작사는 10-50 범위를 권장합니다.

▶ Flex Tune : 보정 스타일을 결정합니다. Classic은 버전 5 알고리즘으로 피치 밴드 창법을 쓰고 있는 보컬에서 부자연스러운 결과를 만들 수 있다는 아쉬움이 있었는데, Modern은 설정 값에 가까운 피치만 보정하여 보다 자연스러운 결과물을 얻을 수 있습니다.

▶ Natural Vibrato : 비브라토 폭을 조정합니다. 비브라토 폭이 작아서 아쉽다면 값을 올려 폭을 증가시킬 수 있고, 반대로 비브라토 폭이 커서 어색하다면 값을 줄여 폭을 감소시킬 수 있습니다. 기본값은 비브라토를 조정하지 않는 0이고, 최대 12에서 최소 -12 폭으로 증/감 시킬 수 있습니다.

▶ Humanize : 길게 노래하는 음은 조정 타임을 지속시켜 좀 더 자연스러운 결과를 얻을 수 있게 합니다. 얼마나 긴 음을 구별할 것인지를 설정하는 것이므로, 너무 길게 설정하면, 음정 보정이 제대로 되지 않을 수 있습니다. 문제가 없는 경우에는 기본 값 0을 그대로 사용하며, 긴 음에서 음정 보정이 완료되지 않을 때 이 값을 천천히 올려 봅니다.

▶ Hold : 피치 디스플레이의 Hold 버튼은 누르고 있는 동안 키보드 피치 디스플레이와 감지된 피치 표시를 모두 일시정지 합니다.

● Vibrato

메인 창 아래쪽의 Advanced 버튼을 클릭하여 열 수 있으며, Vibrato와 Scale의 두 가지 탭으로 구성되어 있습니다. Vibrato 탭에는 비브라토 모양을 선택하는 Shape와 Rate, Delay, Onset Rate, Variation, Pitch, Amplitude, Formant의 7가지 노브로 구성되어 있습니다. 비브라토를 인위적으로 만드는 것이기 때문에 보컬 보다는 악기 트랙에서 주로 사용합니다.

▶ Shape : 비브라토 모양을 선택합니다.
▶ Rate : 비브라토의 속도를 조정합니다.
▶ Delay : 비브라토가 생성되는 시작 타임을 설정합니다.
▶ Onset Rate : 비브라토 시작에서 Modulate 설정 값에 도달하는 타임을 설정합니다.
▶ Variation : 비브라토를 무작위로 변화시킬 양을 설정합니다.
▶ Pitch : 비브라토의 피치 변화 폭을 설정합니다.
▶ Amplitude : 비브라토의 레벨 변화 폭을 설정합니다.
▶ Formant : 비브라토의 톤 변화 폭을 설정합니다.

● Scale

Advanced의 Scale 탭에서는 보정하고자 하는 음을 수동으로 설정할 수 있습니다.
Bypass는 보정하고 싶지 않은 음을 선택하며, Remove는 보정되지 않게 할 음을 선택합니다.

▶ Bypass : 여기서 선택한 가까운 음은 보정을 하지 않고, 원본 그대로 재생합니다.

▶ Remove : 여기서 선택한 음은 가까운 근접음으로 보정되게 합니다. 예를 들어 C, E, G을 제외한 나머지 모든 음을 Remove 하면 재생되는 음들은 C 코드 구성음으로만 연주되는 것입니다.

▶ Set : All 버튼은 Bypass 및 Remove 설정을 모두 해제하며, 메이저 및 마이너 스케일로 설정할 수 있는 Major와 Minor 버튼도 있습니다.

▶ Ignore Vibrato : 비브라토를 무시합니다. 비브라토가 큰 보컬의 경우에 인접음으로 보정되는 것을 방지합니다.

▶ MIDI : 마스터 건반을 이용하여 보정 노트를 설정합니다. 이 기능을 이용하기 위해서는 별도의 미디 트랙을 만들고, 미디 아웃 포트에서 AutoTune을 선택합니다.
To Note : 실시간으로 연주되는 미디 노트에 의해서 피치가 보정되게 합니다.
Learn Scale : 마스터 건반을 눌러 보정 노트를 설정합니다.
All Octave : To Note와 Learn Scale 설정을 옥타브 간격의 모든 노트에 적용합니다.

● Keybaord

아래쪽에 보이는 건반은 감지된 노트를 실시간으로 표시하며, 클릭하여 Remove 또는 Bypass 설정을 할 수 있습니다. 건반을 누르고 있는 동안에만 적용되게 하고 싶은 경우에는 Latch를 해제합니다. 실시간으로 멜로디를 연주하려는 경우에 유용합니다.

수동 모드 사용하기

Auto-Tune은 음정을 자동으로 보정하기 때문에 입문자도 쉽게 사용할 수 있는 툴입니다. 하지만, 자동 모드에서 해결되지 않는 음들이 발생할 수 있으며, 이를 해결할 수 있는 수동 모드를 지원합니다. 수동 모드는 Graph 버튼을 선택하여 엽니다.

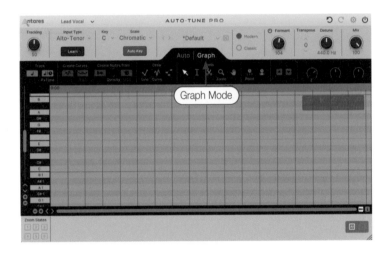

수동 모드는 1차적으로 Track Pitch 또는 Track Pitch+Time 버튼을 On으로 하고, 트랙을 재생시켜 기록하는 과정이 필요합니다. Track Pitch+Time은 타임 정보를 함께 기록하는 기능입니다.

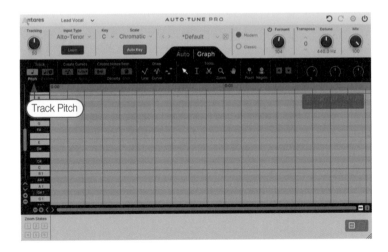

소스를 분석한 음은 빨간색 라인으로 표시되며, Create Curve 섹션의 Normal 버튼을 클릭하여
녹색의 출력 라인을 만들 수 있습니다. 즉, 빨간색은 원음, 녹색은 보정음을 표시합니다. Auto 버튼
은 자동 모드에서 처리한 결과를 가져옵니다.

라인 표시 방법이 어색한 입문자는 큐베이스의 키 에디터와 동일한 노트 타입으로 표시할 수 있습
니다. 노트는 Create Notes 섹션의 Audio 버튼을 클릭하여 만들고, 노트 생성 비율은 Density를
이용해서 조절합니다. 노트는 적색의 입력과 녹색의 출력 라인도 함께 표시됩니다. MIDI는 미디
노트 데이터를 기반으로 생성합니다.

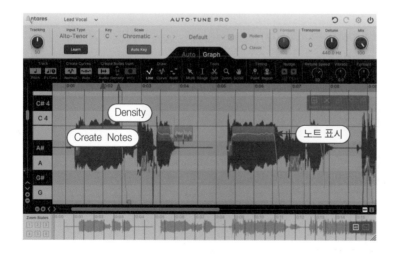

● 피치 조정

수동 모드에서 원활한 작업을 진행하기 위해서는 범위를 확대할 수 있는 돋보기 툴과 위치를 이동시킬 수 있는 손 툴에 익숙해지는 것이 먼저입니다. 수동 모드의 툴은 키보드 문자열의 숫자 키 (1-0)를 이용해서 선택할 수 있습니다.

Zoom 툴 : 마우스 클릭 및 드래그로 작업 공간을 확대하며, Ctrl 키를 누른 상태에서 클릭하면 축소됩니다. 선택 도구에 상관없이 왼쪽과 아래쪽 스크롤 바의 +/- 버튼을 이용해서 크기를 조정할 수 있습니다. 화면 아래쪽의 디스플레이 창을 드래그하여 선택 구간을 화면에 표시하는 방법을 많이 사용합니다.

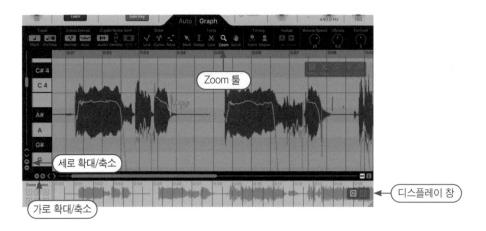

Scroll 툴 : 작업 공간의 위치를 이동시킵니다. 선택 툴에 상관없이 왼쪽의 건반이나 아래쪽의 스크롤 바를 드래그하여 이동시킬 수 있습니다. 마우스 휠로도 세로 이동이 가능하며, Ctrl 키를 누른 상태에서는 가로로 이동합니다.

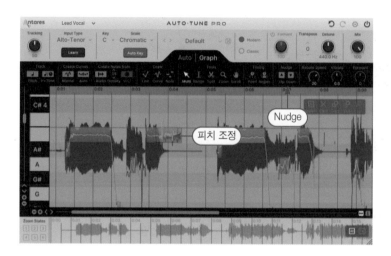 Multi 툴 : 음정은 멀티 툴을 이용해서 편집합니다. 노트를 위/아래로 드래그하여 조정할 수 있으며, 미세한 조정이 필요한 경우에는 Nudge 버튼을 이용하여 Up/Down하거나 Shift 키를 누른 상태로 드래그 합니다.

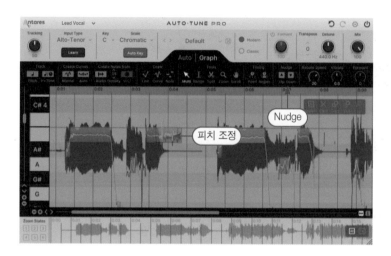

멀티 툴로 노트의 시작 위치와 끝 위치를 드래그하여 길이를 조정하거나 Ctrl 키를 누른 상태에서 위치를 조정할 수 있습니다. 이때 실제 노트의 타임을 조정하는 것은 아니며, 단지 조정하고자 하는 구간을 지정하는 것입니다. 입문자들이 착각하기 쉬운 부분이므로 주의하기 바랍니다.

녹색의 출력 라인을 만든 경우에도 화살표 툴을 이용해서 피치를 조정합니다. 출력 라인의 경우에는 시작 및 끝 위치의 포인트를 드래그하여 기울기를 조정할 수 있기 때문에 노트 표시 방법보다 정밀한 편집이 가능합니다.

선택한 노트는 Retune Speed, Adjust Vibrato, Throat Length Adjust 값을 수정할 수 있습니다. 각 노브의 역할은 Auto Mode에서 살펴본 것과 동일합니다. 단지, 선택한 노트에만 적용할 수 있다는 차이점이 있습니다.

I Range 툴 : 오토-튠의 수동 모드는 자동 모드로 해결되지 않는 일부분을 편집하는 목적으로 사용하는 것이 일반적이며, 레인지 툴로 Create Curves 및 Notes 생성 범위를 선택합니다. 정확한 피치 수정을 위한 프레이즈 범위를 선택할 때도 유용하며, 작업 공간을 더블 클릭하여 전체 범위를 선택할 수 있습니다.

Note 툴 : 마우스 드래그로 노트를 입력합니다. 수동 모드에서 편집하고자 하는 피치만 노트를 만들어서 사용할 때 유용합니다.

✂ Split 툴 : 노트를 자릅니다. 간혹, 같은 음으로 노래하는 프레이즈가 한 노트로 분석되는 경우가 있는데, 이를 둘로 나누어 구분할 수 있습니다.

✔ Line 툴 : 음정이 수정될 라인을 만듭니다. 라인은 클릭 지점에 따라 포인트를 만들고, 더블 클릭으로 완료합니다. 수정 라인은 파란색으로 표시되며, 라인 입력을 완료하면 녹색의 출력 라인이 해당 위치로 보정되는 것입니다.

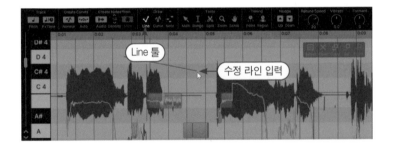

〰 Cruve 툴 : 라인 툴과 동일한 역할 입니다. 다만, 자유로운 곡선 타입으로 입력할 수 있기 때문에 비브라토를 사용자가 원하는 스타일로 만들 수 있습니다.

418

● 박자 조정

박자 조정은 Track Pitch+Time 분석이 가능한 Pro 버전에서만 지원합니다. 분석 정보는 하드 디
스크에 저장되며, Settings 메뉴의 Move Data Folder를 선택하여 위치를 변경하거나 Rename
Data Folder를 선택하여 이름을 변경할 수 있습니다.

Point/Region 툴 : 박자는 조정할 범위를 드래그하여 시작 타임을 조정하는 포인트 툴과
위치를 이동시키는 리전 툴을 제공합니다. 두 가지 모두 편집 구간을 선택하고 진행하기 때문에
Preference의 Show waveform in main graph를 체크하여 파형을 표시하는 것이 편리합니다.

Chapter

12

Melodyne

음정을 수동으로 편집하는 기능은 Auto-Tune 보다 뛰어나다는 평가를 받고 있는 것이 Celemony 사의 Melodyne 입니다. 음정 보정 툴의 세대 교체를 예고하고 있는 Melodyne에 관해서 살펴보겠습니다.

튠 과정에서 발생할 수 있는 음질 변화를 최소화한 DNA 알고리즘으로 큰 사랑을 받고 있는 Melodyne은 모든 기능을 제공하는 Studio 버전 외에 멀티 기능이 빠진 Editor 버전, Tempo 및 Scale 편집 기능이 빠진 Assistant 버전, 꼭 필요한 최소한의 기능만을 갖추고 있는 Essential의 4가지 버전이 있습니다. 일반적으로 Studio와 Editor 버전을 많이 사용하지만, 학습은 모든 기능을 갖추고 있는 Studio 버전을 기준으로 진행합니다.

The editions compared

		essential	assistant	editor	studio
Algorithms	Polyphonic (DNA Direct Note Access™) – Piano, guitar, string quartet, etc.			X	X
	Melodic – Lead vocals, bass guitar, saxophone, etc.	X	X	X	X
	Percussive – Drums, percussion, drum loops, etc.	X	X	X	X
	Universal – Complex, polyphonic material without DNA Direct Note Access™	X	X	X	X
Tools	Main Tool – Pitch center, position, length, note separations	X	X	X	X
	Pitch – Pitch center, pitch transitions			X	X
	Vibrato – Intensity/direction of vibrato and trills			X	X
	Pitch drift – Intensity/direction of pitch drift			X	X
	Formants – Shift formants, control formant transitions			X	X
	Amplitude – Control the amplitude of notes, amplitude transitions, muting			X	X
	Timing – Control the position, length and quantization of notes			X	X
	Time handles – Vary the pace of developments within a note			X	X
	Attack speed – Control the starting transients and percussiveness of notes			X	X
	Note separation – Insert, delete and move note separations			X	X
Functions	Multi-tracking and Multitrack Note Editing – See and edit multiple tracks simultaneously				X
	Sound Editor – Change the timbre by adjusting the balance between partials				X
	Tempo detection/Tempo Editor – Map and edit tempo changes within a recording	X/-	X/-	X/X	X/X
	Note Assignment Mode – Correct any note detection errors	X	X	X	X
	Cut, copy and paste – Rearrange material using clipboard functions	X	X	X	X
	Macros for pitch and timing – Automatic, intelligent correction and optimization of notes	X	X	X	X
	Audio-to-MIDI – Save audio notes as MIDI		X	X	X
	Scale correction – Move or quantize notes in accordance with the selected scale	X	X	X	X
	Edit scales – Alter scales or create your own			X	X
	Scale Detective – Extract scales from audio			X	X
	Quantize to reference track – Carry over the timing of one track to another				X
Compatibility	Stand-alone mode – Run Melodyne as an independent application	X	X	X	X
	Plug-in operation – Run Melodyne as an AU, VST, RTAS, AAX or ARA plug-in in compatible DAWs	X	X	X	X
	Rewire – Run Melodyne in stand-alone mode as a Rewire client	X	X	X	X
	32-/64-bit compatibility – Run Melodyne as a native application on 32-/64-bit systems	X	X	X	X
	Intercompatibility – Open and edit projects created by other editions	X	X	X	X

화면 구성

멜로다인은 매우 직관적인 인터페이스를 갖추고 있기 때문에 쉽게 접근이 가능하다는 장점이 있습니다. 특히, 큐베이스에서 별도의 Transfer 과정 없이 마치 자체 기능처럼 사용할 수 있어 편리합니다. 오디오 이벤트를 선택하고 인포 라인의 Extension에서 Melodyne을 선택하면 됩니다.

작업 공간의 확대/축소는 Ctrl+Alt 키를 누른 상태에서 드래그하며, 이동은 Ctrl+Shift 입니다. 확대 및 이동 역할을 하는 것은 화살표 툴을 누르고 있으면 볼 수 있는 손 툴과 돋보기 툴을 이용해도 됩니다. 스크롤 바는 가운데를 드래그하면 이동이고, 가장 자리를 드래그하면 확대/축소이며, 더블 클릭으로 전체 노트를 화면에 표시할 수 있습니다. 참고로 마우스 휠을 돌려 세로 이동, Shift 키를 누른 상태에서 가로 이동이 가능하며, Ctrl 키를 누른 상태에서는 확대/축소가 가능합니다.

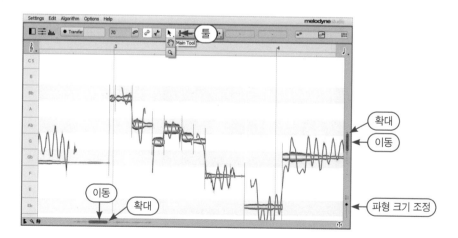

룰러 라인을 클릭하여 포지션 라인을 위치시키거나 더블 클릭으로 재생시킬 수 있으며, 위/아래로 드래그하여 확대/축소시킬 수 있습니다. 룰러 라인 아래쪽은 드래그로 범위를 설정하여 반복 재생시킬 수 있는 로케이터 라인입니다. 노트를 선택하고 더블 클릭하면 해당 범위만큼 자동 설정되며, 선택을 해제할 때도 더블 클릭입니다.

큐베이스와 동일한 방식이기 때문에 큐베이스 사용자들에게는 익숙할 것입니다.

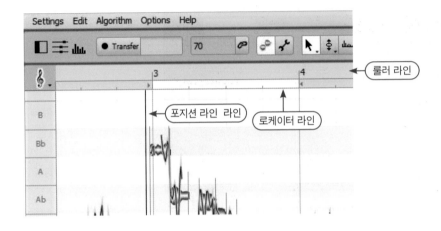

Transfer 왼쪽의 Info, Track, Sound 버튼은 각각의 창을 열고 닫는 역할을 하며, 스튜디오 버전에서만 제공됩니다. 실제 작업에 사용되는 것은 중앙에 있는 것들이며, F1-F6의 기능키로 선택할 수 있습니다. 작은 삼각형 모양이 있는 것은 2-3개의 툴을 제공하는 것으로, 마우스를 누르고 있거나 기능키를 반복해서 선택할 수 있습니다.

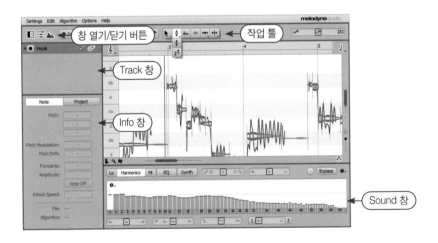

피치 보정

멜로다인은 피치와 타임을 조정할 수 있는 툴을 별도로 제공하지만, 화살표 툴로 두 가지 작업을
모두 수행할 수 있습니다. 노트를 위/아래로 드래그하여 피치를 조정할 수 있고, 시작 위치를 드래
그하여 타임, 끝 위치를 드래그하여 길이를 조정합니다.

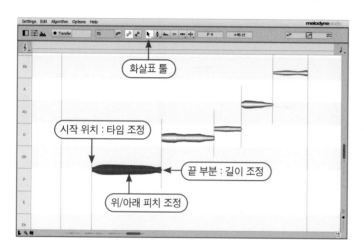

피치는 기본적으로 반음 단위의 크로매틱 스케일로 조정되며, 미세한 조정이 필요한 경우라면 스
냅 버튼을 Off 하거나 Alt 키를 누른 상태로 드래그 합니다.

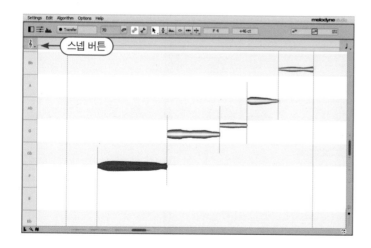

피치가 스케일 간격으로 조정되게 하고 싶으면, 스냅 버튼을 클릭하여 메뉴를 열고, Scale Snap을 선택합니다. 스케일은 아래쪽에 스케일 편집 버튼을 On으로 하면 열리는 건반 창에서 Major 또는 Minor을 선택하여 지정합니다.

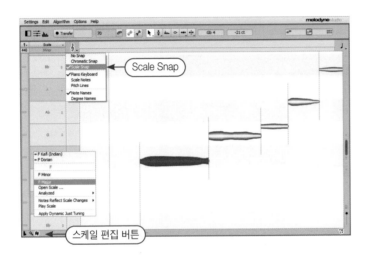

피치는 별도로 제공되는 피치 툴을 이용해서 조정할 수 있습니다. 화살표 툴과 마찬가지로 드래그로 조정하지만, 노트를 더블 클릭하여 Cent 값까지 정확하게 0으로 맞출 수 있는 기능을 제공합니다. 선택한 노트의 음과 Cent 값은 툴 모음 오른쪽의 정보 창에 표시되며, 마우스 더블 클릭으로 입력하여 수정하는 것도 가능합니다.

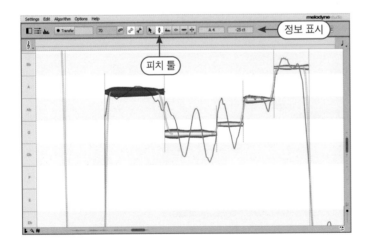

피치 툴의 두 번째는 음의 떨림을 보정하는 모듈레이션 툴입니다. 모듈레이션은 빨간색 라인으로 표시되며, 마우스를 위/아래로 드래그하여 조정할 수 있습니다. 폭을 크게 하여 비브라토 효과를 강조하거나 극단적인 직선으로 만들어 댄스 음악에서 많이 사용하는 기계음을 만들 수 있습니다.

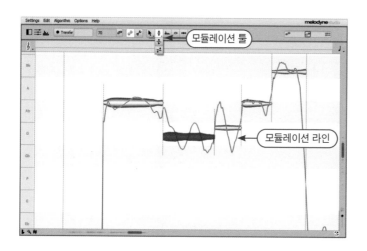

피치 툴의 세 번째는 음과 음 사이를 연결하는 드리프트 라인을 조정합니다. 원래는 자연스러운 음의 연결을 만드는 것이 목적이지만, 모듈레이션과 함께 기계음을 만드는데 응용됩니다. 값은 정보 표시 창에서 확인할 수 있으며, Ctrl+A로 전체 노트를 선택하고, 0% 값을 입력하여 기계음을 간단하게 만들 수 있습니다.

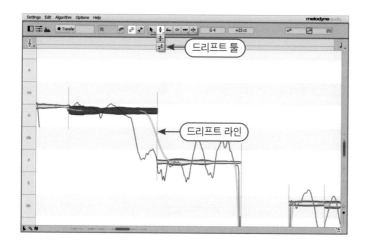

간혹, 노트를 잘라서 밴딩 효과를 만든다거나 미세한 모듈레이션 변화를 만드는 등의 세밀한 편집이 필요한 경우가 있습니다. 이때 자르기 툴로 노트를 더블 클릭하여 둘로 나눌 수 있습니다. 끝처리가 미흡한 보컬인 경우에 끝 부분을 자르고, Delete 키로 삭제하는 용도로도 많이 사용합니다. 삭제로 발생한 공백은 노트의 길이를 조정하여 채울 수 있습니다.

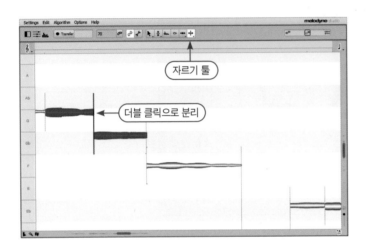

멜로다인에서 수정한 피치(Pitch), 박자(Time), 볼륨(Amplitude), 톤(Formants)는 마우스 오른쪽 버튼을 클릭하면 열리는 단축 메뉴의 Reset Specific Edits를 선택하여 복구할 수 있습니다. 그 밖의 툴 선택이나 편집 명령도 단축 메뉴로 제공됩니다.

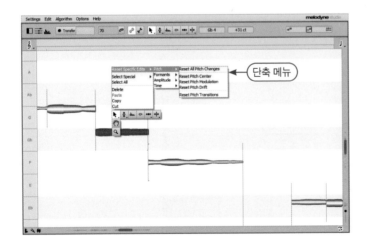

박자 보정

박자 역시 별도로 제공되는 타임 툴을 이용해서 조정할 수 있습니다. 화살표 툴과 마찬가지로 시작 위치 또는 끝 부분을 드래그로 조정하지만, 노트를 더블 클릭하면 그리드 비트에 맞추어 정확하게 퀀타이즈 시킬 수 있는 기능을 제공합니다.

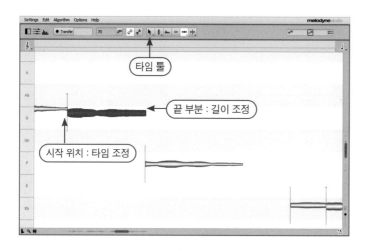

타임은 그리드의 기본 값인 4비트 단위로 조정되며, 미세한 조정이 필요한 경우라면 그리드 버튼을 Off 하거나 Alt 키를 누른 상태로 드래그 합니다. 그리드 버튼을 누르고 있으면, 비트 단위를 변경할 수 있습니다.

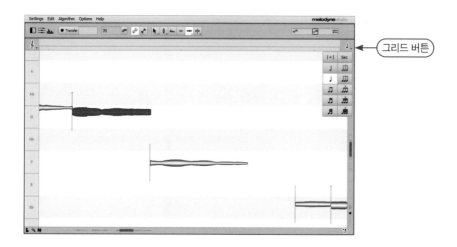

기본적으로 노트의 타임과 길이를 조정할 때 앞/뒤로 연결되어 있는 노트의 타임이 함께 조정됩니다. 노트의 타임을 독립적으로 조정할 때는 분리 툴을 선택하면 보이는 세로 라인을 더블 클릭하여 분리합니다.

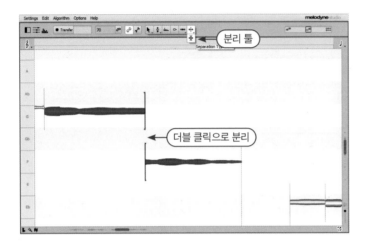

피치와 타임을 너무 정확하게 맞추면 오히려 부자연스러운 경우가 있습니다. 이때는 Edit 메뉴의 Add Random Deviations 명령을 이용하여 Pitch와 Timing을 일부러 어긋나게 만들 수 있습니다. 변화는 랜덤으로 발생하며, Drastic은 급격하게, Moderate는 보통, Subtle은 미세하게 편차를 만듭니다.

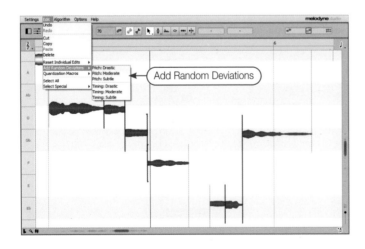

타임 툴의 두 번째는 노트의 엔벨로프를 조정할 수 있는 핸들 툴입니다. 핸들은 마우스 더블 클릭으로 사용자가 원하는 위치에 복수로 만들 수 있으며, 핸들을 드래그하여 서스테인, 릴리즈 등의 엔벨로프 라인을 편집할 수 있습니다.

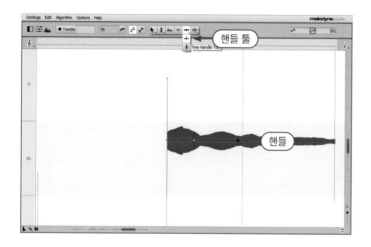

피치 툴의 세 번째는 어택 타임을 조정할 수 있는 툴입니다. 툴을 선택하면 노트의 시작 위치에 핸들이 표시되며, 핸들을 위로 드래그하여 어택 타임을 줄이거나 아래로 드래그하여 늘릴 수 있습니다.

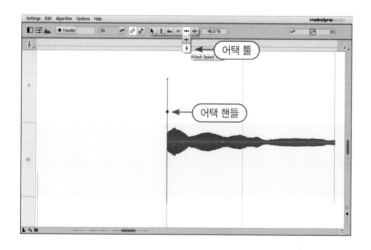

포먼트 툴을 선택하면 노트에 포먼트 바가 표시되며, 이것을 아래로 드래그하여 음성을 굵게 만들
거나 위로 드래그하여 가늘게 만들 수 있습니다. 포먼트 역시 드리프트 라인을 가지고 있으며, 시
작 또는 끝 점을 드래그하여 기울기를 조정할 수 있습니다.

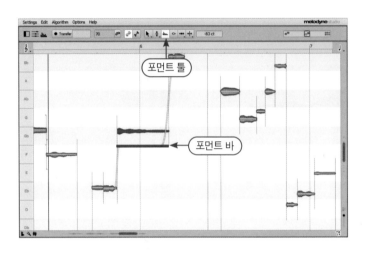

음량 툴은 마우스 드래그로 노트의 레벨을 조정하는 역할을 합니다.

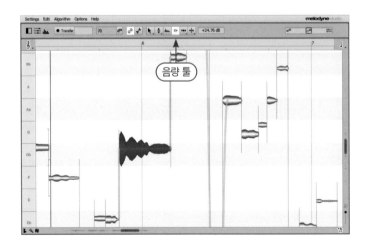

매크로 피치 툴은 선택한 노트 또는 전체 노트의 피치와 드리프트 라인을 조정합니다. 조정 범위는 퍼센트 단위입니다. Snap to 옵션은 설정되어 있는 스케일에 맞추는 옵션이고, Include notes fine-tuned manually은 미세 조정된 것을 포함합니다.

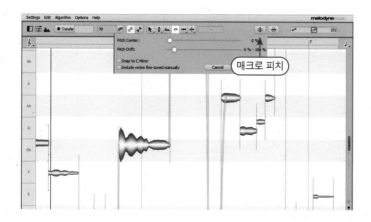

매크로 타임 툴은 선택 노트 또는 전체 노트를 퍼센트 단위로 퀀타이즈 합니다. 선택된 노트가 없을 때 전체 노트에 적용됩니다.

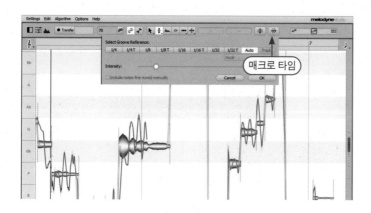

※ Auto-Tune과 Melodyne 사용법을 부록으로 담았습니다. 두 툴은 음치를 가수로 만들 수 있다는 오해가 있을 만큼 유명하지만, 실제로는 그렇지 않다는 것을 알았습니다. 믹싱과 마스터링도 이와 비슷한 오해가 있는데, 편곡과 녹음이 잘못된 음악을 탈바꿈 시킬 수는 없습니다. 취미로 음악을 하는 경우가 아니라면 이론 학습도 꾸준히 병행하길 바랍니다. 끝으로 지면을 통해 독자의 꿈을 응원하겠습니다. - 감사합니다.

EJ Recording 스튜디오
최이진 실용음악학원

학원 선택?

누구에게 배울 수 있는지가 중요합니다!

전 세계 유일의 특허 화성학 저자 최이진에게 직접 배울 수 있는 곳!

보컬, 작/편곡, 재즈피아노,
컴퓨터음악, 믹싱과 마스터링,
디제잉/패드, 기타/베이스

전화 : 02-887-8883
위치 : 2호선 서울대입구역 8번 출구

편곡 및 레코딩

음악의 최종 결과물을 결정하는 주요 요소는 편곡과 레코딩입니다. 풍부한 경험과 기술력으로 당신의 창작물을 최고의 작품으로 만들어줍니다.

믹싱과 마스터링

레코딩, 오디오 편집, 믹싱, 마스터링
음원 제작의 시작부터 끝까지
모든 작업을 의뢰인과 함께 충분한
상담을 거쳐 진행합니다.